公司真相

职场中的读心术

刘鹏飞 / 著

中国城市出版社
·北 京·

图书在版编目（CIP）数据

公司真相：职场中的读心术／刘鹏飞著．—北京：中国城市出版社，2012.6

ISBN 978-7-5074-2590-1

Ⅰ．①公…　Ⅱ．①刘…　Ⅲ．①职业选择—通俗读物　Ⅳ．① C913.2-49

中国版本图书馆 CIP 数据核字（2012）第 095121 号

责任编辑　宋　凯
装帧设计　美信书装设计工作室
责任技术编辑　张建军
出版发行　中国城市出版社
地　　址　北京市西城区广安门南街甲 30 号（邮编　100053）
网　　址　www.citypress.cn
发行部电话　(010) 63454857　63289949
发行部传真　(010) 63421417　63400635
总编室电话　(010) 68171928
总编室信箱　citypress@sina.com
经　　销　新华书店
印　　刷　北京圣夫亚美印刷有限公司
字　　数　232 千字　　印张　17
开　　本　710×1000（毫米）　1/16
版　　次　2012 年 7 月第 1 版
印　　次　2012 年 7 月第 1 次印刷
定　　价　28.00 元

前言

如果你一直认为公司的真相就是浮云那样虚无缥缈，不值得一提，那你就大错特错了。因为公司是人组成的群体，人造就的圈子所形成的规则，任何有心有能力的人都可以参得透，用得准。

在职场中生存，不想被淘汰，不想被歧视和被看扁，就一定要了解公司的真相。做到了然于胸，相信自己，才能做好准备，找到应对的策略。

纵观职场上那些成功者，无论他们曾经经历过什么，但是到最后他们都必须了解公司的真相，拥有他人无法取代的能力和智慧，以及为人处世的谋略。这些正是我们不断追求的境界。

也许，我们自觉技不如人，无法达到如此的境界；也许我们自诩聪明能干，他日必定成就大事。无论哪一种情况，对于我们来说，最重要的不是要去看清远方模糊的，而是要做好身边清楚的事。一个人的改变，源自于自我的一种积极进取，而不是等待什么天赐良机。只有我们在动脑，在行动，那么一切才有可能。

说话、做事、能力的发挥等都是一门学问，生存关乎我们的命运，薪水和升迁关乎我们的利益，责任则需要明确分工，勇于承担。所有这些都决定我们的职场之路，都需要我们与他人打交道。我们做不了独行侠，做不成孤胆英雄，我们需要铺展和夯实我们的关系网，为我们的工作和人生布更好的局。

工作是我们生存的一种手段，必要的时候又是不可缺少的手段。人，就像钉子一样，一旦失去了方向，就开始向阻力屈身，就失去了自身存在的价值。而过于敬畏和陌生容易让我们迷失，把握不好职场前进的方向。只有勇于面对公司中的种种真相，了解必要的常识并把它们运用到工作之中，才能让自己在职场中立于不败之地，让自己的职场之路越走越顺。

查尔斯•狄更斯这样描述生活的每一步："人从生到死的生活每一步都应是一种隔着柜台的现钱买卖关系，如果我们不是这样登天堂的话，那么天堂也就不是为政治经济学所支配的地方，那儿也就没有我们的事了。"

金钱和利益关系几乎充斥了我们人生的每一个角落。不能过度追求而失去自我，也不能否认它们的重要性和积极意义。萧伯纳说："自我控制是最强者的本能。"而我们对于自己的控制可以表现在促使我们成功的方方面面。只有千锤百炼，才能成为好钢。伟大的事业不是靠力气、速度和身体的敏捷就能完成的，而是靠性格、意志、知识和技巧来完成的。这是因为能力、责任、毅力、谋略胜过所有的蛮干。

人之所以有一张嘴，而有两只耳朵，原因是听的要比说的多一倍。祸从口出，患从口入。古人在这一点上绝对没有欺骗我们。管不住自己的嘴巴，获利的是自己的对手，遭殃的是自己。

人生的价值，很大程度上以其人对于自己所做的工作的态度为尺度。当工作已经变成了一种不可推卸的责任，是自己努力工作、梦想更多的动力，那么你的积极态度迎来的必定是明朗的结果。

与其临渊羡鱼，不如退而结网。任何道路都是靠自己走出来的，而不是靠自己在梦中等来的。其中准确迈出第一脚，是尤为重要的。这是因为及时有效的行动可以将曲线调整为距离最短的直线，可以化零为整，从无到有。

想让自己头脑更精明，处世更老练，人际关系更融洽，事业发展更快，就必须正视公司的真相，懂得做人的道理，懂得为人处世的方圆，掌握职场生存法则和应变技巧，从而在办公室中游刃有余，使自己立于不败之地。

当你已经理解了所有与你有关的公司真相的时候，你就知道"神马并不都是浮云"，你也完全可以这样理解 impossible——I'm possible。

目录

第九章　去留的玄机
——你是主动跳槽，还是被炒鱿鱼

第一章

生存的要害

——从进公司那天起就抱住老板的大腿不放

当老板和你之间存在着领导和被领导、支配和被支配的关系的时候，也就意味着你的被动地位不得不受制于老板的主动地位。你对老板的服从和支持，意味着与那些没有抱住老板大腿的人相比，你会有更好的生存环境和职场机会。反之，得罪了上司，对我们就会非常不利，因为人在屋檐下，不得不低头，硬是反抗的人只会折得更快更痛。

办公室的关系复杂而微妙，办公室生存需要战术和策略。而最可靠的生存要害就是从进公司那天起就抱住老板的大腿不放。因为他的手上掌握着对你的生杀予夺大权,他决定着你的生存和命运,升降增减都由他说了算。因此，我们不但不能和老板对着干，还要学会与他在相处中多点圆滑和世故，多点儿尊重和奉承，多点儿支持他和为他考虑的表现，保证每一步都有助于解除威胁职场生存的危机，在化险为夷中借着老板勇往直前。

1 立场很重要，站得对才能做得对

踏入职场,进入办公室,就是一场新的选择和开始。能力突出,干出成绩,前提是选对了立场。在公司里，很多时候，要有以老板的立场为自己的立场的见识和能力，站得对才能够做得对，才能把握住生存的要害。

王锋虽然来公司不到两年，但是很多事情也都是看在眼里，记在心里。他知道甲经理和乙经理都在竞争总经理的职位。为了胜出，他们都在积极地拉拢自己的人，而下属自然被分成了三个阵营：支持者、反对者和中立者。支持者得到了重用，反对者自然是敌人，是打压的对象，而中立者则是被孤立的对象。

王锋当然不甘落人后，他必须首先为自己的生存选好立场。甲经理资历深，经验丰富，而且还有几个大客户，业绩比较有保证。但是有一点就是为人方面，心胸有点狭窄，没有足够的气量容忍下属的成绩和同级人的竞争。乙经理虽然稍微年轻一些，资历没有甲经理深，但是敢作敢为，敢于和下属分享成果，承担责任。而且比起甲经理，还多了一份做领导的气魄和眼光。

综合比较后，王锋认为还是乙经理的发展前途会更好，所以，他虽然没有公开的反对甲经理，但是还是选择站在乙经理这一边，尽力的帮助乙经理实现成功。果不其然，最后公司董事会通过对两人的综合考评，选择了更有统筹全局能力的乙经理。王锋也因为对乙经理的升迁功劳显著，被乙经理提名推荐做了经理。王锋很庆幸自己当初选择立场时候的明智，正是因为自己立场站得对才促使自己做对了。

薪水阶层的社会，是一个竞争的社会。在办公室中求生存，不得不各个方面都要照顾到。不论个人能力多么突出优秀，都需要有一定的立场，才能把握好方向。尤其是当涉及老板时，更是要跟对人，站准队，以老板为自己立场的风向标。

但是，不要将选择立场简单地视作办公室政治，还要将其看做自己生存的要害和进步的阶梯。试想，在自己实力不足的情况下，如果没有一定的靠山和依仗，一般实现突破都会困难重重。反之，如果我们有一定的信念和立场，将有前途的上司当做我们学习的榜样，站在他的立场考虑对我们的要求，站在我们的立场帮助上司成功，学习做上司的思考方法和办事作风，用立场提升我们迈出的职场台阶。

我们不能选择出身，但能选择跟着什么样的人。选对了，我们的职场之路将畅通无阻；选错了，很多时候就很可能吃不少的苦头。所以，在进入职场之后，“跟对人，站准队”是非常重要的。尤其是对掌握我们生死大权的老板。

从进公司伊始，就要为自己选好方向和立场。因此，我们必须把握好以下几点：

（1）以有能力的人为榜样

三人行，必有我师焉。任何时候我们都需要不断为自己充电，站得高才能看得远。所以，多向那些有能力的人汲取经验和知识。而且，很多时候他们的能力对我们的影响不只局限在工作处事上，还能有助于我们在人际关系上的积累和突破。因为有能力的人必有自己的关系，借助他们的关系发展自己，是一个不错的捷径和选择。

（2）以老板为自己的立场

老板的位置绝对不容许忽视，他们的决定与我们做出的成绩息息相关。只有站在老板的立场上，个人行为才能得到认同，结果才能变成业绩，从而被老板认同。否则，一个人以自己为中心，或是以他人为中心的行为，一旦与老板的意志不符，都有可能让自己陷入被质疑的境地。只有老板这个立场站得对，那么就有把握做得对。

（3）站队也要站得对

以老板为立场绝对不能一概而论。有的老板值得我们为之付出，因为有因必有果，明智的老板是善于发掘金子的人。而有的老板则是糟糕透顶，无论你多么的卖力、做得多好，都始终得不到他的认可和满意，只会要求你继续做努力做，做得更多更好却不会给你任何的相应回报，那么，小心你被无情的压榨或是被埋没。个人不仅要会站队，还要懂得择明君而事，站队也要站得对。

很多时候，努力能够换得良好的回报。但是，作为生存要害的立场问题，选择则大于努力。如果不幸遇到不好的上司，那就是遇到了一只拦路虎，你的职业之路也会变得颇多坎坷。你业绩好的时候，他会把所有的功劳都算在自己头上；业绩差的时候，他会把所有的责任都推给你。他不能教你任何东西，也不允许你爬到他的头上。他没有升迁的机会，而你的前途也注定一片渺茫。

所以在职场中，要学会选择跟随好的上司，然后借助立场的正确性，把握机会争取早日出人头地。而如果遇到坏的上司，也不要灰心丧气，争取换个部门或者换个公司，然后找到那个值得自己跟随的立场，坚定地站过去投入奋斗。

能够选对立场，是属于敏锐度高的人，是给予把握机会的人，是自己为自己创造成功机会的人。因此，对自己一定要有远见，借助一双慧眼，看清立场和前方的确定性，在能够站稳脚跟的基础上体现自己的人生价值。

【读心术】

在选择第一份职业的时候，并非人人都能够最终进入那些优秀的企业。但是，无论进入的公司好还是坏，如果能够真的把握并好好利用，就一定能够享受到这次机会带给人的无限好处。从某些方面看，跟对上司比选对公司更重要。因为只是选对了公司，却得不到好的发展机会和空间，那么最终还是不得志。而那些一开始就跟对了立场的人，完全可以凭借自己的努力在立场上赢得优势，逐渐发展出自己的优势和机遇。后者相对前者来说更加难能可贵。

a 抱住老板的大腿不放

身在职场，只要你追求进步，那么从踏入职场的那一天起，你每时每刻都面临着为自己选好立场的问题。选得准确，今后的职场之路必定一路高升；一旦选错了对象和立场，那么就很可能面临急转而下的命运。而选的对与否的关键就是会不会抱住老板的大腿不放，为自己争取机会。

李绍唐在IBM工作的第15个年头做到了协理。此时，他已经40岁，如果在事业上再没有突破，那么很有可能以后再没有升迁机会。所以，他觉得必须为自己争取一把。他勇敢地敲开老板的门，直接问老板："你告诉我，在未来三五年内，我是否有往上升迁的机会？我到底有没有爬到金字塔尖的机会？"

在之前没有任何可能性的情况下，他得到的答复可想而知。因为IBM人才济济，企业文化非常强调"辈分"与"派系"，在他的前面至少排了10个人。即使他愿意等，只怕轮到他，也是30年以后了。所以，他的机会不大。

但是,不甘如此继续下去的他开始寻求 IBM 之外的机会,转机就在这时出现。正因为他抓住了老板的眼球，在既没有任何家庭背景，又没有留过洋，而且还没有 MBA 学历的情况下，老板越发的注意人才堆里的他。两年半之后有了空缺之时，李绍唐先于那些排在他前面的人被任命为甲骨文华东及华西区董事兼总经理。

在职场上很多人怕见领导、见老板,有时候没有主动向老板靠拢的心思,甚至不屑于与老板走得近，这都是职场的大忌。只有勇于向老板展现自己，抓住老板的大腿不放,不仅能够得到晋升的机会,在关键时刻还能脱颖而出,排除职场的危机。

有些人认为抱住老板的大腿不放就是以人画线，有迎合权势、拍马溜须之嫌。其实不然。它说的是一个人对职场眼光的把握。有眼光不仅要看清办公室里的状况，孰重孰轻、孰大孰小、孰是孰非，从而为自己选好立场，同时还要为自己长远的发展考虑，为自己寻找能够赏识自己，给自己发展机会和空间的人,此类人当然就是老板或上司。如果偏离了这一点就很容易吃亏。

马续一向认为要凭能力说事，在学校看成绩，在单位看业绩。于是在单位工作时，吃苦耐劳，宁当拼命三郎，从来不屑于做爱拍马屁的投机者。在部门中,马续是出了名的勤劳,除了干自己的,别人挑肥拣瘦丢下的烂摊子,马续也不吱声地挑起来。有时甚至是别人放假，他加班、熬夜。

可是马续跟同事关系很铁，跟领导却很疏远。逢年过节，看到有同事给领导送礼，马续心里很不屑。年底的公司聚会，很多同事找领导敬酒、表心愿，马续却稳如泰山，同事打趣:“马续，你是在等领导给你敬酒吧？”马续只是闷头吃菜。

时间久了，马续也感到了不平衡。升职没份、加薪没份，就是陪着老板公费旅游也总是由健谈的同事出马，跟领导吃饭也总是被忽略。马续心里不是滋味:为什么我这样的人才，却得不到领导的赏识?

通过一对比我们就能发现，老板在很大程度上决定了我们的前途命运。虽然说能力是生存的关键，但如今已经不是职场的全部了。有时干得多却是白干，有时机会就在一念之间，抓住了就能时来运转。因此，作为员工和下属，事关自己职场的生存，必须明白以下生存要害:

（1）对自己负责

身为员工，对工作负责，对上司负责，对领导负责……归根结底还是要对自己负责。只有自己是自己命运的主宰。正因为我们要对自己负责，所以我们必须为自己找到最合理、最有前途的目标和依靠。

不管是上司领导，还是其他对你有帮助和决定性的人，你都不能忽视和放过。给他留下好印象，远比你加班苦干要有效的多。别管他是什么样的人，借助他为你服务是最重要的。只有借助他的力量，我们才能更好地发挥自己。否则，很可能几十年如一日的怀才不遇。所以，对自己负责，就要对自己好一点，抱住那个对你有用的人，尤其是老板，就可事半功倍。

（2）能力是基础却并非生存的要害

每个老板都需要有能力的人，因为只有有能力的人才能帮他做成事，赚大钱。但是，只有能力却不懂得用能力吸引老板为自己所用的人，只能是一个有能力干活的人。如果只能干活，而看不出对老板有更大的用处，那么就很少有晋升的机会。

除了能力之外，对老板的忠诚和跟随更加珍贵和稀缺。抱住老板的大腿不放，即使你能力不是拔尖的，那么你总有一天会上去，因为老板既需要有能力的人办事，也需要有眼光和忠诚度的人跟随自己，为自己增添实力和势力。老板的提携是个人晋升的最快途径。

（3）辛苦地做不如聪明地做，选对方向是关键

在职场上一声不吭地苦干，有可能只落得白干的下场。在职场上，不是你一个人把活儿都包了大家就领你的情，相反人家会觉得你好抢功劳，喜欢单打独斗，缺乏团队精神，所以“辛苦地做不如聪明地做”。聪明做的关键就是选对方向，和领导、同事搞好关系。

这是营造愉快职场环境的良好方式，通过和老板领导保持融洽的关系，那么，不仅个人能力得到充分发挥，个人的功劳努力都被认可，还会有很多发展晋升的机会。相反，处理不好和领导的关系，不说业绩不能保证，就是有了业绩也会消耗在不被人肯定和误解、争斗过程中。最后吃亏的还是自己。所以，管理好自己和老板的关系是提高工作效率的重要途径，抱住老板的大腿不放，关键时刻还能有晋升的机会。

【读心术】

职场永远都是双向选择的地方。老板选择我们为他工作，我们选择老板为他效力。但大多时候都是老板握有更多的主动权。这一过程能否实现双赢就看我们对待老板的态度和行为。进入公司主动敲领导、老板的门，才更有机会获得提升。看先辈们所经历的种种，我们会发现打破长久的沉默，主动向老板靠拢是一种成功的捷径。

3 千万不要跟领导对着干

想在一个公司立足，一定要明确这样一点：领导比天大。因此，无论你有多么充足的理由，无论你的本事有多大，你都应该避免和上司对着干。

王先生是一家科技公司的副总经理，不仅拥有令人羡慕的博士学位和高薪，还凭借超强的工作能力，取得了非凡的业绩。当初，这家公司只有 5 个人、3 万元创业资金，今天能发展到 600 名员工、2 亿元固定资产的规模，离不开王先生的功劳。

不过，有一件事让王先生很郁闷，比他晚进公司、能力并不出众的李先生成了他的顶头上司——公司总经理。原因只有一个，李先生是老板的弟弟。

对这位新领导，王先生看不惯。有一次，李总陪同一个外商参观公司的实验室，外商发现门口贴着进实验室必须换鞋的规定，就开始解开鞋带。旁边的李总马上说："今天就不用换了，过后让管理员擦一下地就可以了。"身后的王先生马上反驳："不行，这是公司的规定，谁也不能例外！"大家面面相觑，让李总在外商面前十分尴尬。

应该说，李总也有做事不妥的地方，但是他毕竟还是一个通情达理的人，而且在公司事务管理中善于倾听意见，得到了许多人的拥戴。不过，心高气傲的王先生并不买账，多次顶撞上司，成了领导眼中的刺头。

后来，李总向老板反映这件事，开始的时候，老板还一再忍耐，说王先生为公司立下了汗马功劳，后来看到王先生实在不像话了，索性找了个机会，把他派到外地开发新市场了，从此成了不被重视的一员。

在公司里，有才华的人自然会得到重视，但是恃才傲物，不给领导面子，甚至凭借自身优势与领导对着干，那就等着被别人取代吧。要知道，我们身边到处都是有才华的人，缺少的是既有才华又明事理的骨干。

所以，和领导融洽相处，让对方认同你、赞赏你、支持你，是你在公司立足，进而发展下去的必然选择。

不跟领导对着干，有许多门道和说道，并非逆来顺受那么简单。最重要的你要做好下面几点：

（1）不要逆着上司的脾气

人都有脾气，而且谁都有发脾气的时候。对领导来说，他们发脾气往往与工作有关，即有意无意地在用发脾气的手段去达到一定的工作目的。

与上司打交道时，必须正确对待和妥善处理上司发脾气的问题。否则，要么让上司小看你，要么激化双方的矛盾。

对待上司发脾气的正确态度是：只要上司不是有意侮辱人格，或故意找茬儿，你应该以忍让为上。特别是当你在工作上出了差错，上司为此发脾气时，你不仅应该忍耐，而且应主动认错或道歉。

需要指出的是，那些在上司对其发脾气之后，特别是受到委屈对待时，能主动向上司表示亲近的人，是聪明的表现。这样做绝对不是委曲求全，而是一种良好的修养，这样的人才能成大事。

（2）维护好上司的面子

中国人酷爱面子，视权威为珍宝。上司者尤爱面子，很在乎下属对自己的态度。冲撞上司，最伤上司的面子，使他对你充满怨恨和怒火。

工作中，大多数上司喜欢听命于自己的下属，这不但是上下属组织关系的必然要求，也是上司履行职责、达到预定目标的前提保障。上司们一般都会认为，自己有权要求下属去做某些事情的。

更重要的是，许多上司能从中体验到强烈的优越感，对自己充满信心。反之，下属的冲撞会使上司下不了台，面子难堪。

显然，如果上司的命令确有不足，采用对抗的方式去对待上司，这无疑会使他感到尊严受损，进而以敌意来对抗敌意。特别是在一些公开场合，上司是十分重视自己的权威的。或许他会表示，可以考虑你的某些提议，但他绝不会允许你对他的权威提出挑战。

（3）对上司，服从是第一位的

身在公司，你要明确一点：对上司，服从是第一位的。下属服从上司是上下属开展工作的前提，也是上司观察和评价自己下属的一个尺度。

坚持服从第一，做好上司的助手，是聪明之举。有时候，你在情感上怀着极大的不满，但理智地执行了他的决定，对你的气度胸怀，他也不得不佩服甚至敬重之情油然而生。

细心的人都可能会发现这样一个事实：在公司里，同样都是服从上司、尊重上司，但每个人在上司心目中的位置却大不相同，这是为什么呢？

根源在于，有的人肯动脑子，会表现，主动出击，经常能让上司满意地感受他的命令已被圆满地执行，并且收获很大。相反，有的人仅仅把上司的安排当成应付公事，被动应付，不重视信息反馈，甚至“斩而不奏”，甘当无名英雄，结果往往事倍功半。

“服从第一”应该大力提倡，善于当好助手则彰显着你的智慧。通常情况下，当好助手要掌握以下的技巧和艺术：对于有明显缺陷的上司，积极配合是上策；表现出你“能干”的一面，从而引起上司的注意；关键时刻挺身而出，得到上司的青睐；主动争取工作任务，表现出你负责的一面。

【读心术】

因为不识时务、不看上司脸色行事而遭遇穿小鞋、受冷落的人不少，应该引以为戒。对于那些架子大、尊严感特别强的人，遇事不给上司留面子，甚至“老虎头上拍苍蝇”，就大错特错了。在领导面前，你必须夹起尾巴做人。否则，伤了上司的面子，你就会倒大霉。

4 处理好上司和公司的微妙关系

做下属有做下属的为难之处，那就是夹在上司和公司之间，似乎左也不是右也不是。其实，每个人都有做下属的经历，但是很多人都能从下属走向成功，究其原因就是他们将这个看似很复杂的问题简单化了，那就是找准自己的立场，指导自己的行动，其他的就都可以随之解决。

阿峰在现在企业的制造中心做生产计划 3 年有余。前两年他和上司都互动的很好，但从第三年下半年开始，轮岗来了个新上司，工作方法和思路上和他很难合拍。阿峰认为自己更加了解这个团队，更清楚如何去运作，而新来的上司还不上手，所以很多想法是不对的。

对于公司新下达的指令和目标，阿峰觉得自己很认真地履行自己的职责。但是新上司在派发公司的任务时，却往往与公司有一些偏差，这让阿峰很是无法接受。在坚持自己看法的基础上主动找新上司沟通了几次，试图让新上司理解自己和自己带的小团队的处境和工作思路,然后改变自己的想法。但是到后来他发现他怎么也改变和左右不了新上司的思路，而又很难强迫自己去完全认同新上司。

就在这样的僵持和较劲儿中，不仅工作流程和运作出现滞缓的现象，公司的业绩指标也跟随下滑，无法正常交货，客户投诉接连不断。最后，公司责难下来，新上司以阿峰无法配合和带领团队给他放了个长假。

他人的想法并不是那么容易改变的，更何况对方还是你的上司。上司需要机灵、有能力的下属，但是前提是下属要有服从的意愿和行动。如果一个下属常常违背他的工作指示，却常常自认为自己是站在公司的立场上，那么他迟早要因为不能做一名出色的下属而被判出局。

只要你在企业工作，就一定会碰到公司和上司同时给你指令的情形。也许你在做自己的工作的时候，上司让你汇报进度，然后给了你指示和意见。不巧上司的上司也想知道情况，然后就又亲切地给了你一些建议。虽然大多数时候两位上司的意见与指令基本保持一致，但也总有唇齿之争，还是令人有些为难。

这时候,就是事关你的生存的问题了。不要以为上司的上司更大而盲从,但也不可完全忽视。毕竟都是上司，都掌握着自己在这个公司的命运。与他们相处，处理好他们之间的关系，是体现能力和职场生存智慧的时刻。每个职业人都面临着与上司有效沟通、互动的需要，因此，对这种关系进行管理的能力，不仅决定了下属与上司相处的和谐程度，也决定了下属工作的顺利程度，更影响着下属们的职场成功与否。

那么，学会一些与公司和上司相处的技巧，就可以避免不必要的犯错：

（1）分歧必然存在

上司和公司有时会站在不同的角度思考和理解问题，进而在作出指示上会出现偏差。这些都是不可避免的，一定要认清这个现实。有时，你会站在中间左右为难，到底是听谁的呢？按照公司的意思做，必然会因为违背了上司的意愿而得不到上司的认可。如果按照上司的期望做，万一结果不能符合公司的预期怎么办？

其实，这就是上司和公司之间的微妙关系。这种关系轻者会影响自己发挥的空间，重者可能影响到自己的前途。只有处理妥当才对彼此最有利，而且既然分歧必然存在，那么就要去面对和解决。逃避或是打马虎眼只会增加做错事的风险。要知道，上司受雇于公司，即使有分歧也是可以解决的，上司不会冒着完全背离公司的风险开展工作,否则他就会被炒鱿鱼。有了事情，他也会直接对公司负责。而我们首先要做的就是要正确诠释上司的意思。

（2）沟通为先

公司和上司在用不同的词句表达同样的工作预期时，难免会因为角色和角度不同而出现偏差。这时候作为直接的受命人和执行人，如果下属不能正确诠释上级的理念与需求，就很容易造成工作中的失误和结果偏差。很多时候，我们并未发现自己与上司未处在同一认知水平上，上司期望的结果与我们自己理解的绩效南辕北辙。所以，先做好沟通才是主要的。

我们需要在做事过程中不断审视自己是否正确地诠释了上级的理念与要求。也就是说，在做事过程中，我们需要得到上司的及时反馈；尤其是面对上司和公司发出不同指令时，你更需要审视他们是否在用不同的词句表达同样的工作预期。或者,他们的确存在着认知上的差异。如果真的存在分歧,最好是先适时地将公司的意见传达给上司，让他自己做出权衡，然后听取了他的意见后再行事。相信上司一定是仔细做出衡量后才会行动，这其中的利害关系他自己更清楚。

（3）站在最有利的立场上

上司是我们最有利的立场。作为用人单位和企业，上司是公司聘请来的，他应负责的对象是公司。而作为下属的我们则是需要对上司负责。更多时候，对上司的评价来自于公司，对我们的评价来自于上司。如果舍弃上司而站在公司的立场上，不仅会出现站在公司的立场来评判现在上司的越俎代庖现象，还很容易得罪上司而影响自己的事业。

既然各在其位，就要各谋其政。作为下属，就应该对上司负责，更周全地为公司考虑的事情是上司的职责。我们需要做好的就是帮助自己的上司成功，他的成功既意味着我们的成功，也代表了公司的成功。这也是职场必须遵循的一个基本原则。“良禽择木而栖，良臣择主而侍”的古训，说的就是将自己的成功建立在帮助上司成功的基础上。

上司与公司之间意见不一致，会给下属带来很大的压力和麻烦。这类问题处理得好，就会增加与上司之间的信任度，给自己增加活动空间；如果处理得不好，不仅没有功劳，反而使自己进退两难。所以，做下属更要做一名出色的下属，不仅是让公司和上司来管理自己，自己也可以在这两者之间学会管理与他们之间的关系，从而使自己生存空间更宽广。

【读心术】

职场也有职场的政治学问，其中最忌讳的原则之一就是站在公司的立场评判你的上司。如果矛盾不可避免，你可以适当地糊涂一下，但是也不可太较真，觉得公司才是最需要考虑的集体利益。作为你的上司肯定有比你考虑更周全的问题或原因，太莽撞只会显得很傻、很天真。

5 你说的每句话，老板都会知道

你在工作中说的好话坏话老板都会知道。很多时候，表现自己不仅仅是依靠能力和行动，适当的话语也可以发挥很大的作用。如果老板不可避免地对你所说的话了如指掌，那么就利用这个机会，在行动之外再次抓住老板的大腿不放，稳固自己的生存现状。

王森工作一向都是勤恳卖力，工作业绩突出，经常受到上司的好评，同事也很认同他的成绩。有一次，他因为带病上班，吃了感冒药发困的缘故，导致工作中出现了一处错误，险些误了大事，幸亏被上司及时发现纠正了过来。

但是，因为这次失误，害得全体上下大为紧张，简直可以用“鸡飞狗跳”来形容，这是上司绝对不容许出现的现象。他觉得这都是王森惹的祸，所以，把他叫到办公室大骂了一通，还说起他之前表现那么好，现在关键时刻居然犯这么低级的错误，让人很难不去怀疑他之前的能力和表现。最后估计是累了，所以上司才放了王森。

王森觉得很委屈，本来自己就是带病上班，上司不体恤民情也就罢了，现在因为一个没有造成实质性的损失而且已经解决的问题对他大加责难，还否定他之前的功劳，这样的上司真是太糟糕了。所以，王森就把自己的 QQ 状态改成了自己现在的心情，并在自己的微博上详细描述了自己的不满，其中当然不乏对上司的不满和看法。

中午休息的时候，王森忙着找药然后吃饭，所以忘记关掉 QQ 和微博，结果恰好被上司看到。从此，王森就察觉到，上司对他总是若即若离的，即使自己可以做得很好的工作上司也不会像之前一样交给自己。他还以为是自己那次错误造成的，所以就向同事抱怨上司的小心眼儿，不通人情。自然而然的这话又传进了上司的耳朵，王森与上司之间又多了一层隔阂，处境也越来越显得多余，因为他没事儿可做，更别提出业绩了。

应该说上司偶尔的小心眼儿，心胸狭窄是不可避免的，但是下属同样有说人闲话在先。如果没有将牢骚和不满公布于众，那么上司可能就不计前嫌，什么事情也不会有。反之，因为自己无心的言语，让上司不得不考虑自己在下属中的威信和形象，此时，他必定会记住那些说他坏话的人。

对于任何一句你说得与工作有关的话，尤其是与上司有关的话，都会被传到上司的耳朵里。或许你觉得可信任的人却不信任你，乃至于把你当做竞争对手，到上司那里打小报告实属平常。或许那个人只是当玩笑，随口在别人那里又转述了一次，导致最后传到上司耳朵里。或许对你来说是很重要的事情，对别人来说却是没什么大不了的，在上司面前当做笑话讲。总之，你说的每句话老板都会知道。

当一句话从你嘴里说出来后，控制权就不在你，而在听到的人。你再也没法控制这句话的传播，更无法掌握局势。你管不住别人的嘴巴和上司的心思，但是完全可以管得住自己嘴巴。职场上的每时每刻，你都要想清楚，自己该说什么，不该说什么。一定要记住的就是：

（1）不要随便与人交心

在公司中，与同事相处的时间甚至比与家人、朋友相处的时间还要久。但是，并不是相处的越久人就越可以信任。因为职场是竞争的斗场，在两个相互竞争的同事间，动了真感情，只会自寻烦恼。因为有竞争就必须有所保留，如果你与对方交心，而对方却对你保留很多，不仅会影响你们之间的交往，对方还可能趁机抓住你的弱点加以利用，带来的只有无尽的麻烦。

（2）不要在同事面前批评上司

记住，既不要在同事面前批评上司，也不要向人倾诉对上司的不满。即使你被上司发了一通火，你也不能向同事倾诉你的苦衷和对上司的不满，这样做是很危险的。因为你的同事是你的竞争对手，他们随时可能把你的牢骚报告给上司，也许几天后你被人“整”了还不知道为什么。俗话说“害人之心不可有，防人之心不可无”。最好的办法是决不在同事面前提起自己的不满和委屈，有的话对着朋友和家人倾诉一番还不会担心有后顾之忧。

（3）小心被对手利用

说话之前要想清楚，不仅要想这句话对自己有没有伤害，也同样考虑会不会被别有用心的人利用，这是职场生存的要害。有时，你说的话，在有些人听起来可能没什么，甚至你自己都觉得没什么。但在你竞争对手耳朵里，却可能很有价值。如果再被他绘声绘色地描绘一圈，那么肯定就变质了。你的对手可以利用这些创造对自己有利的时机，那对你而言就非常不妙了。所以，既然你说的话老板都会知道，那么干脆一点儿，什么都不要说，包括任何可能被与工作相关的人听到的场所。

（4）以其人之道还治其人之身

既然老板潜在的“耳报神”无处不在，时时刻刻对自己来说都是一种威胁，那么自己何不顺手拿来用用，为自己造势和添威呢。在同事面前，在老板的背后，多说老板的好话，让那些专门打听小道消息的人听一听你对上司的赞美和敬仰，让他们找不到你的弱点，没有把柄可以抓住。或者关键时刻对着周围人透露几句似乎是他们想知道的，但是又对你有利的，让他们无意间成为你的传声筒。只要你利用得当，坏事情也能变成好事情。说不定，老板正好就在暗处的某个地方,听到了你的赞美自然会解除很多无意间的误会。

我们说的每句话老板都会知道，但是并不意味着我们就没有了自己的空间，必须赤裸裸地暴露在老板的眼前。很多时候，看似很糟糕的、无法逆转的处境，越容易出现转机。很明智的一点就是将生活和工作两者分开。对工作恪尽职守，也要懂得克己利人。平常少说话多办事，要说就说有分量的、对自己有益处的话，不能把工作场所当成唠家常的地方，也不能太死板，任人宰割。坦然地面对老板的审视，淡然地处理该说什么不该说什么，对大家来说都是一种自在的，更是职场的技巧。

【读心术】

老板很大程度上决定着下属的命运，但是并不意味着命运就不在下属的手中。因为苦恼不知如何留给上司一个好印象的人，很容易走很多弯路。老板希望看到的就是多做事，少说话尤其是闲话的人。当他们从他人的嘴巴里听到你对他们的负面评价的时候，比他自己亲耳听到还要严重得多。用做事的能力加上适当言语的庇护,才是走好职场路的基础。

6 老板做好人，干部做坏人

老板为了自己公司的良好经营，愿意站在维护干部的立场和角度，给予干部一定的权力来为自己排忧解难。这样的任务只有懂得合适时机并会运用的干部才能胜任，做一位在老板和下属之间的协调者，一座桥梁，既架起了老板和员工间的成功沟通，也构筑了自己的成功。

小张是公司里上任不久的经理。因为一次意外事情，导致很多员工对公司的做法很不满意，所以就有几个同事要找领导谈一谈，想得到一个明确的答复。这本是小张可以自己解决的事情，但是，他觉得自己是新来的，怕处理不好，反而还担责任，所以他就对他们说："我能够理解你们的想法和要求，部分我也赞同。不过你们光在我这要求也没有用，你们还是等总经理来了去找他，让他给你们一个明确的说法。"

后来，他们果真找到总经理，本来想经过一番讨论得到一个满意的答复。但是，在总经理知道他们已经找过经理，经理让他们来的时候，只见总经理脸立刻板了起来，严肃地告诉他们谁再这么"无理取闹"，那么就可以直接去领辞退金了。

总经理对这件事情相当生气，把经理小张叫过来只冷冷地说了一句："如果以后连这些小事儿都处理不好，那么我就没有必要留着一位不会解决问题只会把问题推给我的经理了。"小张听后才知道自己犯了一个多么大的错误，竟然在明知问题有点会令人下不来台的情况下，还将问题推给上司，明显是逼迫老板做坏人，自己做好人。想到这么严重的后果，小张不由地出了一身冷汗，知道以后该怎么做了。

有吸取经验教训的机会还是很幸运的。有些人很不注意上司愿意干什么工作、回避什么事情，往往容易得罪上司，惹出麻烦。真正的道理应该是，从为上司着想的角度，干部和下属除了把问题当做自己的分内事一样解决掉，还应该维护上司的面子，替上司分忧，而不该把事情推到上司或老板身上。

在公司内部，有各种原则和规则约束着员工。老板作为公司的所有者，又是经营者，还有可能是规则的制定者。由于身份特殊，很多时候老板自身并没有那么严格地像下属一样遵守规则。如果由老板去讲原则，大多员工都会不理解、不相信。这时候，就需要干部出面，做一位真正讲原则的人，来维护制度的尊严。

这是一种老板做好人干部做坏人的职场现象。如果干部不讲原则，没有原则上的坚定性，那么老板去讲原则就会比较尴尬。老板经常做“坏人”，企业高层管理人员在企业员工心中的形象大损，员工会把所有问题都归结到领导身上，长此以往企业会缺乏凝聚力。而干部也没有发挥出自己解决事情的能力，长此下去就有可能失去老板的信任。

工作中矛盾和冲突都是不可避免的，上司一般都喜欢由自己充当“好人”，而不想充当得罪别人或有失面子的“坏人”。再者，其实干部和老板是利益共同体。你们要想成功就得同舟共济。那么，为了保证融洽的工作关系富有成效，并使双方都获益多多，就得学会以下方法协调好与老板的关系：

（1）把握老板的个性

首先要弄清楚，你的上司是个只愿把握大局的人，还是个事无巨细皆不放松的人。如果你向一个只愿把握大局的人汇报一大通细枝末节，那么你俩很快就都会烦的。你也许会认为你对某项工作是如此殚精竭虑，而你的上司却漠不关心，其实这样想就错了。一位只愿把握大局的领导会认为你该把所有基础工作都做好，否则对方就不会信任你。你的老板可能只注重结果。如果你早些了解老板的个性，你俩的合作就会愉快得多。

从心理学的角度分析，上司因为手中有较大的权力、较高的职位，面子感和权威感较强，做坏人影响自己的权威。所以，愿当好人，不愿当坏人是一种很普遍的上司心理。此时，上司最需要下属挺身而出，充当马前卒，甚至要出面护驾，替他分忧解难，赢得他的信任。

（2）一红一黑相得益彰

当老板对待员工和蔼慈善，态度亲切，即使是那些违反了纪律，做错了事，影响了业绩的人，老板也会保持自己通情达理的老板形象，出来做个好人。此时，干部就要严格要求下属，严厉处罚违反规定者。

在原则性问题上，如果老板唱红脸，你就要唱黑脸，一方面帮助老板维护了规则和利益；另一方面也凸显老板的管理策略和智慧，帮助他在员工当中建立起良好的形象，那么这个时候，你就能够在这样的过程中慢慢得到老板的青睐，成为老板的得力助手。这是抓住老板，站在老板的立场上的关键，也是自己能够长久的处于较好生存状态下的关键一步。

干部唱黑脸，老板唱红脸。这是一种相得益彰的管理哲学。其实，干部的黑脸是老板允许的，或者可以说是需要的。红脸的出现一是为了缓和情势，二是为了收服人心。毕竟，干部的黑脸也是为老板出力，还能衬托出老板的红脸，何乐而不为呢？

其实，从组织工作整体讲，下属把问题揽到自己身上，有利于维护上司的权威和尊严，把大事化小、小事化了，不影响工作的正常开展。如果你不能把握上司的个性和心理，不能意会上司什么时候需要你，需要你做什么，那么就很容易让上司尴尬。

不过，干部的积极主动、大胆负责是有条件的，即有利于维护老板的权威，维护团队的整体团结，而不要随意越权、出风头、抢镜头，争个人的职权，那样就会搞砸关系。总之，干部是老板左膀右臂，与老板密不可分，只有正确、恰当地处理好与老板的关系，才能保证个人事业在和团队良好、默契的配合中稳固发展。

一旦干部真正处理好了与老板的关系，在老板做好人、干部做坏人当中找到平衡，你就会发现老板会托付你更多的责任，使你事业有进步，工作更满意。这也说明，你已经把握住了职场生存的要害。

【读心术】

做干部并不是一直都要扮演坏人的角色。这个做坏人，不是突破原则地做坏人，而是给大家一种感觉，一定是在利益发生冲突时才表现出来。所以，应该做到在公事立场上以身作则，在私人立场上表示理解，对需要帮助的员工给予一定的帮助，这样，整个管理团队就会变得高效、团结、富有战斗力。否则很容易因为做事太僵硬而导致树敌太多的不利后果。

7 报销单是公司测试你的一个工具

职场中任何形式的考勤和记录都可以作为测试受此约束之人的工具。报销单也不例外。要想时刻给老板留下好印象，不被老板排斥在值得信赖和负重任的行列之外，就要在包括报销单在内的一切细节处用心，为自己在职场中生存把好关。

赵先生平时工作一向兢兢业业，可是因为出差、忙碌还有其他的一些原因，有一笔报销款本来 9 月份就该报的，却一下子拖到了年底，再不报销就作废了，赵先生赶紧找到了领导。可是一向很信任他的领导，却变得陌生起来。

领导一项一项地详细核查，弄了好久，赵先生暗想："报销不是很正常吗？怎么就跟抽领导的肋骨似的，如此斤斤计较！"令赵先生更尴尬的是，仔细审核钱款后，领导居然真的发现有一项有点小出入，还好只是小数字。事后赵先生不快地想：其实以前有时候为了报销方便，干脆就会把零头凑整，可领导压根不会注意，今天这是怎么了？几天后，赵先生辗转打听到，原来因为业绩不佳，年底有几个项目的人员要收缩，赵先生的部门也在裁员之列，领导正愁抓不住下属的小辫子呢！一向自我感觉不错的赵先生，突然发现自己岌岌可危！

不要觉得老板的过于谨慎有什么错。毕竟，你要报销掉的是他的收益和财产。他不为自己节省就更不能指望别人。所以，他的斤斤计较也是应当的。对员工和下属来说，关键是自己填写的报销单上是否为自己埋下了职场隐患。

报销单上值得老板关注的不仅仅是你需要报销的金额，现在更多的是所报销金额的用途，也就是产生费用的原因。很多人都有拿着私人消费的花销充当公职消费来报销，并且还常会为自己的聪明和占到便宜沾沾自喜。殊不知，他早就将自己败在了报销单的考验之下。

当英国国会议员将 5 英镑的捐款当做公费报销时，他所受到的指责是何其多。此时，报销单是一种公共监督工具。而在公司当中，报销单就是公司监督、测试个人的一种工具，是老板了解下属的一个渠道，而且是可以直接窥视到个人动机和品质的平台。

要想摆脱或者是避开报销单危机，就要懂得先发制人，不为自己留下隐患。摆脱办公室危机的一个妙招就是经得住报销单的考验：

（1）不把老板当傻瓜

大部分公司都会有月底报销（餐费、交通费、电话费等）、出差报销、年底报销等各类报销。当让领导在报销单上签字的时候，有没有观察过老板的表情，或者是留意到老板说过的话？不要觉得老板只会在报销单上签字，他们都会看你报销的金额，即使只是不经意地扫一眼，他们也会在心中衡量一下你的报销是否合情合理。如果有必要的话，财务部门可以随时为老板提供每个人的报销明细。

贪小便宜的人总会把报销单当成是一个占小便宜的工具，却不知永远逃不过老板的法眼。很多人感觉用单位的电话打私人长途，或者拿点小东西根本不是事儿，可是一旦被领导发现，就很容易给领导留下负面印象。即使是几十块钱的餐费、交通费，也有可能坏了你的前程。因此，千万不要自作聪明地把老板当傻瓜。

（2）关键时刻别犯低级错误

报销也要看老板的脸色，要赶好时机。如果领导心情不好，你却跑来“消费”他的金钱，那他岂不是心情会更糟？老板心情不好的时候，不管是什么事情都要先避一避，更何况是报销的事情。心情好时可能一点点的瑕疵对老板来说没什么，但是不好时情况就会糟糕透顶：平常不算过错的失误也成了罪过，即使没有明显失误他也会鸡蛋里挑骨头。

再者，报销要趁早，如果正是公司资金链条最紧张的时候，或者是业绩不好时，报销就更是撞到枪口上了，自然会招致领导的反感。报销要懂得为自己寻找好时机，避过任何对自己不利的状况，关键时刻不犯低级错误。

（3）身正不怕影子斜

当老板连你的票上面的时间也核对，然后把属下每个员工的每月费用都记录下来，这时你的心情是怎样的？忐忑不安、心惊胆战，还是面不改色心不跳？

忐忑不安的人可能并没做什么亏心事，只是担心老板会不会对自己不可避免的错误穷追不舍。心惊胆战的人就会担心自己的占便宜心思被老板发现。

而最安心的则是面不改色心不跳的人，他们没有在报销单上做任何手脚，也不怕老板的任何纠察和考验，他们深信身正不怕影子斜。

每个公司和个人都有自己的道德守则，而个人对于这些准则的理解和实施也各不相同。但是，最保险和问心无愧的莫过于身正不怕影子斜的人。无论从哪一方面讲，这样的人都能够经得住报销单的测试和考验。如果甘愿以身试险，那么到最后丢掉的并不仅仅是金钱，可能还有自己的素养和前途。

【读心术】

老板看到报销单不说话并不代表他没有疑问和意见，沉默反而是更加糟糕的时候。他更多的是在心中衡量报销单上的过失，以及此人对这一行为要负的责任。当问题上升到严重一面时，贪便宜的人就不得不为自己的行为负责，因为任何经不住考验的人都要付出代价，用来明白真正的生存要害是在哪里。

8 免费午餐最好不吃

想要成功有很多种方法，也有很多种途径和资源可以利用。但是有一条就是，必须对免费的午餐提高警惕性和免疫力。因为免费的午餐总会显得很突兀，如果不是互有利益关系，谁也没有义务为你提供免费的午餐。而有利益的地方就有潜在危险。免费的午餐最好不吃，才是明智的成功之道。

李伟大学毕业后就进入了现在的这家大型企业工作。他给自己定的目标是30岁之前要有车有房，35岁之前要有自己的公司。在此之前，他需要在别人的公司里积累经验，多学习经营之道。但是他也知道，很多事情和学问都要靠自己的努力去获取，别人不会轻易把自己学到的东西交给自己。

随着时间的过去，李伟看到自己的同学很多都已经小有成就，他自己就有点慌了，觉得自己再这么不愠不火地下去，离自己的目标就会越来越远，所以，他就异常的烦躁。恰在此时，以为比他有资历的前辈借机和李伟聊了起来。知道李伟很求上进的想法后就拍胸脯说自己可以帮助李伟学到更多，并能让他真正的走上领导的岗位，积累管理的经验。李伟如同遇到了贵人一样，对这位前辈很是感激和佩服。

接下来，他就在这位前辈的“帮助”下开始一步步的出业绩、往上走的时候，半路杀出了个程咬金，也就是他视为贵人的前辈。意识到问题的李伟猛然发现，被打败的是那位前辈的老对手，而自己一直以来则是前辈发动攻击的前锋和挡箭牌。最后，不仅没有吃到免费的午餐，还落下了一身的责怨。

这是同事间不可避免的明枪暗箭，挤压倾轧。关键就是有的人是布局走棋的人，有的人是被布局走的棋子。谁不想一夜成名、一夜暴富，这样就省得自己辛苦拼命了。正如我们不会把我们自己的功劳和辛苦送给他人一样，别人也不会。

职场就是一个没有硝烟的战场，它注定了只有少数人能够脱颖而出。如果你想在竞争中取胜，就要根据自己的职业，建立起自己的专业形象，在工作中不仅要努力更要自觉。要时刻加强自身的保护意识，不能因为自己对职场的陌生就任人摆布，受人利用。

古人有云：“非分之福，无故之获，非造物之钓耳，即人世之机阱。此处着眼不高，鲜不堕彼术中矣。”也就是说，不该得的福分、从天而降的意外之财，即使不是上天故意诱惑你，也肯定是让你上钩的机关陷阱。如果不睁大眼睛，就很难逃过这些诈术圈套，很少有人不上当受骗的。

不要期望天上掉馅饼。现在，有些人心绪浮躁，不愿意静下心来做些事情，不愿意通过自己的努力一步一步来。总是想一夜暴富，或是天上掉馅饼，来顿免费的午餐等，但是，按照常理这些都是不可能的，即使有那么偶然的机会也是陷阱居多。收下免费的午餐，就得收下伴随而来的诸多麻烦，很可能“吃不了兜着走”。

作为一个职场中人，无论是领导还是普通的员工，还是回到现实中来，承认“天下没有免费的午餐”这样一个道理，告诉自己免费午餐并不好吃。以下介绍免费午餐骗局下如何自我保护的方法：

（1）警惕各种“免费午餐”骗局

从进公司的那天开始，一个人就应该知道这是一个竞争的场所，为了各种各样的利益可以有各种各样的敌人和对手,但唯一缺少的就是免费的午餐。没有人能不付出任何努力就得到好处，除非是陷阱。为了保护好自己，个人就必须警惕各种免费午餐的骗局，谨防上当。

免费的午餐会以很多形式出现，比如善意的面孔背后往往藏着恶心的要求，比如赤裸裸的交易，比如送上门的好事，但是当牵涉利益的时候，这些好事接下来都会带来源源不断的麻烦。因此，当遇到“免费午餐”的时候，一定要继续往前看看，是不是还有好大一个圈套在等着你。只有提高警惕，才能揭下那些虚伪的面具，让他们无处遁形，也无法利用和加害我们。从而保护好自己，还有自己赖以生存的工作。

（2）了解自己的弱点

那些想要利用你的人，主要对两种人下手：新手与不谙世事的人。

新手是因为对公司当中各种各样的人还没有认识清楚，对各种利益集体和争斗还不甚明了。此时，如果有“前辈”突然出现，提出一些有帮助的意见和建议，然后又有拉拢之意，承诺日后的种种好处的时候，那就说明他已经逐渐露出了他的真面目。

有些人即使在公司中待的很久了，也难以理解和接受同事间的利益纷争。不是他没有意识，而是没有这方面的嗅觉。这种人，很容易相信人，别人给他一点好处就把他当成大好人，然后被别人利用。

对于职场中人，不一定人人都老道熟练到精通职场规则，但是却也不能因为自己的初来乍到和简单就该被别人的“糖衣炮弹”和“免费午餐”迷惑，被别人利用。审视自己，了解自己的弱点，才能对症下药。

（3）学会识别不好吃的免费午餐

不可否认的是，有些时候的确有免费午餐让人获得了机会，走向了成功。但这并不代表所有的免费午餐都那么好吃。天下没有无缘由的结果，所以不可抱着庆幸的念头将免费午餐当做自己的幸运大餐。想要在职场中维护自己的权益和利益，就要提高对免费午餐骗局的免疫力，让他们统统远离无自己。

要想清楚地识别别有用心的免费午餐，就要告诉自己最可靠的还是自己。只有通过自己的努力，才能为自己带来最大的成功和好处。所以，当你的同事无缘无故地接近你，对你献殷勤的时候，他不一定是坏人，但是也不一定就是善类。保持距离，提高警惕，才能看清他的意图，防患于未然。

如果领导对你夸奖多多，格外的和善，并委以重任，却是和其他的领导或是同事有关，那么小心了，看自己是不是正被别人当做棋子来布局。这种时候你不能断然拒绝，但是也不能做一个很听话的下属。涉入别人利益争斗的圈子，既要明哲保身，又要不得罪领导，就必须学会圆滑和糊涂一点儿，让麻烦悄悄地离你远去。

免费的午餐就意味着好处，但是并不是所有的好处你都有能力和信心收下。当事关自己的生存和工作，又需要冒很大风险的时候，一定要三思。想一想，虽然你可以得到一定的好处，但是别人却是利用你得到更大的好处。而且万一有了什么变故，不仅得不到好处，反而还危害到自己的生存，那么就会得不偿失。所以，免费午餐最好不吃，从一开始就要提醒自己，切记切记。

【读心术】

世界上好人多过坏人，但是很多时候好人难以躲过坏人设下的陷阱。坏人为了自己的利益，使尽浑身解数也在所不惜。人人都有权利和义务维护好自己的安全和利益，所以识破他们的别有用心，与他们尤其是无事献殷勤的好处保持距离。记住有得必有失，不想失去更多就要避免意外的获得，尤其是职场中免费的午餐。

第二章

薪水的密码

——“做得多”不如“说得多”

一个人的改变，源自于自我的一种积极进取，而不是等待什么天赐良机，对于薪水亦是如此。我们不能等着老板主动给我们加薪，因为相信别人，放弃自己，这是许多人失败人生的开始。我们也不能只说不做，好高骛远，因为不切实际且不加实践永远不会有进步。同时，我们也不能因上司的夸奖之词就沾沾自喜，让自己睡在已有的温床上，埋葬了极有可能的加薪和成功。

无论上司对我们的态度如何，我们都要知道，关键是要赢得优势，知己知彼才能成功加薪。即使在最艰难的时刻，也要相信自己手中握有最好的猎枪。学会让自己的每一个下一次都更加进步，是做大自己的有效法则。努力地用实力证明自己，并让上司看到你的更大的潜在价值，那么，加薪之路必定不远，这是薪水不可忽视的密码。

1 不要等着老板主动给你加薪

在付出了很大努力的情况下，想要获得相应价值的报酬是我们不断追求的目标。但是很多时候老板很难做到能够及时给我们加薪，尤其是在我们不懂得主动争取的情况下，更加有可能使加薪成为遥远的期望。所以，要加薪，就要懂得自我争取，为自己争取更多的价值体现空间。

开贸易公司的张总最近很兴奋，原来他招到一个称心如意的助理。

新应聘来的助理签了三个月的试用期。结果三个月还没过，张总就提前让她转了正，而且还相应地为她加了薪水。三件事情使得这位助理的身价暴涨：

一是让她订早上九点左右的机票。在打了几十个电话后，她向张总汇报：公司原来签的订票公司价格还不够便宜，她找到几家更便宜的。然后把她的寻找结果 E-mail 给张总。这是一个简单的列表，时间、航空公司、机型、哪个机场起飞，一目了然。这是以前的助理从来没有做到的事。

二是让她代收供货商送来的样品。大大小小一共几十件。她也列了个详细的清单，让供货商签字。因为只是样品，所以供货商们从来没有想到这样做。

三是接到一个催款的电话时，助理当着张总的面对话筒说：“张总出去开会了，等他回来我转告好吗？”

虽然助理新来公司还不足三个月，但正是因为这些出色的表现，张总已经决定立马让她转正。后来，她还不断的立功。尤其是一次一位大客户在作最后决定前来公司做最后的调研，结果却找不到先前专门负责的人。因为她做助理，又一次恰巧碰到了这个项目的资料，就用心地看了一下，所以这时正好用上。最后她的热情招待和专业讲解征服了客户，客户最后不仅选择了本公司，还特别向老板提到了她。当一年后她主动向张总提出加薪的时候，张总不仅爽快地答应，而且还告诉她说打算再观察她一年，以后培养她做自己的副总经理。

她能够如此快的得到转正和加薪，最关键一点就是抓住了老板的眼球，每次自己的突出表现和灵活应变都活灵活现地展示在了老板的面前，等于是在向老板述说自己的价值。将工作做得如此到位，如此合老板的心意，别说主动要求加薪被满足，得到重用也是理所当然的。

很多人认为如果我做好自己的事情，我出业绩了，公司肯定会给我加薪，是的，公司会给你加薪，但是加薪的幅度肯定不能满足你的期望。对于那些整天一边工作一边幻想“到时候”老板会给我加薪的人，光顾他们的大多不是愿望的满足，而是幻想的破灭。

老板要衡量的是所有员工的价值，不可能对每一个下属的价值和业绩都做到面面俱到。而且，公司并不会觉得总是给你增加薪水就能达到更好的收益。我们想当然地以为永远不可能奏效，即使薪水有所增长也不会达到我们期望的水平。被动的等待老板主动给我们加薪，浪费的不仅是时间，还有因此丧失更多利益。

要想真正地得到物质和精神上的满足，就必须学会主动争取自己应得的，赢得自己期望的。在职场中，能让老板满足自己的期望就只有主动出击，用实力证明自己，并让上司看到你的更大的潜在价值。如下是几个关键点：

（1）证明你的价值

如果你在公司整天无所事事，那公司肯定不会给你加薪的，在要求之前你必须要证明你的“价值”，让你成为公司不可缺少的人才。而证明自身价值的前提就是要知己知彼。

知己者就是知道自己到底能吃几两干饭，衡量自己的能力和潜质，有了清醒的认识才能做到心中有谱。

知彼者就是同行业同层次的人的薪酬状况，作为自己申请加薪的参考和老板给你加薪的依据。另外，你还要知道老板的期望值。如果你离他的期望很远，那么即使你再怎么努力也不可能让老板满意，他也就不会给你加薪。如果你能力早就超过了老板的期望值，却意识不到要去申请加薪，那么就很容易吃亏。

知己知彼是保证加薪顺利实现的策略。只有做好策略工作，在证明自己价值时做到心中有数，有据可依，方能马到功成。

（2）加薪源于主动

一般情况下，每一个努力工作的我们，都对公司有信任感，认为只要努力工作上司和公司就会给我们加薪。但是，对于工资，公司和员工，这二者之间永远都不能达到双赢，也就出现了很多人对自己目前工资并不满意的现象。

很多人有提出不满的冲动，但是却都幻想或害怕自己提要求以后老板有什么想法，所以不敢提出来，但是如果你不敢提出加薪，公司给你的可能就是一个平均值或略高于平均值的薪水，它不是你所期待的。只有我们在充分衡量自己价值的基础上主动申请加薪，才是掌握住了自己加薪的密码。

（3）争取最大的优势

像做任何事一样，关键是要赢得优势。自身的价值是自己把握的一大优势。即使如此，也不可轻举妄动，贸然行动。

还有一个优势要掌握，那就是要注意维持与上司的关系。在加薪这件事上，他要么是你唯一的盟友，要么是你最大的敌人。当你上司的上司向他询问有关为谁加薪的建议时，前者可能会站在你的一边，后者则可能会从中阻挠。争取上司是你的盟友，是另一大优势。即使做不到如此，也要保证他不会成为你的敌人。此后，主动申请加薪时，不仅少了敌人，还会多了支持者，才更容易达到目的。

竞争激烈的职场已经使自身优势先于职位。如果没有自身不可替代的价值，并注重把握有利条件，就很容易失去自己加薪的机会。但是，不讲究策略和战术的行动，很容易错失良机，低估对手，结果往往也不理想。这些道理和生活、处事很像，只要我们善于总结并汲取经验用于指导自己的行为，那么成功大可以事半功倍。

【读心术】

主动不仅源于行动，也源于业绩和价值展现。申请加薪要让老板看到自己的闪光点，而且是他特别渴求的。抓住了他的胃口，才好满足。机遇和加薪都不是被动地等来的，主动的人往往拥有更多的机会和更大的成功可能。记住，需要展示自己的成绩，但不可忽视个人的工作而好高骛远，毕竟每项工作都会给你机会为公司作出贡献。

除非你不可替代，否则不要跟老板讨价还价

加薪问题是每个身处职场的人都会碰到的，每个职场人都希望老板、上司可以给自己更多的薪水，起码是与自己的期望值不要差太多。如果偏差太大，难免要与老板“讨价还价”，争取更多的薪水。此时，最不能忽略的前提就是，只有为老板和公司作出了实质性的贡献，并不可替代的人，才有和老板讨价还价的资本。

眼看着一切都在涨价，而自己5年来工资从没涨过，小安就觉得自己很憋屈。小安觉得凭自己的经验和资历，什么都不说，工资起码要涨，否则自己大不了跳槽走人。所以，他下班后气呼呼地来到老板办公室，提出了自己的涨薪要求。正在写材料的老板抬头看小安一眼，停下手里的工作说："看来你是嫌薪水低。"小安知道以老板的精明，肯定心中已经明白了自己的想法。他说："老板，我有整整5年的工作经验，为什么我的工资却只有别人的一半？"

老板莞尔一笑，耐心地说："虽然你有5年的工作经验，但这5年来，你只有一种经验，那就是顾客来的时候你说'欢迎光临'，顾客走的时候你再说'欢迎再来'。而别人虽然一开始也是这样，但是他们会在不断的实践当中，自由的发挥，根据不同的客户说不同的话，用不同的策略，最后形成自己的风格。时间久了，别人会厌烦你的单一和呆板。别人则凭借自己的独特和灵活吸引客户的注意力，从而建立长久的关系。从这一点上来讲，你的工作谁都可以做，而且很多人干到5年的时候都干出了自己的特色，变成不可替代的一员。而你，随时都可以被替代，所以，你们的薪水自然不一样。你从未让自己更有价值，薪水自然不会增加。我只有付给更有价值的人更多的薪水，才能让他们继续为我工作。"

小安听后哑口无言，自己随时都可以被他人取代，也就意味着自己根本就没有和老板讨价还价的资本。这是多么可怕的事情，而自己5年来却一直都没有意识到。此时，他通过对比和老板的一番分析，他才知道除非自己不可替代，那么就没有资本和老板讨价还价。为了不枉费自己这5年来的时间，当务之急就是让自己成为不可替代的一员。

想要加薪，触碰的就是老板和公司的利益，老板当然会慎重对待。从他的利益角度出发，他只愿意将高薪水给予那些在同等基础上，为他创造了更高价值的人。这样的人，对于老板来说，是实现更大价值的源泉，是不可替代的潜力股。

当一个人的能力让老板觉得可用，价值让老板舍不得失去，那么，如果老板没有主动加薪，个人当然可以适时地向老板表明心迹，因为你完全有实力另寻高就。如果一个人，只是完成那些随便什么人都可以完成的工作，同时还想要更多薪水的人，恐怕上司绝对不会给予多余的薪酬。

薪水是与人的价值和能够创造的利益相匹配的。所以，想要更多的薪水，就要先掂量自己有几斤几两。从老板的立场出发，从以下方面对自己进行准确的定位。

（1）公司的获利状况

只有公司获得了更多的利润，老板才有可能将一部分作为高薪水或是奖金奖励给他的下属。这是提出加薪并实现的可靠前提。如果公司盈利不是很多，或是公司不赚钱的状况下，你还想要求老板加薪，这无疑是自讨没趣。

（2）自己的功劳成分

当然，大部分值得我们继续效力下去的公司肯定是盈利的。但关键是，这份赢利是否有你的功劳，对你的上司而言，你是否是一个有用的、不可或缺的人才。只要对公司、对老板来说有用处，能够为公司创造更大的价值，那么明智的老板都不会舍得你的离开。他们都明白，较为切合实际的方式就是用高报酬笼络你，留住人才。

尤其是在你提出加薪的情况下，他们能够敏锐地觉察出你的摇摆的动向，明白这是一种抗议和暗示，不加薪你就有可能去寻找能为自己加薪的地方。这不是老板们愿意看到的，因为只有你的价值和功劳才值得吸引他们提供更多的薪水。

（3）老板的明智几何

伯乐不仅会识别千里马，还会好好地重用千里马。只有识才的人才懂得惜才爱才。更何况是能够为他带来好处的不可替代的人才。如果我们的上司和老板足够明智，那么加薪的概率肯定会大大提高。所以，在效力之前，一定要先明确自己的负责对象，只有明智的老板才是我们效力的对象。如果对着糊涂的老板，即使发挥的作用再大，无疑是对牛弹琴，讨价还价也没有胜算的希望。

（4）谈话的天时地利

和老板谈加薪是要讲技巧的。时间、地点、语气，一个不留神，就会惹怒老板。只有根据公司和老板的情况，找准最好的攻薪时机，巧妙地下手，动之以情，晓之以理，才能够保证加薪之路的顺畅。

具备了这几样条件，你就可以和老板讨价还价，提出加薪了。加薪是对上一阶段工作成就的追加补偿，先拿出表现来，才有资格得到加薪。你的能力通过自己的努力、公司的业绩呈现出来，再加上说话时的合适时机、技巧，老板一定能够看到你不可替代的潜力，加薪也就有望。但是如果不能够知己知彼，尤其是不能够充分、准确地为自己定位，就盲目地向老板提出加薪，那么，只会为自己带来失望的后果。

【读心术】

并不是每个老板都能够明智决断，也并不是每个老板都可以慷慨解囊，唯一不能够排除的一个条件就是自己的价值——不可替代。这是谈判的硬实力，是加薪不可缺少的密码。有了它，再充分施展软实力，才能为自己申请加薪。否则，就不要盲目的和老板讨价还价。

3 办公桌体现着你在公司的价值

办公桌几乎是每个职场人必不可少的战斗场地，同时也是一片属于自己的私人空间。由于它很大众又因为主人的不同而显现出特色，所以办公桌的面貌直接体现了它的主人的待人处事能力，进而折射出一个人在公司的价值。

你的办公桌是否是各种各样的文件摆在那里，要用的时候翻箱倒柜般地寻找,费了很多时间还有可能找不到？最后因为耽误了事情被老板痛骂一顿，自己心中还是很不平，觉得可恨的是老板，可恶的是找不到的文件？

你的办公桌是不是灰尘都可以随风飘散，而你却视而不见？你是没有去清洁自己的办公桌，还是因为根本就用不到办公桌？前者说明它的主人也干净不到哪去，后者最容易让大家觉得它的主人无所事事。

是不是除了与工作相关的文件还有很多花草饰品随处“漂”，却仍然找不到家的感觉？是不是自己用来放松和消遣的东西一不小心却探出头来被上司逮了个正着？不是上司的眼太尖，对你太挑剔，而是你并没有把工作和休息分开来。不能合理分配时间和空间的人很容易让人误解为偷懒和不务正业。

办公桌是体现秩序的场所。美国著名诗人波浦曾说过：“秩序是天国的第一条法则。”

芝加哥和西北铁路公司的董事长罗南·威廉士说：“一个桌上堆满很多种文件的人，若能把他的桌子清理一下，留下手边待处理的文件，就会发现他的工作更容易，也更实在，我称之为家务料理，这是提高效率的第一步。”

由此我们发现，将办公桌整理得井井有条，体现的不仅是秩序的哲学，也是效率的真理。也许你不曾注意，但是办公桌越专业化的人越容易受到尊重和青睐。因为，干净的办公桌可以给人良好的感觉，而杂乱无章的办公桌给人的感觉则是：

1. 欠缺好的生活习惯、思考习惯、工作习惯和情绪习惯。

2. 为人处世不明了。

3. 缺少必备的实用知识。

4. 处理实际生活问题的相关经验和能力不足。

这是一种多么糟糕的状况。你以为办公桌是私人的地方，想放什么就放什么，但是请注意，正是它的私人空间性质才可以更加准确地体现着你的价值。想要体现专业的价值，就要让你的办公桌也变得专业化，从现在开始做起：

（1）从整理办公桌开始

堆满了可能几个星期都不会看上一眼的文件的办公桌，多的不是成就感而是灰尘。堆满了来不得及写的报告、备忘录等的办公桌，感到的不是自己对工作的激情，而是足以让人产生混乱、紧张和压抑的烦闷情绪。时间就在这样杂乱的办公桌中消耗掉，同时还有怎么做都做不完的工作和怎么提高也提高不了的效率。

要想改变这种状况，恢复有秩序地工作，就要从清理你的办公桌开始。这可能要花费一些时间，但是省下的将会是以后更多的时间。将文件分类整理，事情分成轻重缓急，先重后轻，先急后缓是毋庸置疑的。当你做到这些的时候，你清理的不仅仅是自己的办公桌，还有自己的心情以及做事的效率和成功的几率。

（2）珍惜时间

对办公桌的慢待就是拖沓和拖延的表现，是对时间的浪费和亵渎。时间就是金钱，时间就是生命，对于许多人来说，时间不是一分一秒来的，而是浪费与否的问题。既然开始了整理办公桌，就要一鼓作气，珍惜时间，把逝去的时间积极地赢回来，才能弥补因找不着头绪对工作造成的可能的损失。

（3）表现能力

既然办公桌体现着个人的价值，那么就要学会好好利用这一点。既然上司喜欢看到你积极、有价值的一面，那么何不就多多地这样做，展现给他看呢？井井有条的文件，有条不紊的时间安排，稳重可靠的处事作风，都尽在小小的办公桌上见分晓。

（4）创造效率

对待办公桌不能流于形式，实质性的效率和成绩才是最重要的。整洁的办公桌是每天展现自己的一扇窗，但是却代表不了全部。还需要有节奏、有效率的一步步完成工作和任务，才算是将办公桌的价值真正发挥出来。因为办公桌不是为了当做摆设而必须整齐有序，而是为了提供更好的环境、更高的效率。价值和效率相互影响，也相互成就。

歌德说："把握住现在的瞬间，把你想要完成的事情或理想，从现在开始做起。只有勇敢的人身上才会赋有天才、能力和魅力。因此，只要做下去就好，在做的过程当中，你的心态就会越来越成熟。能够有开始的话，那么，不久之后你的工作就可以顺利完成了。"

办公桌可以是每一个人，在每一个阶段的新开始、新起点。在整理办公桌的同时也是对工作和自己的整理。无论是不希望被工作影响了心情的人，还是觉得必须认真对待工作然后做出一番成就的人，都必须像对待朋友一样对待自己的办公桌。只有尽心尽力地去做，必然会得到相应的回报。

【读心术】

不可忽视办公桌对个人能力的考验。一屋不扫何以扫天下很适合用来描绘办公桌对于人的价值和意义。整理不好自己的办公桌的人，那么整理工作和生活的能力一定也不好。这样的人，很难会让老板有重用的念想。价值不是一定要在轰轰烈烈中展现，小小的办公桌同样是一个你来我往相互交融的场所。

4 "做得多"不如"说得多"

工作的很大部分都是需要做出来的，因为不做就没有业绩，没有业绩也就意味着工作的失败。但是，只会做事不会展示自己的人很难有真正出彩的地方，更会因为做得多而被埋没在了太多的事情当中。

曾经有一位朋友向我抱怨他在工作中遇到的问题。他是公司里的部门主任，我的一位师弟是他的手下。

他说，你师弟工作认真，人也挺好，就是有一点，语言表达能力太差，这样真的太吃亏了。

朋友说，师弟的业务素质、为人处世绝对没有问题，问题在于表达能力。他的语言能力实在糟糕，一件十分简单的事情常常被他说得莫名其妙。更不幸的是，他的语言中还有拖音和口吃。想想这样一种声音与上司交流，上司是多么的难受和为难。

据我所知，师弟并非语言障碍，而是有些"喋喋不休"，说话总不能抓住重点，导致上司听不懂他在说什么，影响了工作效率。久而久之，上司就不愿意跟他有太多的交流，有事也尽量交给其他人，这样师弟渐渐地就失去了很多的好机会，看着别人又是加薪又是升迁的，只有自己很卖力的原地踏步。

如今，没有老板愿意雇用过于老实的员工，因为一般这样的人都不懂得用语言展现自己，为自己添彩，遇事也很难做到灵活应对。其实，要知道有时候在众人面前，干脆的语言更能彰显一个人的人格魅力和工作能力。

很多时候，当你埋头苦干时，上司会对你夸奖一番，或是加上几句激励的话语。此时，你的反应和做法是什么？受宠若惊，不知言语？觉得被赞赏是荣幸，在心中暗下决心以后一定会更加的努力？抑或是觉得这些都是自己应该做的，没什么大不了？

这样做的后果可想而知，今天的夸奖到不了明天就烟消云散了，上司也不再注意你这个“埋头苦干”的“好员工”了。上司绝不会对与他毫无交流的员工印象深刻，除非上司在想他会不会有问题。此时，何不干脆地站起来，感谢一下上司的鼓励，然后汇报一下自己的工作，询问一下出现的问题，征求一下他的意见。不一定非要有多么重大的问题才能去讨论，小小的切入点只是交流的开始，让上司了解你的开端。只需花费一点点的工夫，果断地说出一点点自己想法，相比做的就有可能事半功倍。

不过，只顾说肯定会给上司和同事留下轻浮的印象，所以还是要少说，说得精才是重点。切不可拉住一个人就当知心。在职场和办公室当中的人，并不适合我们推心置腹的谈心。他们需要知道的是你工作的激情和能力，而不是默默无闻、毫无见地，或是喋喋不休的把优缺点一大堆的往外倒。要知道，没有任何一位雇主愿意雇用不能表达自己的人，不说话或是说错话都属于这一范畴。同时，也没有同事会真心地听你诉说心声浪费他们的时间，时间对每一个人都很宝贵。

说话，讲究学问和技巧。可说可不说的，可多说不可多说的，都是有一定的学问的。不要觉得是对自己的约束，因为管不住嘴巴的后果更严重。告诉自己，不仅要做得多做得好做得到，更要说得好说得到：

（1）说出你的能力

上班工作，有时候表达要比工作能力更重要，做的多还不如说得多就反映了表达的重要性。有很多员工面对同事和上司，即使是面对展现自己能力的机会也都像患了失语症。总是不想主动去争取自己的想要的，而是等待上司、主管发现自己的优点。到头来会发现越是这样越不被发现。而即使是那些说出了自己的错误的人，因为他们的爽快和主动，不仅很快被大家原谅和接受，还因此受到重视。

很多时候，一个善于表达自己内心想法，对主管能进行有效表达的员工，往往能得到自己最满意的职位和薪水。一个人应该坦然面对自己，包括自己的优点和缺点，要有信心在不同身份的人面前表达自己内心的真实想法。因为我们面对的不仅仅是一份工作，还是展示自我的一个平台。如果我们连用最基本的话语展现自己的勇气和表达能力都没有，上司怎么会放心将有挑战性的工作交给我们呢?

所以，当做的很多很好的时候，在不停下前进的脚步的同时，一定要记得用嘴巴说出自己的能力。做和说是不可分割的有机整体。只会做不会说，只能拿到一份死工资。如果能够说出自己的能力，那么得到的不仅是赞美和欣赏，增长的薪水也是触手可及。

（2）说到正点儿上

敢说也一定要说得对，说到正点上。很多时候，喋喋不休却说不到正题，解决不了实际问题还只会惹人烦。要说就说有分量的话，因为说话不只是为了说，而是为自己的展现和能力服务的。当你的工作做得很到位的时候，你就要为你自己打开一扇展现的大门，用自己恰如其分的语言让上司看到自己的成果。只有适当地展现了自己，上司和同事才会更加了解自己。既然做得好，那么得到老板的重视，加薪升职肯定有望。

不过，在这一过程中一定要避免得意忘形，使他人相形见绌。你在得意时越夸耀自己，别人越回避你，越在背后谈论你的自夸，甚至可能因此而怨恨你。这样无形中就给自己的事业带来了不可预料的麻烦和阻力，还有可能让事情更糟。没人希望这样的事情发生在自己的身上，那么，保持一定的谦虚，给人舒服的感觉才利于争取到有益的形势。

成功的大门是自己用行动和语言的能力去打开的。即使在这一过程中遇到了什么困难，那么也要相信语言的魅力和能发挥的力量。可以帮助解决行动上解决不了的问题，可以带来新的契机和奇迹。当你敢于面对自己、面对职场、面对上司和同事，并说出自己的想法和意见以及展望的时候，你一定会发现一切都将焕然一新。

【读心术】

办公室中讲究少说话，但是与自己的工作有关的却可以适当地多说，而且要把握住机会尽量地多说一些对自己有利的。很多时候，适当的、不着痕迹的用嘴巴为自己小小地作秀一下，不仅能够跟大家和谐和睦的相处，而且还能在惬意的环境中不断地为自己带来更多的机会。多说一点，就能够一帆风顺的前进，何乐而不为呢？

5 “空降兵”往往比老员工拿更多的钱

职场空降兵是企业生存发展的法宝，也是个人成功的标志。要想做大、做强、做成功的职场空降兵，不能只接受来自别人的称赞和夸奖，还要用实际的成绩为自己说话，只有做得到位，才能保持自己的身价。只有做得更好，才能比老员工拿更多的薪水，这也是个人价值的体现。

何琛在来公司之前已经小有名气。听说之前一个名不见经传的小企业，经过他的经营，一年之内发展成了市里很有影响的大企业。之后，许多想要壮大自己、走出去的企业都高薪挖他，最后他选择了这个公司。他一来就是一把手，成为了地区负责人，全权处理这边的事情。公司员工早就听说了这位年轻有为的何总很有一套，而且特立独行，很有个性，总公司很看好他，给了他一年的时间。

果不其然，新官上任就先将正在进行的几个项目挨个痛批了一番，并传达了自己的意见。这下公司里面炸开了锅，即使他很厉害，但是也不能否定所有人长久的努力。大家意见颇大，对他都是表面敬畏暗地议论加不服，他交代下来的任务自然受到一些阻碍。

不过，何琛也不是吃素的，干等着他们。他了解情况后，知道之前的作风比较适合没有成绩的企业，却不适合在这个已经有些影响的公司，看来自己必须调整策略才能取胜。首先，他提拔了几位比较有能力的老员工，用他们的影响凝聚人心。其次，他在加上自己的意见的基础上，让员工试运行了一个他们在做的项目，从而使员工意识到他的意见对于解决问题的正确性和重要性。随着他的调整政策的一步步实行和成功，人心也渐渐倾向于他，结果不到规定期限，他就大手笔地将之前悬而未决的几个项目完全搞定，而且成绩斐然。不仅消除了员工对他的顾虑，也让更多优秀的企业看到了自己的潜力和价值。

作为空降兵，通常都是企业引进的中高层人才，而且具备企业自身成员所不具备的能力。但是，这种能力能否发挥到位，则取决于很多因素。在他尽快展示自己的价值和实现企业用他的目的的过程中，他面对的不仅仅是来自市场、老员工的阻力，还有自身的局限性。

面对市场，需要解决的是企业的生存和发展。面对老员工，需要解决的是竞争和认同。面对自己，需要解决的则是自我否定和突破。其实，每一次的空降，都是一场融入、驾驭、改变的斗争和尝试。想要在新的企业中生存下去，就必须解决好市场和老员工的问题，只有取得相对这两者的优势，才有可能比老员工拿更多的薪水，并拥有源源不断的资源。

想要成为比老员工拿更多薪水的空降兵，就必须学会空降兵的生存之道：

（1）为自己选择合适的东家

企业既然愿意花大量的代价引入空降兵，那么自然是看中了空降兵身上的能力和潜力。作为这样的人才，每位空降兵肯定有自己的一套，保持自己的身价，拿到更优厚的薪水。对空降兵来说，其中一个很重要的原则就是为自己选择合适的东家。很多时候，新的工作、积累经验等需求已经是其次，他们需要的是一个施展才能的平台。

虽然很多企业都已经有空降兵的计划和措施，但并不是每个企业都适合空降兵的施展，而且很多企业在给予充分授权方面做不到，反而影响了个人的发展。所以，空降兵选择适合的空间对自己来说事关自己的生存，所以一定要慎重。对企业要认真考察，即使条件优越，也要坚守适合才是第一位的。做到求精不求多，才能更好地施展自己，总是能为企业带来良好的收益，这样，生存的空间才更大，周期才会更久远。

（2）学会尊重

企业在引进空降兵时，一般是本着引进新思路的考虑，而且愿意引进空降兵的企业一般也都是有一定成功基础的企业。每个成功的企业都有自己独特的宝贵经验，他们在引进空降兵和新思路的同时，不会完全否决自己以往的经验和思路。所以，空降兵想要融入新的环境和集体，就必须首先学会尊重你的新东家。

尊重不仅源于想要获得认同，虽然这是被接受和开展工作的前提。另外一点重要的就是可以在尊重和肯定对方的基础上，充分了解企业的发展步伐和动态，洞悉他的优势和劣势，从而找到自己的切入点，才能开展工作，做出成绩。所以，空降兵要在尊重中找准自己的位置和价值。

（3）找对找准症结所在

空降兵的价值就在于不断地突破自我。如果简单地躺在自己过去的经验上，简单地把过去的经验搬过来，那么，很可能会自己砸了自己的招牌。

所以，想要成为一名出色的空降兵，就要有创新性的思维，需要认真思考，不仅对企业进行客观分析，还要认真、客观分析自己过去的经验是否符合现在的企业,怎样才能在现在的企业当中发挥出最大的功用。不断的发现、探索和自我拷问，找对找准症结所在，不断地解决问题，提升自己，做出更大的工作成绩。

很多时候，空降兵都是备受企业的青睐和厚望，这样在感觉上难免会觉得自己很有能力、很重要，有意无意间表现出比老员工更优越的架势，这是绝对需要避免的。空降兵在空降到新企业后，想要实现企业的预期目标，首先的一条就是要融入到这个新的大家庭中。但是，融入绝不是同流合污，而是适应，因为只有你活下来才有带领企业走出去的可能，否则一切都免谈。

也有些人会以自己能够为新东家带来大量的人才而自恃功高，其实这也是极其不明智的。唐骏在谈到自己职业经理人经验时，在说到如何让新公司员工接受自己其中一点就是：我不会带去一个自己过去的部下。因为多一个人对老员工来说就是一份竞争和压力，让新公司员工比较难以接受。没有获得接受也就是没有一定的支持，那么很多工作将难以展开、执行。

企业空降兵需要短、平、快地融入新的环境，驾驭新的环境，改变新的环境。一系列的过程可简可繁，关键是看从一开始有没有给自己一个准确的定位。辨清自己和企业的优劣长短，在发挥优势、互补劣势的基础上，坚持和谐进入、和睦相处、和气生财的原则，那么，你就能在得到上司的夸奖之余拿到更多的薪水。

【读心术】

空降兵也是在竞争中上岗的。有的人因为空降的从而不断成功，有的人则是在辉煌的时候遭遇难以置信的滑铁卢。无论何时，空降兵都必须为自己的生存环境和前途考虑，既不能贸然前进，掌控不住局势反而害了自己，也不能保守不前，畏首畏尾，不见成效。如果能够在稳和变之间找到平衡的支点，那么一切就能在自己的掌控之中。

6 刚进公司别提涨工资，一定要干出业绩

容易成功的人工作之初，想的并不全部是薪水和待遇等。他们更注重的则是自己的发展和机会。如果有更好的前途，那么薪水就可以放在其次，可以边积累边寻求更好的发展。自然而然的，当用自己积累的能力和经验干出业绩的时候也就是申请加薪的时候。而一开始就急功近利的人则鲜有成功的。

美国著名作家马克·吐温曾经讲了自己亲身经历过的一件事情。某一天，他接到一封刚从学校毕业的年轻人的信。信中说，我是一名大学毕业生，想到美国西部当一名新闻记者，无奈人地生疏，请马克·吐温先生帮忙，替我推荐一份工作。马克·吐温回信为这个年轻人提出了求职设计“三步骤”：第一步，向报社提出我不需要薪水，只是想找到一份工作；第二步，到任后努力去干，默默地做出成绩，然后提出自己的要求，如果报社能给相应的薪水，我愿意留在这里；第三步，一旦成为有经验的业内人士，自然会有更好的职位等着你。

后来，马克·吐温又收到了这个年轻人的来信。信中说他按照马克·吐温的“三步骤”认真做了，结果在职场不仅得到了“一席之地”，而且获得了自己心仪的“好职位”。

职场学问很多时候都是前人亲身经历，不断总结然后教给后来的人的。马克·吐温作为颇具经验的人，给年轻人的建议在今天看来似乎有些不可思议。因为不需要薪水的工作谁去做呀。的确，没有薪水不现实。但是，刚进公司，有些人没有什么经验，也就意味着什么都不会。有些人是初来乍到，即使有经验，恐怕还是需要先适应环境。所以，一开始不要贸然地向老板提出涨工资。因为空口无凭，老板绝对不会给任何价值还未给他带来的人随意涨工资。

一般来说，老板会根据员工的表现和工作时间长短在薪水上给出差别。但是，老板很不喜欢一开始就先要价的员工，因为这样的员工让人觉得不务实，或只是为了薪水而工作，并不是真正的喜欢工作，也不会投入自己真正的热情。那么，这样的员工很难让人信任。

更何况，人在不具备自己创业的条件下，作为一个想要立志成功的人，你就必须为将来有更好的发展做好经验积累、技能提高、关系储备、增进知识等方面的准备。这就是说，工作所能带给你的要远比工资带给你的多得多。

借助一份工作获得锻炼自己的工作平台，既可以从中获得经验与资历，又可以借此展现自己的能力和才华。做出业绩的那一天也是上司回报我们的时候。所以，想要获得更多的薪水，就要放低自己的姿态，先干出业绩再说。要想实现目标，以下三步必不可少：

（1）以老板的心态来工作

工作初始，得不到一份薪水让自己满意的工作是很正常的事情。但是，一个不可忽略的事实是一个人有没有出息，不在于他处于什么环境，干什么工作，关键是看他以怎样的心态来对待环境，对待工作。

很多人容易因为工作的某一方面让自己不如意，然后就自暴自弃，或是怨天尤人，整天埋怨上司不重视自己，不给自己机会，不为自己涨工资等。在蹉跎岁月的时光中发现，涨工资的梦想还是没有实现，自己的处境反而还因为自己的堕落而越来越糟。

相反，如果你以老板的心态来工作，那么，你就会把工作当做自己的事业来考虑。以全局的角度来审视自己的工作，确定这份工作在整个工作链中处于什么位置，你就会从中找到做分内工作的最佳方法，你会认为这是表现自己工作能力、锻炼自己技能和毅力的一次机会。会把工作做得更圆满，更出色。有了这样的心态，你就会因工作做得出色而使薪水得到提升，也可因纵观全局的领导能力得到培养、锻炼和提升。

（2）迅速有效地完成工作

做事最忌讳拖沓，因为拖沓就意味着效率低，效率低就出不了成绩。只有迅速有效地做好每一项工作,就可以避免许多杂乱无章的事情发生。那么，就可以争取到较多的时间来做有意义的事情，做得更好。

要知道，时间就是效率。作为优秀的员工，要既能够不拘泥于固有规则，又能够利用有限的时间去完成更多的工作。只有准时高效的完成任务，才可以抓住任何对自己有利的机会，显现出自己对这份工作的重要性，而不是仅仅这份工作对我们的重要性。当角色这样转换的时候，也就是说，你已经变被动为主动，成为了不可缺少的一分子。那么，加薪也就不远了。

（3）赢得上司的赏识

在做好了充足准备的时候，你发现自己还缺少什么？当然是赏识性的目光，只有来自上司的赏识才具有决定意义。在一个公司里，即便你做得很好，如果你的上司不欣赏你，你也很难有出头之日。

欣赏，不仅是上司对你的青睐，也可以是你向上司抛出自己的诱饵。要让老板欣赏你，你必须要清楚老板会欣赏什么样的员工。勤奋、敬业、有思想，能帮助老板分担责任和压力，这样的员工老板最欣赏。当你用自己的能力和业绩吸引住了上司的注意力，让他不只用嘴巴夸奖你，还要让他给你实实在在的鼓励和奖励。因为，你能够赢得他的上司那就是你的资本。

当你不断做到了这些的时候，你就知道自己正在渐渐地干出属于自己的业绩。而这个时候，无论上司有没有再像先前一样夸奖你，你都有条件去申请加薪了。

【读心术】

进入职场，尤其是牵涉薪水之类的问题，人就不得不多长一个心眼，多加小心。并不是说自己要求加薪不对，而是人们往往习惯于用人对薪水的态度来衡量个人的品质和素养。一开始就要求加薪会被认为急功近利，不可信。我们不得不避免这种容易让人想太多的情况，最好的方法还是用实力和业绩说话。

7 人际关系良好是加薪的筹码

熟客户带来的不仅仅是效益，还有受青睐的程度和机会。这就是人际关系的好处。好的人际关系什么时候都可以帮助自己，但是不会维护、不懂得珍惜的人也不会拥有。只有抓住机会善待那些对自己有用的人，并用真心和耐心去维护，才会从中得到自己想要的好处。

有的时候，对于老板来说，他们宁可炒掉能力强人缘差的人，而以能力差但人缘好的人取而代之。因为，公司里出来的活儿到最后还都是依靠团队协同工作完成的。如果为了一匹千里马而得罪所有其他的百里马，其结果是什么都做不成。再说，如果真是匹千里马，当他不仅起不了带头作用，反而因为人际关系差得罪了其他所有的人，破坏了整体的工作环境，那么，谁对谁错自见分晓，谁去谁留老板自然有了明断。这就是人际关系糟糕的坏处。

如果说自己所在的公司不如意或是突然面临裁员的打击，就会发现有的人像无头苍蝇焦急得不知如何是好，有的人则已悄悄地在打电话联络，发动自己的关系寻找下一个工作机会。不是走后门，而是通过关系得到有需要人的地方，然后凭借自己的能力争取，当然比那些连何去何从都不知的人轻松幸运许多。这些人可以节省时间很快找到工作，在新的岗位上发挥自己的能力，不断地依靠人际关系得到情报，才能不断迈上更高的台阶，追求更卓越的人生。

戴尔·卡耐基说过一句名言：“在影响一个人成功的诸多因素中，人际关系的重要性要远远超过他的专业知识。”很多时候，人际关系良好带给自己的是更多的机遇。前提是有这个机遇，然后才能抓住不断前进。否则一切免谈。

常言说，“大树底下好乘凉”。事实上，“关系”对任何人做任何事都是至关重要的。在职场中，想要有加薪和晋升的可能，就不能忽视自己的人际关系，影响轻者薪水高低有别，重者来说就是生存的生命线。

有的人平时不注重为自己建立有效的关系网，遇到事情了想起来有人帮才有用，不过却想不起来一个能够帮助自己的人。此时哭天抢地、想得焦头烂额也没用。还有的人不善于和他人搞好关系，要么傲视一切，要么得罪所有人，不仅没有人会借给自己关系用，还有可能因此得罪身边需要这些关系的人。

凡是这样的人，大多事业坎坷，遭遇颇多。而有良好人际关系做依仗的人，通过努力，加薪、升职两不误，而且还老是被看好。但是，利用人际关系不等于走后门，也不是什么见不得人的勾当。人际关系是伯乐与千里马，是志同道合者惺惺相惜，是彼此的分享和进步，是一般人成功的秘诀。

在追求更高、更快、更好的职场之路中，搞好人际关系要有一套个人的方法：

（1）朋友多了路好走

俗话说：“在家靠父母，出门靠朋友。”在现代生存空间中，一个人可以没有金钱，可以没有学历，可以没有兄弟姐妹，但不可以没有朋友，没有加薪的筹码——良好的人际关系。

“人有旦夕祸福，月有阴晴圆缺。”人的一生，免不了受到生病、挫折、失恋、失业的困扰；免不了受到灾难、机遇、理想、困难的挑战。能帮我们渡过难关的多半是朋友的鼓励与支持，是良好人际关系中人的照应和提携。所以，要善于与人合作，即使有冲突矛盾，也没有必要非得弄得你死我活，两败俱伤。

“朋友多，路子广”，很多人把广交朋友视为成功的中流砥柱。结交新朋友，不忘旧朋友，是智者的成功之道。善于拓展“关系”的人，是标准的社交高手，不管在哪里，总是会掌握时机，增广见闻，结交朋友，用自己的行动不断收获人际关系。只有这样，才会在不同的时刻，有不同的人和关系可以帮助到自己，为自己所用。

（2）人脉关系不能盲目

人际关系的存在是彼此双方追求双赢的结果。只有建立好自己的人脉关系，采取一个双赢的竞争策略，这样才能让合作双方都得到益处。关系越多在不可预料的将来对自己有帮助的可能性越大。虽然关系少不好，但是也不是越多越好用。尤其是在建立人际关系的过程中不能盲目行动，依靠运气和偶然因素来决定自己的人际关系网络组成。

虽然说什么样的人会在将来对我们有益、有多少益处都不可知，但是盲目行动也不可取。可以不放过偶然机会下遇到的贵人,与他们建立良好关系，但是，无论何时都应该对自己的人际关系需求有具体的规划，确立一个总体方向，然后在这个方向上寻找可靠的目标，一步步地积累人气。

建立人际关系的方式因人而异，多种多样。有些人时间、精力、金钱投入不菲，结果发现收效甚微。有些人不慌不忙，自然而然地就可以信手拈来重量级的关系。其根本区别就是后者懂得根据自己的需求，建立自己的既定目标，有辨别是非的眼力，取舍得当的魄力。

建立人际关系犹如一门融合了技术和技巧的高深学问，只有仔细观察，不断的学习、锻炼自己，自己的人际关系网才可以日臻完善。伴随而生的就是薪水渐长，职位高升，事业风生水起。

（3）要善于对自己的人际关系进行打理

社会和个人不断在进步，个人的事业也在进步，那么人际关系也要与时俱进，向前发展。优胜劣汰是不变的道理，人际关系也不例外。

不同的关系对自己的重要性和意义不一样，同一个人际关系在不同的时候也不一样。你或者他都在各方面发生着变化，如果不清楚对方的状况，认识不清自己的需求，那么就不能采取适当的方法来维护相应的人际关系，很可能不重要的花费过多精力对待，重要的反而慢待了，这样就不能充分发挥关系的良益之处，造成浪费。

所以,及时有效地梳理和认真仔细地打理是必要的。有的人认识很多人，整天忙忙碌碌为应付自己找来的关系而叫苦连天，分不清轻重缓急，害苦了自己。毕竟人的精力有限，不仅建立关系不能盲目，建立完了也不是万事大吉。

打理人际关系就像出牌时的牌面，出的又准又好才会有用。什么时候小打小用，什么时候作为王牌用，都是事先规划好才能应付自如。凡事有了合理有序的规划，行动起来才会有条不紊、井然有序。

【读心术】

没有不付出就顺手拈来的畅意，但可以有精心准备后信手拈来的惬意。人际关系不仅要花工夫才能取得，还需要用心的维护，认真的打理。职场中没有不劳而获，也没有脱离关系能走向成功的可能。不仅要有人际关系，而且还要保持它一直处于良性状态，才是加薪、成事的筹码。

8 业绩也需要进行宣传

老板很多时候都是从大局角度出发，衡量总体利益，很难对每个员工做到面面俱到。而对于职场中的个人来讲，业绩就是自己获得应有报酬的有力武器。如果自己都不懂得为自己撑腰，该拿出来的时候不拿出来，那么就很容易得不到应有的回报。业绩，也需要合适的宣传。

陈晓进入公司后勤勤恳恳地干活，对待工作一丝不苟。她认为，只有做好了自己的工作，才能得到自己想要的。所以，她平时严格要求自己，不和同事谈天说地，也不在上司面前过多的提及自己的工作成绩。上司看到她努力工作时，偶尔也会对她说：“不错，好好干。”她觉得自己的努力上司都看在眼里也记在心里。

但是过了一段时间后，她发现根本不是这样。自己的薪水并没有因为自己成果的展现有所增加，自己的处境也没有因为上司的鼓励而改变。而她付出的却是比别人多几倍的努力。她开始意识到自己是不是进入了一种误区。

这时，以为精通职场的朋友点醒了她。这位朋友说：“你的业绩你很清楚，但是别人不一定清楚。只有展现出来、公之于众的东西才是最实在的。否则，只有自己知道而上司不知道，那么你就永远没有得到上司的青睐和重视，加薪和升职的机会更是梦一场。自己的业绩还是要自己进行巧妙的宣传。”

自己的业绩自己宣传。的确，自己都不对自己进行有效地认可和宣传的话，就很难得到别人的认同。每个人都在为自己的利益努力奋斗，不可能每天追着你的业绩进行打听，帮你免费宣传。如果你们的利益相冲突，对方还巴不得所有人都不知道。

大部分公司每年都会进行 1 次到 2 次（或 4 次）的业绩考核，业绩考核结果会影响到你的奖金、晋升等，但是很多员工发现业绩考核结果跟自己想象的完全不一样，这是为什么呢？

究根结底，是因为业绩考核中个人主观性的判断发挥不到位，进而影响到了上司和老板对自己的业绩判断的不全面。如果你做的工作是拿数据说话的，像销售，可能还好一点儿，但是我们很多人做的工作可能没有具体的数据来支持，这种时候你就要对自己的业绩进行宣传了。

很多人平时都不怎么与上司沟通，但是一到年底对考核结果不满，就找上司透露不满情绪。其实，这种做法无法从根本上改变什么，重要的是我们的主观能动性的发挥，为自己的业绩进行公关：

（1）与上司进行定期沟通

跟自己的顶头上司定期沟通很重要，因为通过这种沟通你可以让上司知道你正在做的工作，同时你也可以了解上司到底想什么，对你期待什么。按自己的标准来做事在公司里是站不住脚的，如果想要使自己得到认可，获得好的绩效评价，就必须要满足上司的期待和标准。

（2）对自己的业绩进行宣传

不要觉得上司对自己的业绩了如指掌，因为上司不是神，也不是超人。不管你多么努力工作，如果上司不知道的话就没用，所以必要的时候一定要把一些工作进展的情况适时地汇报给上司，或者是采取定期把自己正在做的工作列个目录，详细进行情况描述发给上司，这是上司在进行绩效考核最有力的参考依据。

（3）上司的肯定并不代表你得到了回报

可能一时上司看到了你的努力，并给予了肯定。但是，这并不代表你在最后一定能够得到与业绩相等的回报。因为太多的外界因素决定了最后事情的走向。而你必须排除这些可能对你不利的因素，将未知的事情向有利于自己的方向推动。所以，不要天真地将上司的肯定以为是自己的业绩得到了最终的肯定，也一定会得到回报。这两者没有必然的联系和因果关系，更不会是一种承诺。

（4）自己的业绩自己做主

职场中最让人无法忍受的就是自己的功劳被别人抢去。这不仅是喧宾夺主，更是欺人太甚。如此情况下，若是一而再、再而三地忍让、后退，认为上司一定会为自己做主，或是不能够得罪人，通通都是有害无益的，只会让他人得寸进尺。

要得到别人的承认，首先学会推销自己、表现自己。不然，决定自己一生或一个阶段升迁的机遇，常常会擦肩而过。机遇面前，不必太矜持，要勇敢地显示自己、推销自己、宣传自己，这样才有可能被人理解和接受。

只有自己尊重并重视自己的劳动成果，别人才会同样地尊重你的业绩。如果连自己对自己的业绩都没有勇气申明主权，那么他人就会为了个人利益肆意践踏你的成果，甚至夺取你的业绩充当自己的。所以，最有力的避免此种情况发生的手段就是宣布主权，自己的业绩自己做主，断绝任何可能的不利因素。

【读心术】

在当今这个社会中，只有会推销自己，知道自身优势，让他人欣赏你的实力和价值，我们才有头角峥嵘的空间。尤其是对业绩的宣传。这里不是有成绩后的骄傲自满，也不是抢功劳，而是对自己业绩和成果的正视之举，希望得到应有的肯定和鼓励，也是合情合理的。

第三章
升迁的逻辑
——做一只埋头苦干的老狐狸

你的公司任何时候都有升迁的机会，关键是你有没有发现机会的头脑和智慧。相对于公司提供的升迁机会，渴望晋升的人总是太多。员工对向上攀升渴望至极，老板也在考虑究竟要提拔谁。此时，作为下属的你，是否具备晋升的特质，在激烈的办公室竞争中一举胜出，还要看你掌握的升迁的逻辑是否到位。

靠埋头苦干升迁已经脱离了办公室新时代的轨道，而今需要的是一种不同于以往时代的升迁逻辑——做一只埋头苦干的老狐狸。权利得自己去争取，争取的资本就是能力，因为能力的大小直接与能否升迁挂钩。当用苦干提升和展现能力的时候，还必须了解办公室的权力结构，看清自己的形势，切忌埋起头来苦干。做到机智灵活的应对办公室中的人和事，懂得如何趋利避害，善于利用一切可用资源，把握晋升的机会和规律，不断地为自己的事业成功创造条件。

1 升迁不是公平竞争，是权衡的结果

老板需要得力的助手来做自己的下属，为自己的公司效劳出力。所以，精明的老板都会从出色的下属当中权衡出对自己和公司最有利的下属，选择他们来帮助自己管理自己的团队。即使有时候看起来都很出色的下属，但是在选择升迁的对象时，老板一定会拿出他们的睿智，对下属进行一番整体的权衡，然后才最终决定升迁的人选。而聪明的下属就必须抓住老板在权衡下

属时所依据的标准，并使自己朝这个方向越来越靠近。只有最合适的人才能经得住权衡得到升迁。

我和王君是同一年进装饰公司的，可是第二年她就升迁成了我的上司。说实话，王君没有我勤奋，学历也比我低。提起来，我总有点愤愤不平，觉得公平竞争的情况下她根本不是我的对手，但是最后我硬是输给了她。我暗中观察她的一举一动，观察了许久也没发现有什么特别的。年终考核，她的业绩又排在许多人前面，而我的业绩却一直原地踏步。

不过有一点不同的是，王君的电话非常多。一个上午她都在接电话。而我恰恰相反，给客户打了无数个电话，成功的却没几个。不光如此，有的客户点名要跟王君合作。她的业绩就这么一直遥遥领先。

后来，王君坐到了副经理的位置，这更让我醋意大发。偶然间，我又一次和王君做同一项目的机会，也正是此次经历改变了我对升迁的看法。接的这单生意是一家酒厂。洽谈会上，我给王君打下手。酒厂的老总很抠门，要求很苛刻，把价钱压得非常低，我们几乎无利可图。一般情况下，我会跟他讨价还价，如果利润太少，我是不会答应的，因为成本太高，我要花费大量的时间和精力。这样可能错过其他更好的生意。可是出乎意料的是，王君毫不犹豫地答应了。

我不解，问她。她却笑而不答，只是对我说："明天开工，你来负责。"王君是领导，我只能照办。我足足花费了一个星期的时间为酒厂装饰会客厅。期间酒厂老总还让我返工了两次，直到他满意为止。最后算算成本，我们亏了。

酒厂老总结算费用那天，我闷闷不乐，心想公司老总知道赔钱了肯定会把我骂得狗血淋头。王君却很高兴，说请我吃烧烤。就在我的心中还在忐忑不安的时候，酒厂的老总给我打了电话，说让我再给他们厂装饰展览室，这次酒厂的老总很慷慨，出的价比想象得高很多，几乎把上次亏了的都补上了。月底发奖金，我的奖金头一次超过王君。此时，我才明白，有时候升迁是权衡的结果，只有能顾全大局、为公司赢得更多利益的人，才更有机会升迁。

想要升迁，想要公司和老板重用你，就如同想要得到更多的薪水一样，只有有资格、有能力的人才能够获得这样的权力。即使在公平竞争的情况下，人与人之间还是有着一些不可磨灭的差距。如果你想要得到升迁，或是觉得自己应该升职而没有实现，此时，首先对自己进行清醒的认识和衡量，这是明智的选择。因为只有综合素质过硬的人才有更大的机会：

（1）为人

只有正直的人，才能够严于律己，对人忠诚，才能带出作风优良、素质过硬的团队。一个人的人品，就是一个人的品德，是行事的准绳。人品好坏，很大程度上决定了一个人在相应的公司、行业所走的路的长短。会为人的人，能够禁得住诱惑，挑得起重担，会善待下属、管理团队，是其他方面能够做好的前提和保障。

（2）处世

在职场当中，与人打交道是在所难免的事情。尤其是作为领导和上司，与各个方面的人打交道，良好有效的沟通是必须的。没有好的沟通处世技巧，就不能与上级、公司各部门的同事做好沟通，自己的想法和工作中的成绩也难以表达。这样就很容易影响个人的前途。

所以，良好的沟通能力可以让工作更轻松，也可以更好地把工作成绩与想法说给上司听，这样上司才会更了解你，才会赏识你，在机会来了的时候，你才可以抓住机会的尾巴，获得升迁。不管和哪方打交道，都应该做好居中协调的工作，扮演好不同的角色。这种处世的能力是老板决定升迁人选时必不可少的考虑因素。

（3）技能

在现在这个职场环境中，没有技能就根本无法立足。激烈的竞争，近乎残酷的职场角逐，对于单一的一技之长已经疲乏了。除了扎实的专业能力，还需要优秀的多方面技能为自己的升迁之路保驾护航。

这些技能可能是在学校当中学习到的，也可以是在工作当中不断累积起来的。无论是哪一种方式，只要做个有心人，有意识地去锻炼自己各方面的技能，虚心请教，不仅能够成为一个拥有多种技能的人才，还能脱颖而出，帮助自己获得升迁的机会。

（4）影响力

影响力包括现在的和潜在的。作为职场人，想要胜任一个领导的职务，就必须做好这其中的协调者，对上有一定的服从力，对下有一定的领导力和凝聚力，对外还要有一定的黏合力和形象力。现在的影响力是老板选择你的有力凭证，而潜在的影响力则是你不负重望、值得获得升职加薪的进一步证明。老板必须要看到你的未来潜在的影响力，才能知道他的选择不会错。所以，身为职场人的我们，必须兼顾现在和未来，时刻做好准备迎接更大的挑战、做出更出色的成绩。

不管是出于什么样的阶段，做到了这几点的人，具有了良好的成绩的时候，当然可以要求升职，相信老板也一定看到了你的能力。而没有做到的人，就要在工作当中不断地去充实自己了，必须明白，升迁并不是靠一味的公平竞争就能够获胜的，而是在此基础上更加出色的综合能力的结果。努力的学习，努力的做到，就等于抓住了升迁的逻辑，成功也就在不远处。

【读心术】

老板肯定会从大局角度出发，衡量下属能否胜任更高的领导职位。那么，老板选择的下属肯定也要会顾全大局，各个方面都能够出色的发挥体现。试想，老板提升下属，其实就是为了让他们帮助自己管理公司，创造更好的效益。如果下属不能够站在老板的立场上想事情，那么，老板是绝对不放心把自己的团队交给他的，他也不会有升职的机会。

加薪必须要求，晋升则要管好自己的嘴巴

随着个人价值的体现，付出就要和回报相当。如果薪水不能体现自己的价值，那么你完全有必要提醒老板一下，这是对自己能力的认可和尊重。但是，晋升则不然，它不是要求就能得来的，而是上司通过仔细考量个人的综合能力，并经过认真考虑之后赋予的权力。如果直接要求晋升，很容易与潜在的机会失之交臂。因此，明智的做法是管好自己的嘴巴，通过施展才能彰显自己的优势。

白白是一家时尚杂志的编辑，同时也负责项目的策划。从一开始她就知道自己要的是什么。因为在时尚圈里，要么默默无闻地付出只让自己站得住脚，要么干出响当当的业绩让自己不仅站得稳，还可以站得高。所以，白白通过自己的亲身经历和感悟告诉自己不仅要有专业的知识和品位，还要有敏锐的嗅觉和识相的本领。

正因为一开始就为自己找到了定位，所以白白并没有这个圈里很多人所经历的痛苦蛰伏期。她凭借坦率的个性，犀利的作风让主编对自己另眼相看，很快在两个大的策划上崭露锋芒，为杂志社立下不少功劳，主编还主动为她加了薪。当白白对这个行业已经熟门熟路的时候，她再一次发挥自己的敏锐洞察力，告诉自己现在的职位已经无法充分施展自己的才能。所以，她向主编表达了想到更高的职位上发挥自己能力的想法。而且对着同事，她又一次很“直率干脆”地讲出了自己的晋升想法和要求，而且言语间尽是理所当然。

就在白白向主编表达自己希望得到晋升的想法不久，不想却“意外地”得罪了她的另一位上司——杂志社的副主编。因为理念和想法上的不同，有时候副主编不是很认同白白的策划和宣传，但是白白却觉得副主编不仅思想落伍，而且还嫉妒自己的才能。所以，即使当着主编和副主编的面白白也是言辞犀利，直接剖析出了自己和他人的内心，让副主编无言以对。这样一来，白白和副主编之间的关系就有点僵了，需要两人合作的时候也常常是困难重重。无奈之下，主编让白白暂时放下手中的策划，反而去跟进一些非重量级的项目。

无意中白白听说了主编和副主编之间的关系，两人不仅合作多年，而且还是很要好的朋友，主编好多地方还要依靠副主编的关系和人脉。这下白白知道自己被贬的关节所在了。经过思索，她意识到自己的鲁莽行事触及了他人的利益，这是自己犯的一个很致命的错误。虽然后悔不已，但是已成定局，所以白白也就欣然接受。但是，为了不再重复上次的错误，白白决定通过提升自己来实现晋升，而在这之前一定要管好自己的嘴巴。

虽然新的项目不是重量级的，但是白白还是提前交出了很漂亮的策划方案。主编表示肯定和夸奖的时候，正好副主编也在，所以白白很自然感谢主编的栽培，同时希望副主编以后多多指教。这样不经意的改变策略实行侧面进攻，成效不久就出现。白白得以再次与副主编合作，而得到副主编的支持，也就意味着在外面会有更多的人相信自己的能力，愿意与自己合作。此时，白白才发现，管好自己的嘴巴，晋升不仅会不请自来，还会让自己在事业上获益良多，可以站得更高更稳。

一前一后两种做法的对比，充分体现了白白及时醒悟的幸运。白白通过管好了自己的嘴巴，没有意气用事，最后通过避开正面冲突，来提升自己的势能，从而自然而然的战胜表面强于自己的权力，赢得百分百的成功。

加薪直言不讳可以体现你对待工作的真诚态度和重视程度，说明你能够正视自己的工作和价值。但是晋升则不一样，晋升需要的不单单是工作能力方面的突出，需要的还有服从老板、团结下属，听从安排、善于管理等各方面的综合能力。

如果在老板还没有考虑成熟的时候，你就向老板提出升职，很容易让老板误解你的意思，认为你是一个急功近利，没有耐心，或者不够沉稳的人，这样的印象留在老板的心中，对于你来说绝对不是一件好事。当他再次考虑升职人选时，对你的这些印象会先入为主地跳出来，阻挡老板对你进行正确全面的衡量，从而使你被踢除出晋升人选。

况且，当你提出晋升的时候，你要知道你还有很多对手。如果他们得知你这样提出，利益之争在所难免的情况下，他们很有可能在背地里使出暗招，落井下石更有可能，这时候，晋升的希望几乎是微乎其微。

所以相比较加薪，晋升千万不能要求，一旦你申请或要求晋升，机会就会容易溜掉。但是，管好自己的嘴巴不主动直接的要求，并不是要我们坐以待毙，让对手充分地去活动。我们当然有我们要努力的工作和方向。我们必须稳扎稳打的来，一步步做到手握胜券。

（1）端正心态

试想，上司还没有确信你能不能成为管理人员之前你先要求，这就像是你不从大门进，而是要跳过墙进到内部。因为如果上司还没有确信你是一个当领导的料，但你先提出来，他会觉得你还没有成熟或认为你比起公司的利益更在意自己的利益。

领导们在决定晋升人选时除了业绩、工作能力之外，还会考察很多其他能力，比如领导能力、组织能力、对公司的忠诚度等，而且作为管理人员应该要沉得住气，该谦虚的时候要谦虚，事先提出来会破坏你的形象的。

难道要坐等吗？当然不是，你可以主动负责一些重要的项目，要提出帮助其他部门解决面临的棘手项目等，一定要抓住机会让上司看到你的能力，看到你的热情。

（2）做好本职工作

做好本职工作是一个永恒的主题，无论你是领袖还是百姓，无论你是领导还是员工。无论你是教授还是农民，只有做好自己的本职工作你才算得上称职，这是身在其位不可推卸的责任。

只有做好自己的本职工作，人的使命感和成就感才会得到满足，才有更多的精力和心思去思考更多、更远的事情，才有能力规划、掌控更高一级的任务。如此，才有成功晋升的机会，有成为领导的可能。

（3）善待对手

修身是登上领导台阶必不可少的过程。其中很有价值的一点就是善待你的对手，让老板看到你的大度，以此证明你有做领导的气魄。现实生活中有许多事情，是不能用直接沟通的话语来解决的。这时，为了不使你的人际关系恶化，你所做的最低限度的努力，对自己及周围的人都是必要的。

面对对手，无论他以什么样的态度对待我们，我们都要学会用善意的态度来迎接他。这需要一步步的来，比如在会议等场合，如果与你对立的同事提了一个很不错的提议，这时你要趁机毫不犹豫地表达赞同之意。而且，如果能将你同意的原因也清楚地讲出来,这样一来更不会被人认为是在迎合他。再比如，当着别人的面真心地说他的好话，他忙的时候，伸手帮他一把等，这些都能帮助改善彼此间的关系。

久而久之，他都会被你的善意所折服，与你建立良好的人际关系。即使没有多大改善，两人之间也不会达到剑拔弩张的地步。这时候，你的善意还能很好地隐藏自己，不易被其看穿，从而在心理上占据主动性。所有的一切都会被你的领导看在眼里，你的确是做领导的料。

（4）团结同事和下属

这是树立威信的必经阶段。你对待对手的善意其他同事绝对看在眼里，只要是充满真心的，他们也一定能够感觉得到。他们当然明白，对待对手都能够如此善意的领导，对待下属也不会差。所以，你已经先入为主地被他们认为是领导而加以拥护了。

而你所需要加强的就是团结他们，让他们也感受到你的真心和实意，你的优点和大度。让他们更加地接受你、认同你。只要你能够通过步步为营，耐心等待，就一定可以实现晋升。

【读心术】

老板绝对不喜欢在他做决定之前下属就明争暗斗，或是争权夺利。他希望下属卖力工作，但是又能够听他的安排，尤其是在他做决定却还没做好的时候，你稍微的出格都会被他往别的方面想，从而否决你晋升的资格。这是我们一定要警惕出现的状况，无论多么的渴望，都要耐得住暂时的沉寂，管好自己的嘴巴，才能赢得最终的胜利。

3 年龄歧视是血淋淋的现实

当越来越多的人，尤其是年轻人实现了自己梦想的时候，还有很多人因为年轻没有经验而遭到排斥。而一些真正的有了年龄的人却又因为年龄问题被歧视。现实是不容许漠视的，否则被淘汰的就是漠视现实的人。当年龄歧视是血淋淋的现实的时候，除了苦干，我们更要精心的为自己打算，才能改变这种现实，实现成功。

当已经走完了人生几十年的时候，老王发现这辈子真是很憋屈。到了将近四十五岁的年纪，自己竟然什么都没有做出来，辛辛苦苦埋头苦干这么多年，既没有得到丰厚的财富，又没有显著的职位。想要升职，没有领导肯启用他，说要用早就用了，何必等到现在。想要去外面换个更好更有前途的工作，别人觉得自己的年纪根本就接受不了外面的变化和挑战。原来自己的年龄也到了这么尴尬的境地了。

老王觉得自己不能够再这么混沌的过下去了，必须为自己寻找一个新的出路。

此时恰逢公司要做一个年度总结性的题目，说大也没有什么挑战性，因此公司稍有地位的人都不愿意插手。说小又是公司指定下达的任务，所以不做又不行。衡量之下,上司将这个“艰巨”的任务交给了老王,觉得他稳重——年纪大，有经验——年龄足。虽然老王也觉得这项工作让自己做有点大材小用，但是想到要为自己找出路，就必须先做好眼前的事情，再计较其他的。

虽然是有点不情愿地接受了任务，但是老王不再像以前一样，接到任务就二话不说的埋头苦干了。他这次稍稍地打听了有关这次任务的情况。因为凭他的直觉，他觉得一个年度总结报告一般情况下应该是不知不觉地就让人做完的，起码不会这么大张旗鼓地下达任务。综合各种消息他隐隐觉得，这次的年度总结报告不是那么简单，这是来自上面的指示，是比较严肃的，而且还受到公司高层的特别关注。老王觉得也许自己的机会来了，所以，他凭借自己多年积累的经验和对公司各种工作的熟悉程度，很认真又花心思地做出了一份极致别样的年度总结报告。同时，他不仅仅只着眼于这一年，而且对过去几年公司的定位、路线和最后达到的目标进行了一一的对比，并在进一步市场调查的基础上对公司的未来做了一个简单的规划供参考。

最后果然不出老王所料，这次工作报告后面其实还隐藏了公司对员工的一次考察，包括对公司的熟悉程度，热情指数，还有思考的范畴。而老王正好在这几方面都有经验，他凭借敏锐的警觉力和洞察力成功引起了公司高层的注意，不久就被提升到了合适的岗位上，终于在职场生涯多年后实现了升职加薪的梦想。

无论人在年轻的时候是做什么的，做到了什么，当到了一定的年纪，就会发现身价是和年龄成反比的，而且比例越来越大。在竞争激烈的社会里，职场中的循环周期如此短暂的情况下，这种情况更是严重。年龄歧视就是个血淋淋的现实。

有些人觉得年轻的时候就应该踏实勤干，然后就铆足了劲儿得一头扎在自己的工作上,没日没夜地为工作操心。甚至有些人面对自己不喜欢的工作，也会投入几乎全部的精力，就是为了做好，做得更好。殊不知，越是这样的埋头苦干越容易将自己的青春和实力消耗在无止境的埋头路上。等有一天猛然惊醒的时候才发现，原来这么久的付出并没有得到相应的回报。

回报与付出成正比。这话从来不会因为时代的变革和年龄的增长褪色。因为不是真理变了，而是该适应的人们没有去适应。付出并不是不带任何智慧的埋头苦干，而是要会眼观四路、耳听八方，收集有用的信息和资料运用到自己的工作当中，帮助自己做好、做对自己的工作，这样才可以得到相应的回报。

如果没有确切目标和策略性的前进，那么所走的弯路有多长多久是无法预计的。可能很快，也可能很久，惊醒的时候几十年已经过去。这个时候，面临的不再是自己经验和能力的不足，而是力不从心，年龄让我们失去了年轻时候敢闯敢拼的资本。

当面对升迁加薪，年龄歧视已经成了血淋淋的现实。随着年龄的增大，加薪的次数迅速下降，升迁的空间也越来越小。这个时候，即使你很能干，也要为自己打算。不管是现在年轻的你，还是有了些年龄的你，都必须要知道的是：

（1）年轻就是资本

年轻，无论是从激情、活力还是创新力、年龄上来讲，都是一种任何其他条件难以替代的资本。当有人以过来人的身份告诉我们要多多珍惜年轻时光，干出一番属于自己事业的时候，不要只说我懂我懂。转过身来投入工作的时候，面对纷繁复杂，或是陌生的工作时，多的是烦恼和抱怨，早就忘记了先前得到的谆谆教诲。

所以，有些人活跃在一次又一次的跳槽当中找寻自己的价值，有人埋头苦干沉浸在工作当中，乃至埋没了自己的激情和创造力，到最后都发现还是没有给自己的人生找到一个更有价值的出路。即使你很能干，很卖力，但是还是得不到提升。

其中，最重要的原因就是年轻所带来的不足。年轻，意味着缺少经验和阅历，没有足够的应变力和觉悟性。所以，做起事来就容易觉得难以应对，导致沉不住气，很容易对工作产生厌烦。当别人说你太年轻没有经验的时候，你也许不服，觉得我们可以很快的学会，但是真正面对机会的时候，又觉得很多事情又无法应对。不懂得工作当中很多的学问，而这些又不是在学校里能学到的，这也正是我们无法给自己和大家都满意的交代的原因。踏实肯干，但是必须要察言观色，多听多看多学，当学到了学成了都变成自己所有之时，年轻不仅仅是资本，更是锦上添花的财富。

（2）年龄也是资本

面对年龄问题是带来歧视的血淋淋现实吧。没有谁对谁错，只有是否适应了职场的规则而已。

当年轻已经不再请记住，增长的不只是你的年龄，还应该是其他各个方面的增长，比如，知识、见闻、阅历、经验等，任何一项都可以成为你的本钱。

当你发现不得不面对年龄这个无法更改的问题的时候，一定要多多的审视自己更多的价值。即使别人把年龄当做一种对事业和职场的障碍，只要肯用心，你都可以反用其道，让年龄为自己赢回一局来，甚至更多。

所以，想要大器晚成，就要抬起那埋头苦干了多年的头颅，欣赏一下他人忙碌的同时在做什么，会发现不仅仅是忙碌，还有为自己的事业进行有序地公关。这正是我们要学习的榜样。

【读心计】

对年龄的把握和定位什么时候都不晚，关键是能够清楚地认识自己和职场的属性。只有针对具体的职场环境和工作，让自己做出适当的改变去适应，找到了合理的定位，打出的牌才会又准又狠，更有效。所以，越早为自己定好位，才能越早找到自己的出路，解决自己的温饱，实现自己的价值。

4 想要晋升，必须保持持续的激情

对待工作，不同的人会有不同的心境和态度。对于具有持续工作热情的人来说，工作不仅仅是一种义务，更是生活中的一部分，甚至是不可或缺的重要部分。好的工作态度绝不是义务，认真和激情带来的不仅是成就感和满足感，还能使通向晋升的道路变得平坦。现实中，有些人容易得到提升，而对于另一些人来说，提升却可望而不可即。其中至关重要的原因就是前者在工作中保持了持续的激情。

几年前，大学刚毕业的郝妮做出了一个让所有人都大吃一惊的决定。在接到几家用人单位的面试通知之后，郝妮到几家单位去看了看，回来后，这个学物流专业的女孩子居然选了一个待遇很低的文字录入的工作。这是一家食品公司，工资很低，专业也不对口。好朋友知道郝妮的决定之后，摸着她的脑袋，瞪大眼睛问她："你脑袋也不热啊！怎么做了这么一个不明智的决定？"

郝妮笑着告诉对方，自己看了几家公司之后，发现其他职位的竞争都非常激烈，即使能进入公司，也很容易被淘汰出来。而文字录入的工作虽然报酬差些，可是自己常年上网聊天练出来的打字速度却比竞争者们有着明显的优势，很容易站稳脚跟。而且，在其他单位试用的时间很长，不像文字录入这个岗位，很快就能转正，可以拿到正式工资，虽然报酬不高，可也为以后的职场之路打下基础。正因为这个岗位被辞掉的风险最低，郝妮才舍弃了其他机会。朋友眼看无法说服郝妮，叹息着离开了，继续投入求职的大军之中。

郝妮很快就适应了自己的工作。当同学们还在天南海北地找工作的时候，郝妮已经转正拿到了正式工资。就这样，郝妮在这家食品公司里兢兢业业地做着自己的工作。随着时间的推移，郝妮渐渐融入同事们的圈子之中。以前的同学有不少工作还没有着落，在大家聚在一起唉声叹气的时候，郝妮则忙得不亦乐乎。转眼之间，郝妮已经工作了大半年。这时候，公司业务发展越来越大，各个岗位都急一大批有经验的人员，尤其是急需面向各个客户的配送人员。这时候，郝妮主动向上司提出来，表示自己愿意跟车配送。

上司看了看郝妮纤瘦的身材，好心提醒她配送工作是个苦差事。郝妮告诉上司，通过和同事们平时的接触，她对配货的技巧比较熟悉。公司新招聘的文字录入人员打字速度越来越快，与其在这个竞争越来越激烈的岗位上竞争，还不如去做一个公司急需而自己又能胜任的工作。做配送工作虽然辛苦，但是自己熟悉业务，被淘汰的风险很低，自己完全能够胜任。上司看了看郝妮坚定的神情，微笑着点了点头。

第二天，郝妮就跟着配货的同事们开着车把货品运到各个商店、KTV和其他娱乐场所。一个月下来，虽然累得浑身都快散了架，可郝妮却和客户们建立了深厚的感情。大伙儿都特别喜欢这个为人和气又特别爱笑的女孩儿，所以郝妮配货的商家对公司很少有投诉和不满意的情况。就这样，郝妮每天跟着车四处奔波，公司上下对这个肯吃苦的小姑娘都刮目相看。

秋去冬来，眼看一年的工作就要结束了。春节前夕，当老板走进办公室的时候，忽然发现一张桌子上的贺卡比自己收到的还多。老板好奇地问身边的人，这是谁的办公桌？下属告诉他这桌子是一个叫郝妮的小姑娘的，贺卡都是她的客户送给她的。老板意味深长地看了看郝妮的桌子，默默地离开了。几天之后，老板找到了郝妮，告诉她自己查看了她负责配送的区域，发现在她配送的区域里，公司的销售量上升得最快，所以想提拔她做销售部的主管。

老板没想到，沉默了一会儿的郝妮推掉了做销售主管的任命，而是希望能调到仓储运输部。郝妮告诉老板，自己并没有特别的销售能力，学物流专业出身的她更能胜任做现在这个工作，帮助公司管理一下仓库，并且善于根据各个商家的需要随时调整配货的种类和数量。在这个能发挥自己专业优势的岗位上，风险最低，也最能做出成绩来。

在得到老板同意之后，郝妮很快就成了仓储运输部门的负责人。到了新的岗位之后，郝妮充分发挥自己的专业优势。她详细搜集了商家们的资料，根据最新的资料制订了一个全新、完善的供货计划。这个计划详细地掌握了客户的需要，为每个商家都制订了一个合理的供货方案，从而大大提高了公司的工作效率。

不久之后，郝妮因为对公司作出的特殊贡献，被老板提拔成了副总经理。当不少同学刚刚在职场站住脚跟的时候，郝妮已经成了职业圈里的佼佼者。当她面对刚刚踏入职场新人的时候，总是告诉他们：“选择风险最低的工作，就能提高成功的胜算！”

晋升是管理层对自己的下属的工作价值的正式肯定，而升职的决定不仅来自你的顶头上司，还可能来自同事、下级，甚至客户的意见的影响。老板除了自己的观察，还会从他们身上收集相关的信息，从而对你进行综合、全面的评价。

激情是成就人生的基石，是工作的灵魂，是企业的活力源泉。是一种精神气质，一种使命和召唤，是成功者必备的素质。只有无论什么时候都在有关人员面前表现出最佳状态，充满激情的投入工作当中，才能够让老板看到自己积极向上的一面，从而在认可并欣赏你的才华之外，更加坚定对自己的青睐。

不过，很多时候人们对于自己的工作和状态，总会有较多的让自己产生懈怠的理由。工作不是自己理想当中的，薪酬和自己的付出、水平不相称等。随之，越来越多的不满和牢骚湮没了当初的志向和雄心壮志，工作也就越发显得没有足以吸引自己的地方。久而久之，就会对工作渐渐地失去激情，没有激情，工作就没有动力，不思进取，如此恶性循环，人生的价值荡然无存。

其实，所有的外在环境和因素都是随着人的能动性而随之发生变化的。只有我们保持高涨的激情，我们的工作才会更有成效，相应的薪水会越来越高，晋升也就更加的有保证。如果只是一味的等待，不从自身找到前进的动力，那么恐怕只会止步不前。

工作是一个施展自己才能的舞台，我们寒窗苦读来的知识，我们的应变力、决断力、适应力以及协调能力都将在这个舞台上得到展示。除了工作，没有哪项活动能提供如此高度的充实自我、表达自我的机会。工作是一个创造的过程，一个创造自身价值的过程，用爱去创造，用心去感受，在创造中寻找乐趣和意义才是工作的最高境界。

只有意识到我们在为自己工作，那么，我们每天才会尽心尽力的工作，每一件小事，都要力争高效地完成，尝试着超越自己，努力做一些分外的事情，不是为了领导的笑脸，而是为了自身的不断进步，即使机遇没有光临于你，你的能力已经得到了拓展和加强。

只是单一的强调有激情，不一定能干好工作，因为干好一项工作，还要有相应的工作能力。工作能力，不仅有助于做出卓越的工作成绩，还是一个人的信心的支撑，是保持对工作热情高涨的底气。因此，提高自己的工作能力，努力学习，勇于实践创新，保证长久的激情。

努力学习才能提升自我。不断吸取理论知识，是充实自我的一大步骤。三人行必有我师，善于向身边的人请教，不断丰富自己的头脑，把工作中的点点滴滴当成自己事业中的一部分，日积月累，学到了一些技巧，人生的哲理，对自己也是一种锻炼。

勇于实践，只有实践才能考验出自己的真实水平。书本里的知识永远赶不上实践的步伐，必须在工作以后认真努力的学习，不断的弥补不足。工作时多留心，仔细深入的学习与实践，再根据所学的知识合理安排，并在实践中不断的进行调整。

只有不断的充实自我，才容易在工作中保持高涨的热情。即使是一项单调的工作，但只要细细体会，你就会发现单调中也充满着激情与挑战，只要脚踏实地，一步一步向前走，不管什么样的岗位，都有着美好的前程。

【读心术】

有了激情，有乐观自信的态度对待工作，工作当中才会有责任感，行动上也会积极进取，尽职尽责。这是企业非常希望看到自己的员工所具备的素质。

一般来说，公司都有某种晋升的考核标准，保持持续的激情，为你的老板多做一些工作，向他提供解决问题的办法而不仅仅是问题，证明你具有积极主动的工作态度；在某些专业领域你能人所不能，能使你成为公司某一领域的“领头羊”。这些都将能帮助我们有更好的晋升前景。

5 做只埋头苦干的老狐狸

对于自己的工作，埋头苦干是必须的，但是不能一味地埋头反而将自己的才能和功绩给埋没了。如果你对自己都不够关心和重视，那么别人也不会对你加以正视。所以，对于任何一个职场中人来讲，想要晋升的话，重要的是埋头苦干的同时也要多用脑，能够抬头多看看自己的周围和前方，多为自己盘算，要做只埋头苦干的老狐狸。

小林与小美毕业于同一所大学，同时进入一家公司做企划工作。小林做事务实勤恳，严谨不张扬；而小美除了做好自己事情，还很开朗，每天都找主管聊天。

一年后，小美获得主管赏识得以升迁。这让小林感到非常的不公平，认为小美只会逢迎拍马屁，却受到公司和主管的重用。自己为公司付出许多，反而落得一场空，于是递了辞呈。

接到辞呈的总经理找小林恳谈。刚好中秋节快到了，公司正在考虑该买什么中秋礼物送给客户？总经理请小林到市场上考察一下，看看有没有卖大闸蟹的？小林很快跑回来汇报，说市场上有卖大闸蟹的。总经理接着问大闸蟹怎么卖？论斤还是算只？小林一脸茫然，只好又跑了一趟水产市场。回来报告说按只卖，每只 70 元。

总经理听后，当着小林的面，把小美找来，吩咐她去市场看看有没有大闸蟹卖，小美马上问总经理："请问有什么用途吗？"总经理回答她："中秋节快到了，打算送客户大闸蟹作为中秋贺礼。"

小美考察完毕，手里拎着两只大闸蟹向总经理报告："在水产市场上，我找到两家比较好的卖大闸蟹的摊位。第一家的大闸蟹，每只平均四两重，批发价每只卖 70 元；第二家的大闸蟹，每只平均六两重，批发价每只卖 90 元。如果总经理自家食用可以买四两重的，肚白、背绿、金毛，看起来很新鲜。如果总经理要送人，我建议买六两重的，看起来比较有分量。我各买了一只带回来给总经理参考。"听完小美的报告之后，小林不禁自惭形秽。相信很多上班族都在苦思该怎么当一个好下属，如果你想出的答案是"埋头苦干"，那你就落伍了。现代职场要求下属"抬"头苦干。

由此我们发现，现代职场埋头苦干并不一定就是好员工，假如你一直埋头苦干，就很容易看不到别人的成就，忽略上司的要求。因此，遇到类似情况时，一定要重新审视一下自己，做一个能力强、沟通能力也要强的员工。"抬"头苦干，才能给领导留下好印象，得到器重。

蜜蜂勤勤恳恳，只知道不停地埋头苦干，最后的劳动果实却大部分都被人类占有。虽然这对于人类来说是好事，但是站在蜜蜂的角度想想，却不得不说是吃了大亏。他们每天都要忙忙碌碌，努力努力，结果不但没有为自己积累到更多，反而还要更加的卖力。

站在人类的角度想，就是事半功倍了。这才是我们在职场中可取并要发挥的优点。养蜂人也要忙碌，但绝不是盲目的只知道埋头苦干。他们有明确的目标和方向，通过不断的积累蜂蜜，当达到一定程度的时候，他们懂得提升蜂蜜的价值，扩展自己的品牌，进而在同样的努力下获得更多的收益。

因此，与其默默无闻地埋头苦干，不如多动些脑子。这时，不仅要表现出自己的长处，还要把握好分寸，最好是做一只埋头苦干的老狐狸，出力又讨好。因此，我们应做好以下几点：

（1）勤快绝没有错

勤快的你绝对可以给上司留下干练的印象。每天都早到；对上司和年长的同事，见面时都热情地打招呼；对领导布置的任务能够保质保量的高效完成,空余时间多帮助其他人……所有的这些都能够让领导对你侧目,青睐有加。

如果你工作效率低，做事拖拉，上司交给的工作不能及时完成，在上司面前摆架子。初来乍到往往不屑于做那种扫地打水之类的小事，而大事又做不了。那么，你需要改变自己了。改变自己处世态度和办事效率，才更容易在上司面前表现自己。

（2）该出手时就出手

俗话说“不怕不识货，就怕货比货”，一个人在公众场合下表露自己的水平和能力，就是为了创造一个可比较的局面。上司要提拔某个下属，但怕众人不服，只有拿他的能力和业绩与其他的人相“比”，让事实说服众人，上司才能免遭偏袒之嫌。因此，一个聪明的下属应能体会到上司的这种难言之隐，多在公共场合下表现自己，该出手时就出手，多树立自己的威信，以此换取上司的垂青，上司才好提升你。

（3）学会察言观色

做事也要学会察言观色，尤其是领会上司的意图和潜台词。这样就好比考试有了大纲和范围一样，抓住了做事的正确的方向，那么得到的结果当然比盲目来得好，更加有效。

上司交代你去做一件事，有时不便直截了当地告诉你。有时把话说到七分，剩下的三分就要靠你去揣摩。经常听到上司说某某“悟性太差，一件事交代了几遍也领会不了意图”，也听到有的上司说某某“脑瓜灵，一点就透”。这就是是否会察言观色的区别。

（4）活学活用才是王道

有时候，在职场上，多劳不一定多得，做得多不如做得对。有人埋头苦干了很多事，最后却发现做的都是小事。而有些人看似没做多少事，但做的却都是大事，所以效果才会举足轻重。这里面的机巧，只知道的人是绝不会发现的。

他们或许和你一样，上司都会安排工作，但一个职场高手对于自己不想做的事情，却总有应对措施，你仔细观察就会发觉，他们并不都是逆来顺受，什么工作安排都接受，就算接受了，也并非都会完成，就算完成了，也不是他们自己做的。这就需要我们活学活用的本领了，在职场中我们要不断向前辈学习职场的技巧，学会巧干，省时省力而且效果显著，方是晋升的王道。

【读心术】

做与做好，做多与做好均只是一字之差，但是结果却大不相同。前者事倍功半，后者事半功倍。前者忙碌劳累、怨声载道，后者轻松惬意、一帆风顺。不要抱怨上天不公，因为问题不在他人身上，真正的症结其实是自己。踏实肯干，还要有机敏的心智和应对策略，才能够被好的上司青睐，实现晋升之路。这是一个时代里形成的职场规范，只有懂得遵守的人才不会被逐出局。

6 让上司看到你的能干

上司不可能与每一个员工进行适时的沟通以了解他们的工作进程和成

绩，也不可能时刻盯着下属以辨别他们的工作效率。所以，很多时候不是等待老板看到你的能干，而是让他看到你的能干。其实这是一个等待与主动争取的问题，不要指望老板和每一名员工进行沟通，这是不现实的。老板不可能对每件事、每个人了如指掌，如果你想在公司有所发展，消极等待与默默工作都是不可取的，努力找机会让老板明白你的想法，知道你工作的成果，才是积极的做法。

临近毕业前，王军到一家公司完成历时三个月的实习。在前两个月里，他做的都是些边边角角的工作，很辛苦，但是丝毫不懈怠。有一次，领导看到他中午累得趴在桌子上睡着了，突然有点儿同情这个小孩，但是他的学校实在不怎么样，不放心给他太重要的任务，于是就随便给了他一个，权当是实习成绩。领导说，这项工作一个月内完成就可以。谁也没想到，三天后，他就完美交差，让人找不到一点儿差错。

领导吓了一跳，马上又给了他一个新任务，要求一周完成。两天后，领导就见到了成果。接下来，领导把越来越重要的任务派给他，有几次是很紧急的工作，他都出色地交出了答卷。还没到最后毕业的时间，他就被这家公司签走了。事情并没有到此结束。有一次，该公司的上级母公司负责计算机数据处理的员工回家待产，母公司听说他很有能力，就把他借调上去几个月，而他面临的第一个任务就是个特别庞杂的东西。但是，幸运的是之前他自己出于兴趣和职业发展考虑，早就做了一个相关的软件，于是，对付这个任务就变得非常轻松了。当然，他并没有告诉领导有提前准备，而是在众人讶异的眼神中仅用半个月就交了差，让母公司的领导赞赏不已。很快，王军就被正式调到了母公司工作，可以说是连升几级。

工作中常常会有这样的情况，有人做了很多，但是往往升迁的不是他，涨薪的也不是他；而有人虽然做的不是很多，但是每做一件事都搞得有声有色，引来老板的赞赏，同事的羡慕，加薪等好事自然是尾随而至。造成如此迥然不同境遇的关键是，前一类人的成绩没有被老板看在眼里，记在心里。

只有让上司看到自己的能干，自己才会有被嘉奖并得到提升的机会。这个主动权是掌握在自己的手中的。如果自己很能干，但是做出来的成就没有被老板认可，能干的过程也没有被老板看到，那么这样的过程和结果都会让人难以接受。

此时，就是我们需要把握主动性，采取主动出击的时候了。

（1）确认自己真的是合格的下属

一个碌碌无为的人是绝对不会入老板的法眼的。即使突然被老板关注，最可能是老板觉得这个人真的是没有用处了。所以，不能做个碌碌无为的人，要做就做能干的人。而衡量的标准就是，明白老板对你工作的要求，然后力用在刀刃上，完成自己分内的工作。

大部分的上司，负起责任既重，数量又多的工作，常常累得喘不过气来。因此，他很希望自己的部下能分担一部分工作，并且你的工作也是根据你的能力派定的。如果部下能按照命令，即能按照他所期待的结果去完成他所分配的工作。那么他们会在心里盘算，当部下完成这项工作后，要再分派些什么工作。这样一步一步地计划下去。

可是，部下一旦不能按照自己的命令去执行工作，而破坏了他好不容易才订出的计划。这样，不仅上司对自己的上司无法交代，甚至还要付出更大的代价。由于部下的不认真，使得上司陷入困境。这时，他当然会发怒。

（2）用效率为自己的出色工作加分

企业界是个最讲求效率的世界。如果你做事慢慢吞吞，经常都无法提高效率，那么，无论你心地是如何善良，或工作态度如何认真，上司也不会看重你。如果你对上司委托你办的事，能够顺利完成，不仅保质保量，而且还效率非凡，那么当然会引起上司的注意，得到上司的垂青。

（3）尽你所能，主动替上司分担重任

身为上司的人，每天都为了工作而忙碌不休，深感责任重大。所以，当他们发现无法顺利进行工作，而又肩膀僵硬、眼睛发花、白发渐多时，便感到愕然。甚至有人担心自己会演变成神经症而感到不安。

而且，他们很想摆脱这种环境，经常都在寻找能让他放心委托工作的部下。如果有谁是只要告诉他要点，就能很顺利地去处理工作的下属，上司派他工作，心里不知要轻松多少。

所以，当部下真正了解了上司的这种期望时，能肩起上司所负的重担。在充分有效率的完成了上司分配给自己的工作后，你再问上司，“还要我做什么？”这样一个接一个地自己找事做，相信上司也会对你投以赞赏的目光。

【读心术】

能力和效率是我们能够赢得升迁机会的保证。虽然我们并不需要谄媚上司，但有时候让上司真的完全看到自己的能干也不是那么容易的事情。这时候，更加卖力，更加能干，巧用一些暗示和提醒，或是与老板进行适当的沟通，都能使老板看到自己的成绩，为自己加分喝彩。

7 你的形象价值百万

保持迷人的形象与风度是一种明智的选择。在职场当中与形形色色的人打交道，用魅力和礼貌获取他人的好感和帮助更加容易达到目的获得成功。用良好的形象获得赞誉和赏识是服人的最佳方式。如果人们发现你有魅力，那么你是很幸运的，在娴熟的工作能力基础上再发挥形象方面的软实力，会更加有说服力。无论我们愿意与否，我们都在留给别人一个关于我们形象的印象，这个印象尤其是精神面貌方面的印象，在工作中很大程度地影响着我们的升迁。

离开职场4年后的宋梅再度走进职场时,过程并没有想象中的那么顺畅。几经周折,她进入一家广告制作公司做业务。为了弥补4年来对工作的生疏，她埋头苦干，想要通过自己的努力重新获得认可和赏识。所以，工作态度和业绩对她来说比什么都重要，她除了关注自己的工作外其他的一概不顾，包括自己的形象。

在努力了大半年后，宋梅的工作日见其效，但是却并没有得到预想中的重视。不仅上司没有像对其他员工那样给予她奖励和委以重任，连同事都把她当成了隐形人，可有可无，除非有工作上的需要而且不说不可。

宋梅很懊恼，是不是自己做的还不够多、不够优秀？为什么比宋梅晚来的同事都有升迁的，而她却还没有得到足够的认同？

就在宋梅疑惑不解之时，公司一位很开朗的同事指出了原因：她的形象有点儿糟糕。形象糟糕也就意味着让人看着不舒服，上司和同事都看不到积极向上的她，那么客户更不希望看到没有良好形象的合作伙伴，因为这样缺乏安全感。反观这位同事，也是没有了年轻的资本，也无倾城的美貌，但是却总是给人一种乐观、积极的印象。做起事来轻松不拖沓，效率高自然受到欢迎。正是这样的形象赢来了同事的好感和上司的信任，以及不少的客户。良好的形象简直成了这位同事的名片和财富。

宋梅开始审视自己，她发现每天上班的心情都是以"烦"开始的，所以这一天的工作顺理成章的让人很"烦"。心情不好，那么就没有心思注意自己的着装，一直保持单调、灰暗的格调，正如她暗淡的心境。所以，别的同事在看到她的第一眼都不自觉有一种距离感，不容易接近和相处。久而久之，大家都习惯了她的糟糕形象，因为不能赏心悦目，所以即使埋头苦干出的成绩也不能吸引他们的注意力。而工作稍逊色于她的同事，却因为良好的形象得到重视和升迁。看来，形象之于一个人，尤其是职场人士，它的价值不容忽视。

一般来说，大家都喜欢和乐观向上的人打交道，会自动与形象不佳的人拉开距离。能否成功，有时就取决于能否在形象上抢占先机。有的人埋头苦干，却因为不注重形象而错失了一次又一次的机会。而有的人，良好的形象则是他们驰骋职场的一个法宝，让自己因为形象而更快乐，更卓越。

哈佛商学院《事业发展研究》表明：在事业的长期发展优势中，视觉效应是你能力的 9 倍。这深刻地说明了个人形象的重要性。良好的形象价值百万，利用的好也能让人不断升值。一个人的穿着、言行、举止、修养、生活方式、知识层次等内在和外在的形象，清晰地定义着一个人他是谁、他的社会位置如何、他是否有发展前途。

罗伯特·庞德说："大多数不成功的人之所以失败是因为她们首先看起来就不像成功者。"人们普遍喜欢那些穿着得体，为人热情、友好、宽厚、祥和的人，而厌恶那些穿着破衣烂衫，表现得缺乏修养，尖刻、好战、征服欲强、自私自利的人。因此，形象是成功的一个重要的砝码，成功的形象对你的成功起着推波助澜的作用。

我们每个人都可以拥有不凡的形象。其实并不是只有家财万贯的人才注定拥有良好的形象，任何一个用心的人都可以做到。外表的形象需要我们精心的打扮，而更重要的是内在自然而然散发出的自信。

外在与内在的形象可以相互补充，相互影响，甚至相互的增进。良好的形象不仅来自天生的条件，更主要来自后天的自我塑造与修养。大多数人的迷人之处不是身材与容貌,而是积极的人生观与自我意识。拥有美好的形象，生活会为我们敞开机遇的大门。

比如，有个抖擞的精神。站得直、坐得正，可以让你看上去一直是精神饱满的、充满自信的。你当然肯定也不希望同事或老板看到你整天无精打采的缩在自己电脑前。

或者是多点微笑,不论面对谁,都要保持微笑。这不仅是对其他人微笑，更是对自己微笑。微笑是会传染的，这还能让别人的悲伤也不那么容易传染给你。做一个阳光的人，把你的微笑分享给别人。微笑不仅能为你带来愉悦的工作环境，还能够让上司看到你积极乐观的形象。这是上司赏识你的很好的开始。

上司喜欢的绝对是时刻充满激情和上进精神，能够带动同事，并为公司带来巨大利益的人。如果一个人连自己的精神面貌都照顾不好，不能够将自己最好的形象展示出来，让他人看到他的价值，那么更不可能期望别人让他站在更高的职位上发挥作用了。所以，良好的形象是一个人在职场中的升迁砝码，用得好时它甚至可以有更大的升值空间。

【读心术】

埋头苦干的努力工作是需要的，但是也不能够因此忽略自己的形象问题。因为上司往往更容易从形象上先入为主的判断一个人的潜力。因为工作能力高者不乏其人，而能够胜任更高职位、发挥更大价值的则是那些工作能力和形象俱佳的人，他们既是自身的良好说明书，又是对外的形象展示。这样的人更容易得到升迁。

8 跟不上公司发展的人注定被淘汰

职场中被淘汰的有弱者也有强者，但是从此所谓的弱与强都势必成为了过去，未来需要的是勇于跟上公司发展步伐的人，而不断的晋升肯定也属于他们。埋头苦干不懂的应变，终究抓不住转瞬即逝的机遇，不会有更大的前途，那么，被淘汰也是早晚的事情。

慕枫工作兢兢业业，认真细致，对于自己的工作他总是不出任何差错的完成，对上司交代的任务也是一丝不苟的对待，对同事更是有礼有节，相处和睦。如此他的职场路自然是少了磕磕绊绊，很是平稳，所以，他在公司一工作就是 20 年。在此过程中,公司在不断的发展和前进,经过了技术的革新，人员的更替，上市后新的挑战和机遇，公司上下不断的做着更多的调整和目标远大的规划。但是他始终觉得这些和自己没有关系，自己只要做好自己的分内工作就行了。

所以，他每天仍然是用同样的方法做着同样的工作，每个月都领着同样的薪水，每年都处在同样的岗位。当他开始回首自己这些年如一日的辛勤工作时，他突然觉得自己的付出大于回报，以自己多年的工作经验和资历，自己简直可以算是公司的元老级人物了,自己应该有资格担任更高一级的岗位。

一天，他终于决定要求老板给他加薪及晋升。他向老板述说了自己这么多年积累的工作经验，自己这么多年在工作上几乎没有犯过什么错误，对于这份工作他简直是做得驾轻就熟。老板听后很赞同他对自己的肯定，但是老板并没有像他预想中的点头称赞，而是在他讲完后摇头叹气。

慕枫很不解，这时老板道出了原因。他说，你有多年的经验，那是因为你用这么多年只积累了一个经验，你工作的方法和模式还是你多年前的方法和模式，而对今天来说，它们已经不那么适用了，起码已经不像当初那么高效。公司发展到今天，你一点新的经验都没有，怎么能去适应新的岗位呢？老板的一席话让慕枫顿时傻了眼，他也突然意识到，自己坚持这么多年的经验居然早就过时了。

当我们满足于我们的某项成就时，会习惯于动不动就拿过去的成绩来夸耀自己，过度的自满很可能蒙蔽智慧的双眼。我们都应该多看看周围的环境有没有发生变化。只要有一点的变化，我们就需要对自己做出调整，找到最适合的方法来应对有可能出现的新挑战。一时的成功成名不能代表一生，我们不应该只满足于一时的成功，而应不断拓展自己的才干、增加经验。

所以，不要只生活在过去的经验里，寻找一个能拓展自己的方向，用自己的行动决定事业拓展的远度和触及的高度。在这个过程中，有很多是可以供我们参考的，而以下几点必不可少：

（1）认清大的形势

外界的形势总是在变化。一个公司，想要更好地立足本行业，就必须不断的发展，只有在做大做强的过程中才能真正立足，而这也正是很多成功的企业家带领他们的公司不断追求的目标。

所以，大的形势就是所有的人和事都是在向前看，都是在发展中不断前行，这是不可逆转的历史趋势，也是每一个时代的特征。而作为一个时代当中的一分子，大浪淘沙，你要么做被淘出的金子，要么做被淘掉的沙子。形势永远比人强，要想不被时代和公司淘汰，就必须看清大的形势，然后决定好自己的方向。

（2）让自己适应公司的发展

一个真正成功的公司，它的发展过程是全体公司同人共同努力的结果，他绝不会因为一个人的意志而转移，更不会因为一个人的止步不前而停止运转和前行。所以，只有个人去适应公司的发展才能有较长远的生存空间。

工作没有一成不变，即使同样的工作，也会因为时间和心情不同而不同。所以，要让自己适应公司的发展，就不能只埋头苦干，应该知道公司的具体发展方向、方案和每一步的设想，甚至是老板的规划以及对未来的期望，不断的思考自己是否因为没有拓展自己而停滞不前，这些都直接关系到你的生存空间和机会。

（3）时刻准备好为自己充电

随着工作压力加大，就业竞争越来越激烈，每个行业每个职位都会面临不断重新洗牌的挑战，过去很多陈旧过时的概念逐步被打破。作为一位不甘寂寞、不甘落后、力争上游的职场人，所面临的将是前所未有的机遇和挑战。

如果不能时刻准备好为自己充电，那么到真正需要的时候才发现个人充电不足，那你就很难跟上社会的变化、公司的发展，使自己具备向上提升的基础。因此，面对可以预见或不可预见的压力，我们应该不停的学习，在此之余不断寻求新机遇，才好从容、自信的应对。

（4）明确目标，制定好具体的措施

适应公司的发展，需要一个长期的过程，必须经过一些环节，所以在措施的制订上要有阶段性、层次性，在什么时间应该达到什么样的阶段目标，为实现这一阶段目标，又该做哪些努力，使自己的目标由低到高阶梯式发展，否则基础不牢固，长远目标就难以实现。

只有制订详细、可行的措施，那么实施起来才会目的明确，节奏得当，无论是先急后缓还是先易后难，一步步的完成，在体现阶段性胜利的同时将更有动力进行下面的步骤，那么，克服困难和焦躁，慢慢的向我们的终极目标迈进就不成问题了。

【读心术】

墨守成规，故步自封，这些被说烂了的词道出的绝不是过时的道理。睁开眼睛看世界的人，都会不知不觉间感受到一种潜在的压力，从而迫使我们必须做出应有的改变，适应新的时代和社会，以及新的公司环境。我们发现，只有这些能够跟得上发展的人，才会活得更轻松自在，也更惬意幸福。所以，只有愿意改变，不断追求进步的人才能成为生活中的佼佼者。

9 做上司肚子里的“蛔虫”

在职场当中，作为下属就要服从上司的安排和管理，认真做好自己分内的事情，取得圆满的结果。但是这一过程并不是那么的简单，因为从上司到下属有一个要求到理解这样的一个转换过程。如果下属不能够很好的理解上司的要求和命令，那么在完成任务的过程中就会出现意外的效果，甚至与上司的期望相差甚远，这种现象对职场中的人尤其是下属绝对不利的。

下属只有坚持站在上司的角度思考问题，然后来履行自己的职责，才能满足上司的要求。而最能够让上司看到自己的努力的方法就是做上司肚子里的“蛔虫”，总是在完成任务的同时再比老板的期望多一点，做出令其满意的业绩。那么自己也就会越来越像上司。

杰克获得博士学位后加入了一家有名的汽车公司，但是，当他怀着对工作的崇高热情，投入到工作当中的时候，他发现公司存在着很严重的官僚主义作风，而这正是让他觉得不公和制约个人发展的因素。

经过思考，他认为这样的公司不适合自己继续待下去，但是自己一直以来对这样的工作都很有热情，轻易的放弃反而对自己来说是一种损失。就在他不能够下定决心的时候，杰克的爸爸给了他启发：如果这个公司从上到下都是如此，那么杰克就没有待下去的必要。如果有上司是很开明，已经意识到了这个问题并且有意去解决，那么杰克就可以站在上司的角度，争取和上司一起去改变这种现状。

这番话语不禁让杰克开始思量自己是不是真的决定要辞职，以及是不是真的有这样的上司。一次偶然机会，杰克意识到自己上司的上司同样意识到公司的官僚作风，并和杰克共同探讨相关的解决方案，最后还答应杰克今后将杜绝这种作风，并为他加了更多的工资。上司的上司留住了他，也让杰克学会了官僚作风所不具有的区别对待的管理方式。

意识到上司的上司的这种期望后，在每次业务总结会上，杰克总是能提出些超出上级高管预期的想法，让他给这位可以决定自己职场前途的人留下深刻印象。他认为，老板们提出问题时，他们在脑海中早已经有了自己的答案，他们只是想得到再次地确认而已。如果个人仅仅回答了他的问题，那么就很难引起注意。所以，杰克的回答比提出问题的范围更广一些，不仅是给出一个答案，他还提出了许多意料不到的新鲜的观点。正是因为杰克每次都能够做得比老板们的期望多出一点点，抓住每一次难得的机会，所以也总是能够让事情有转机，使得他和公司都满意。不久之后，他就被上司的上司提拔，直至以公司 CEO 的身份退休。

上司和下属之间并不是简单的领导与服从的关系，更多的时候是相互之间的理解和被理解的关系，只有彼此之间取得了工作上的相互理解，那么工作才会开展的顺利。而这样能够与上司进行配合的下属，不仅在上司面前体现出了自己的办事能力，同时也展示了良好的协调能力和理解能力，很容易让上司另眼相看。

下属只有做上司肚子里的“蛔虫”，才能更加出色地完成工作，实现自己的梦想。要想很好地贯彻和做到这一点，有几点需要时刻记住：

（1）站在上司的立场思考问题

面对同一件事情，上司与下属常常会有不同的看法，以下属的角度来说，总觉得上级的想法有点不可理喻，过分挑剔，甚至主观认为上级对自己有成见，这是万万不可取的想法。因为一旦这么想了，就很容易对上司的要求出现偏颇的理解，直接导致执行时不能达到上司预期的效果。

因此，我们必须站在上司的立场思考问题，体会到上司的要求，以上司的出发点去考虑问题，你便更能体会到上司的要求，会发现上司的思考问题的角度有时候比身为下属的你全面、开阔的多，这正是我们需要不断学习的。只有学会了上司思考问题的方法，才能够在未来实现自己的梦想。

（2）与上级取得默契

同一件事物，基于大家的身份定位不一样，自然就有不同的想法，由于大家在职场岗位上的分别，在运用资源、权力、影响力、人际网络、经验都不一样，如想取得一致认同，上司下属之间要有共识与沟通。因此，与上司取得默契显得尤为重要。毕竟，我们在职场上出现，目的是配合上司的决定，共同提升解难能力，做出更好的业绩。

在你期望有机会升职之前，应该把自己带入上级的位置，在思想层次上多练习，试以上级的方式思考问题，并且提出解决方案，然后再与上级讨论有关意见，你会发现较为容易与上级取得工作上的默契、信任和共鸣。

（3）要会发挥自己的主观能动性

一个只会言听计从的下属，一个不会发挥自己的主观能动性的下属，是随时可以被替换掉的。上司也不会期望他能够做得更多、更好，也不会将更加艰巨的任务交付给他。久而久之，不能肩负大任、独当一面的下属，也就会逐渐地被上司遗忘，更不会获得任何升职的机会。

以上司的立场看待问题，即使完全领会了也不能够就此打住自己的思想和步伐。毕竟，高出期望值的成绩更容易获得好评。下属在与上司共事的时候，只有充分发挥自己的主观能动性，才能发挥更多自己的技能和才识。同时还能观察上司的领导能力，以此作为借鉴，慢慢地开始思考并积累自己的领导能力。

【读心术】

所处的立场不同，分析问题的角度就会不一样，因此，对上司的决策意见或工作指引，不可能想当然地以员工或下属的角度主观地否定，应该尽量了解他所作出这个决定的原因。充分地理解他，知彼知己，方能沉着应对，出色完成，然后在允许的空间内按照自己的立场处理事情，做到更好。

10 “让雇用我的人感到 200% 的满足感”

想要在职场中脱颖而出，就必须比其他人更加的卖力，做出更多的事情凸显自己。只干领导让你做的事情，那你永远也无法脱颖而出。尤其是在遇到棘手的事情时，看似不可能完成的任务，如果通过自己的努力，不仅完成了任务，而且还让领导感到 200% 的满足感，那么，恭喜你，那个能够脱颖而出的人就是你了。

上海优仕管理咨询公司首席顾问余世维先生对这一点深有体会，他在日本航空公司工作时，从日本人身上学到了尽自己的最大努力，去让雇用自己的人满意的处事原则。

为别人打工，并不是事事都请求得到同意才可以继续下去。很多时候，通过发挥自己的能动性，即使绕个弯，只要能交出让人满意的答卷，那么才是自己的成功。一次，有4个东京的本部长要到台湾东边的一个小岛南屿去度假。小小的岛屿上面只有两个饭店，由于是旅游景点，所以大部分时间套房都很紧张。而部长们的要求则是面对太平洋的4个连在一起的套房。意识到套房紧缺的情况下，余先生立马发电报给东京方面，说明客房紧张的情况，并表示自己会努力去找。东京方面的答复则是两个字：了解。

虽然碍于客观情况，但是因为这本是给自己的任务，如果办不好反而是自己的失职,不免让自己心存愧疚。所以余先生就继续寻找符合条件的套房，经过一番努力，却只是在每个饭店各找到一间。将这一情况回电给东京，表达了继续寻找的决心后，东京的答复还只是“了解”两个字。

看这种情况，余先生知道打电话根本解决不了实际问题，最好的还是身体力行。所以，他连忙带着钱飞到南屿。预定好仅有的空房间后，余先生打听到自己隔壁房间的情况，然后用自己掏腰包的方式为隔壁的客人换了新的套房。就是用这种方式，余先生最后四间套房全部找到，连在一起，面对太平洋。这次，东京的回电多了两个字“谢谢”。

事后，余先生的上司称赞了他这种积极主动的向上司汇报自己工作进度的工作态度，以及锲而不舍的精神。虽然自掏腰包，但是余先生并没有觉得自己有什么实质性的亏损，因为正是凭借着这股劲，他很快就得到了晋升的机会。而让雇用自己的人感到200%的满意，作为一种投资是值得的，作为一种做事情的态度是可取的，作为一种晋升的手段是必须的。

在职场成功的一个秘诀就是做事多长一个心眼，尤其不能够固守不变。如果你只是按照领导说的话100%执行，可以完成就完成，不可以完成就被困难给阻挡退了回来，此时，也就永远不可能有较大的进步。

假如一个操作机器的工人只会操作自己的机器，对于相关流程中的其他机器和知识从来都是不闻不问，觉得那是别人的事情，与自己无关。即使他把自己的机器操作得出神入化，但是却不能够保证他有长远的发展，因为机器终会有老化被淘汰的时候，那么到那时，除此之外一概不知的工人，也只能随着被淘汰。这是故步自封，没有长远目标的人的必然结果。

在《做女人要像希拉里一样》中希拉里用的一个很重要的战略就是：“让

雇用我的人或者是接受我提供的服务的人感到200%的满足感”，这是我们从希拉里身上可以学到的一点职场成功的方法，那就是为自己定更高的目标，做得更出色，才能够让上司喜欢你、器重你、提拔你，从而谋求更好的前途和未来。

要想让雇用自己的人感到更加的甚至是200%的满意，就必须做到能人所不能，埋头苦干时将苦干的精神发挥到极致，做出应有的成绩。同时，还要懂得这当中的一些诀窍，为自己的埋头苦干锦上添花，做到更好，让上司更加的满意。

（1）跟上上司的思维

做下属的，脑筋要转得快，要跟得上上司的思维。想要让上司满意，首先必须知道他的所想和期望，然后才能够更符合他的需要做出相应的行动。同时还要注重多从上司身上学习，今天他能有资格当你的上司，肯定有他的一套，有比你厉害的地方。因此，你不仅要努力地学习知识技能，还要向你的上司学习他的言语，跟得上他的思维，不断充实自己，才会提升自己，进而获得上司的赏识和提拔。

（2）毫无怨言的接受任务

一个公司的成功要靠全体的努力，你要毫无怨言的接受任务。学不会毫无怨言的接受任务，就不能够经受必要的职场考验和历练，职场当中很多的处事能力和应变技能也就得不到积累，这对人生和职场之路来说绝对是一大损失。

而且，能够毫无怨言的接受任务，更能让上司看到自己对工作的严肃态度，对公司的忠心。相信这是很多老板愿意看到他的下属表现出来的精神。即使他没有做出过多的表态，但是身为老板和上司，他绝对会把这么好的员工记在心里。如果你毫无怨言的去做，你的上司会非常的感激你，他即使当时不说，也会利用另外的机会表扬你、奖励你、回报你。

（3）主动报告你的工作进度

像余世维先生那样主动向上级报告自己的工作进度，的确是很高明的一招。因为任务实在是有些艰难，但是他的每一次报告进度都说明了他在努力，告诉上级他会愈挫愈勇，并表明自己的决心。

这种做法就很好的抓住了上司的心理。因为身为上司，他不需要事无巨细，但是他也想要了解自己的下属的工作进度，然后他才能放心，并依据下属的工作进度来对下一步的计划做出更加详尽、完备的安排。所以，你的工作进度报告对上司来说有很大的参考作用，不仅是对工作的评价，更是对自己的员工能力的了解。良好的工作进度和安排，也恰好是让上司认识自己的能力的好机会。

（4）一定要完成任务

一定要完成任务，即使多付出，多投资，甚至是吃亏。记住，这些永远是暂时的，因为当自己出色的完成任务，使得上司超乎寻常的满意的时候，也就是你的付出得到回报的时候。这时候的回报绝对比当初的付出合算的多，因为上司看到了你的苦干精神，见识了你的办事能力，嗅出了你处变不惊的魄力。这些是一个成功者、领导者所必备的素质。明智的领导绝对不会浪费你这块可以有更好发挥潜力的人才的。

【读心术】

做好下属的第一步就是要让雇用自己的人满意。需要明确的是，自己的目标绝对不仅仅是让上司对自己的满意就行了，因为下属只有让上级 200% 的满意，才说明自己的努力和能力是合格的，说明自己已经得到了来自上级的认可。那么，自己才有机会走向更高的平台施展自己的能力。因为只有更高的平台，才有足够的空间让你发挥。这是上司和自己都明白的。

11 考核的标准是错不可以，而只对并没有用

晋升之前，老板往往会先对下属进行一番全面的考核。不同的公司和个人考核的标准可能会大不相同，但是一条不变的规则就是总是做错绝对不可

以，只是做对也没用。前者完全践踏了成功的价值，后者则过于小心谨慎，只做好自己分内的事，缺乏进取精神和接受挑战的魄力，二者都难当大任。

晓岚大学毕业后很顺利地应聘到一家外企。她的主管是一个30多岁的男人，看起来很精干。她想，这样的人肯定不能容忍手下是个窝囊废。所以当他让晓岚看了一上午文件，然后问晓岚有什么问题时，晓岚如实告诉他“没有”。说实在的，她觉得看这些文件对自己而言的确不是难事。到快下班的时候，主管又布置她发送几份邮件，向几家国外公司询价，再给几家国内公司报价，晓岚很快就完成了任务，把结果放到了主管面前。他仔细地审核完毕，英文和中文都没有什么问题，晓岚以为他会说几句“能力不错”、“好好干”之类的话，没想到他既没有赞许，也没有批评。不过，晓岚觉得很安心，因为上班第一天工作完成得还算干净利落。

第二天，主管派晓岚去另一家公司办理交割手续，听起来很简单，找到某人把材料交代好就完事了。可到了那里，没想到要找的人不在，应该付的钱也没有带足，幸好晓岚找到了老同学，让他帮忙完成了任务。当她回到公司时，主管坐在宽大的办公桌后，脸上带着询问和期待的神情。晓岚大致交代了一下事情的完成经过，心想，主管该夸我应变能力强了吧？可晓岚讲完之后，明显发现他脸上的期待消失了，又变得淡淡的了。

接下来的工作中，无论晓岚怎么卖力，事情办得多漂亮，都换不来主管一次的微笑。问题到底出在哪儿呢？晓岚满腹的委屈和迷茫。周末，晓岚到朋友开的影楼去散心，看她闷闷不乐的样子，朋友说：“让我帮你化化妆，心情就能好起来。”晓岚说：“算了吧，你看我眉毛淡，眼睛小，嘴巴大，怎么也化不出个美女来，还是不要糟蹋你的化妆品了。”朋友不由分说就取来了化妆用品，结果化完妆一看，晓岚自己都吃惊了，原来她所认为的那些缺憾，全被朋友巧妙的手法遮盖了。看着晓岚瞠目结舌的样子，朋友说：“看到了吧，美女可是化妆化出来的。化妆师其实最喜欢你这种人，因为她可以尽情施展本领进行改造。最害怕的就是天生的美女，毫无缺点，就像盛年时的林青霞或者关之琳，让人有无从施展才华的遗憾。”

朋友的话让晓岚翻然醒悟，就像化妆师不愿遇到天生丽质的美人，没有缺点的职场新人，其实是主管最不喜欢的类型。任何一个有雄心、有韬略的领导，都喜欢在改造人的过程中显示自己的能力和意志，没有人喜欢一个毫无瑕疵、时时处处都显得比自己聪明能干的下属。

晓岚从此开始学乖了。后来在执行任务时，必定以低十分的才智应对自己的上司，果然屡试不爽。等自己成了上司之后，晓岚发现，那些办事从来不出错，似乎不需要任何指点的新人，一点儿也不可爱，因为她从中享受不到一点儿“调教”新手的乐趣，虽然考核的标准首先是不能出错，但是只是做对也并没有什么用。

晋升之路并非坦途，而是充满了种种艰险与不确定性，也并非熬到一定的资历就可以功成名就。金无足赤，人无完人。进入职场，如果太过追求完美，总是锋芒毕露，或是只知蛮干却不懂变通，很容易变成上司眼中不可调教的人。

要想追求更多的进步，就必须头脑清醒、保持冷静，时刻向前看，必要的时候留给上司一些空间，也是给自己一个与上司亲近和交流的机会。不断的与上司的管理相碰撞和契合，更容易被赏识和重用，走出自己的精彩。因此，想要晋升就要学会晋升之路数，面对考核时不可缺少的要点：

（1）做事积极主动

在工作中，积极主动承担自己的任务，出色的完成，是使自己得到更高的位置的一种办法。积极主动，能让上司看到自己对工作的激情，往往只是往前迈一步，就能够改观许多死气沉沉、进程缓慢的事情。

积极主动地做那些你认为完全有机会成功的事，首要追求是做对做好。即使出了错也不用怕，积极主动的去更正，从中学习失败的原因，争取以后避免才能不断进步，才能在以后做好更多的事情。就像通常阅历丰富的人就能懂得更多一样，那是因为他们经历的失败多，当每次都从失败当中站起来的时候，也就意味着他们能够站得更高。

（2）勇于接受挑战

不怕改变，就怕一成不变。一成不变意味着一切都成了定局，毫无悬念却也毫无激情和前途。改变，是契机，也是创造奇迹的机会。所以，积极主动承担一些你上司最近想要解决的难题，让他知道你愿意帮助解脱他的压力。

不过，有挑战就意味着有风险。但是不能因为怕出错而止步不前。只有在挑战中不断的认识自己的不足，并加以改进，才能让上司看到自己的进步和能力。渐渐地，当你承担新的具有挑战性的任务时，你原有的其他的任务也许需要重新分配或安排。公司里的人越来越认识到你的价值，精明的上司会让其他人处理比较低水平的事情。而你就此进入更高一级的行列。

（3）做能谋大事的人

能够谋大事，独当一面，方能受到上司的器重。这是领导者应该具备的素质。虽然小事比较容易表现自己,但在小事上做得好只能博得上司的好感，而不一定能得到上司的重用。因为，上司器重一个下属的能力和业绩，仅靠做小事博得上司好感的人也许只能平平凡凡地度过一生。因此，如果你想成大事,必须有自己的一手“绝技”,别人完成不了的事你能做得很好,这样一比，上司对你也就会另眼相看。

（4）要耐心等待

晋升需要一步步的来，这也正是考核的形式和步骤。如果急功近利，就很容易缺少考核标准中的某些要素，不能被全面地考察出自己的能力，造成偏颇。所以，你要做的就是规划好自己每一步要走的路，每一步后的目标，然后努力的去实现，并争取在每一阶段都做好有挑战性的事情，不管对与错，学习和成长才是最重要的。不断的积累在以后的工作当中一定会发挥到用处，这也正是考核时不允许全错但也不能全对的原因。

走好你的晋升之路，你终会出人头地。

【读心术】

兢兢业业抑或是战战兢兢的做自己的工作，如果重复一遍又一遍，那么任何一个人都可以做到不出错,做到天衣无缝。但是这样又有什么用呢？不会出错却也毫无特色，时间久了相应的价值和贡献也会逐渐地失去它应有的分量，这样的保守风格很不适合现代企业的管理和生存。所以考核时会踢出这样的角色。作为职场中求进步的我们，从此刻就要开始审视自己，调整自己，力争上游，追求创新和改变，做永远不会出局的胜者。

第四章

关系的布局

——没有永远的朋友，只有永恒的利益

司马迁云："天下熙熙，皆为利来；天下攘攘，皆为利往。"人与人之间，包括朋友之间，永远无法跨越的一条鸿沟就是对利益的追求。为了追求利益最大化，怒目相向、怒发冲冠都是常有的事，有时候在朋友间这种趋势来得更猛烈和吓人。从中我们可以得出的一条规律就是，没有永远的朋友，只有永恒的利益。

美国前总统西奥多·罗斯福曾说："成功的第一要素是懂得如何搞好人际关系。"成功学大师卡耐基经过长期的研究，得出结论：专业知识在一个人成功中所起的作用只占 15%，而其余的 85% 则取决于他的人际关系。

追求利益不可避免，想要维护自己的利益，争取更大的权益，就必须为利益找到一个支点和平衡点，那就是人与人之间的关系。关系布局布得好，不仅可以保住现有利益，还能在此基础上增值。不仅要不断拓宽自己的人脉，建立我们赖以生存的人际关系网，还要注重识别小人和对自己别有用心的人，敬而远之或反其道而用之。只要布局好了关系，那么就可以兵来将挡，水来土掩，任他有利来无利回。

1 再好的同事也有可能出卖你

沉迷于传销的人一般都是先拿自己熟悉的人下手，为什么呢？因为他们已经被利益蒙蔽了双眼，他们让自己深陷其中，更是看到了与自己熟悉的人之间的距离比较短，关系比较近，所以更容易成功。所以，他们为了自己想要的利益，可以拉亲人下水，利用亲情友情骗尽亲朋好友的钱财，出卖所有关心他们的人所付出的信任和期待。

这种利益驱使下的极端现象不仅仅在人们深恶痛绝的传销现象中，在我们的身边，那些与我们共事的同事当中，也不乏这样的例子。有时候，再好的同事，甚至是最好的伙伴，也有可能出卖你。

胡蕊在公司里从事策划工作，因为是新来的，所以一直都是干些辅助工作。但出于对工作的热爱和对自己的信心，所以她很耐心地坚持着，终于有一天，老板在看到胡蕊的努力后，肯让胡蕊独立策划了。胡蕊很高兴，她迫不及待地将这个好消息告诉了自己在公司的朋友王兰，并让王兰和自己一起想想该怎么办，争取第一次做好做到位。王兰和胡蕊一样都是新来的，共同的地位使得她们很快成为好朋友。

两人相互讨论着，胡蕊非常有激情地说着自己的全部想法和策划，并让王兰为自己提出改正的意见，便于认识到自己的不足，及时加以改正。两人一直探讨了很久，直到基本定出了大概的方案。第二天，当胡蕊信心满满地上交自己的策划书的时候，却发现王兰已经在她之前以自己的名义向老板递交了一份策划，大致内容与自己的相差无几。这突然的打击让胡蕊充分体会到了被出卖的感觉和滋味。自己不仅失去了一个“好朋友”，更失去了自己第一次辛辛苦苦得来的展示自己能力的机会。她简直是追悔莫及。

在职场中，胡蕊就是犯了一个大忌，那就是没有永远的朋友，只有永恒的利益。在一个公司里，又是新来的同事，虽然很容易因此找到更多的话题，成为朋友，但是更容易成为竞争对手。毕竟，每一个职场人士都希望有机会出头，做出成绩表现自己，更何况是职场新人。当胡蕊率先获得这样一个机会的时候，自然而然地就刺激到了王兰的上进心，使得她“出卖”了胡蕊。这更加证明了职场中感情在利益面前的脆弱。

不是说职场人没有真挚的感情，只是很多时候都需要我们防范这种被出卖的可能。小心规避，说不定正好能够得到长久的友谊。所以，必须认清利益面前的关系，再好的同事也有可能将我们出卖。

职场上多的是利益的角逐，而少有所谓的朋友。有许多人平时伪装得非常友善，让你毫无顾忌地对他说出你的心里话，例如说出你对上司或某个同事的意见，说出对某个工作的看法。而一旦他得知了，就很快会背着你跟你上司或者同事讲，让他们与你之间的矛盾越来越大，越来越深。如果套出你一些好的工作建议，他也会迫不及待地汇报给上司，把你的成果据为己有。

俗语说："害人之心不可有，防人之心不可无。"的确，"害人之心不可有"，害了人不仅会对他人造成伤害，自己也会非常愧疚。但是，在同事之间存在着很多利害关系，在一个人想扩张他的欲望，或欲望受到危害的时候，"善人"也会在利害关头显示出"恶"的一面。例如，有人为了升迁，不惜设下圈套打击其他竞争者；有人为了生存，不惜在利害关头出卖朋友……因此，与同事相处，你要时刻提醒自己：防人之心不可无。

被人出卖，主客观因素都有。除了练就火眼金睛，辨别那些表面和善，实际上别有用心的人，远离他们之外，更关键的是我们需要从自身着手，修身养性，让自己不会被那些人侵犯到，坚决不给他们出卖自己的机会。此时，我们就需要从以下几点对自己进行检视，看自己是否是容易被人出卖的人。

（1）对和你有相同背景的人特别好：你常不自觉地对同乡、同姓、同校毕业、同血型星座或同样成长历程的人特别有好感，这可能会让你产生偏执而无意间附和对方，而反遭利用。

（2）个性懦弱优柔寡断，爱向同事诉说：对于许多决策犹豫不决，遇到事情缺乏面对的魄力，便忍不住向身边比较亲近的同事诉说想法，这种个性想不被利用也难。

（3）同事拜托的事不便拒绝：不擅说"不"的好好先生，替人做事还向人道谢，注定要被人出卖。

（4）总觉得自己的朋友很多：这种类型的人，平日和每个同事都极为热情，有事时却找不到人帮忙，交友广阔却欠缺互动，被人利用的机会较多。

（5）过度相信朋友：牵涉到职场利益的朋友必须要小心，至少要三思而后行。

向来看重人脉的王先生，恰恰在这上面狠狠地栽了一个跟头：原本在阿尔卡特做经理人做得好好的他，因朋友的死缠烂打，加上年薪 100 万的诱惑，他来到了朋友的公司。这家公司是 A 的子公司，将要在香港上市，他的朋友在这里做老板。

4个月后，朋友的公司上市了，但是王先生反而一点也不高兴，因为朋友不见了。王先生拿着合同向母公司索赔，遭到了母公司的断然拒绝。理由是他跟子公司签的，并没有让母公司作担保。后来王先生才知道，朋友之所以叫他来，其实是要他的履历，要他的头衔，这样好作为公司上市的一颗强有力的棋子，用他的名字圈钱。

不知不觉中被出卖，猛然惊醒才发现是自己极其信任的“朋友”，何其悲哀。记住，少点利益和利益牵扯的友情才更纯粹。在此之前，一定要避免过度的信任。

（6）急功好义却是非不明：你极为热心公益，却常忽略潜在的危机，要避免盲目的热情。

如果很不幸，你具有以上容易被出卖的性格特点，那么，请提高警觉，尽量避免这些容易让自己被出卖的性格特点。如果努力去改善自己，那么，就能抓住职场生存的关键性布局，赢得先机；否则，就会被身边的“亲人”出卖，落得人财两空。

【读心术】

公司里没有什么好人坏人，只有各自的利益。这是不变的规则。只有学会遵守才能够有更大的空间施展自己。如果稍有不慎，和同事推心置腹，或是过度信任等，就会出现你所认为的“靠得住”的同事出卖了你，然后利用你来做文章。因此，不要轻易对同事推心置腹，否则很容易给自己埋下一颗炸弹，最后炸得自己得不偿失。

8 新上司对你来说永远是个危险人物

新的上司一般都要进行权力的交接和利益的重新分配。为了自己的利益，每个人都会争取到最大的蛋糕，新上司也不例外。所以，新上司对我们来说永远都是个危险人物，为了避开危险保全自身，我们不得不看清新上司的真面目，避免悲剧在我们的身上发生。

小李是刚进公司的新人，所以处处都想要力争表现出最好的一面给老板看。不久，公司来了位新领导，而且是小李的顶头上司。小李由于工作绩效出色，备受新老板赏识，也赢得了同事们的支持，与老板走的也比较近。

在一次与老板的私人谈话中，老板意味深长地拍着小李的肩膀说："你的表现大家有目共睹，很出色，你这样的下属我很赏识，只要好好干，将来一定会有更好的前程。而且，对我来说，你和他们不一样，你是我的心腹。你就是我在职员们那里的耳朵和眼睛，我需要你及时向我汇报其他职员的工作情况和他们私下聊的一些事情，不仅你可以一边多了解同事们的事情，增强与他们的团结力，也可以让我多知道大家的状况，做到体恤民情。"

初入职场的小李一看老板对自己这么赏识和信任，自然是受宠若惊，而且在欣喜之余，小李把老板所说的一切都信以为真，真的把自己当成了老板的心腹，决心在老板面前好好表现一把。

此后，他经常参与到同事群当中，不管是公事还是私事，他都花费不少心力。有时为了得到更多有力的信息好向老板汇报同事们的情况，他还渐渐变得过问起了别人的家长里短。小到平时同事的一言一行，大到老张、小刘工作之余上网聊天、出私差等，事无巨细，一一汇报。新上司通过这种方式了解下属对自己的看法和意见，并利用机会将那些不服自己或是反对自己的人都通过寻找借口给清除掉了。

同事们觉察到小李的这种行为以后，都对他避之不及，不愿意和他一起工作，甚至都不愿和他一起吃饭、聊天，渐渐地都疏远了他，让他在同事中变得更加孤立。老板起初对这些同事的事情还相当热心，不时扔个"甜点"给小李，带他出去见个客户，中午邀小李加个小餐，私下里和小李聊聊自己的光荣史，但时间长了，尤其是清除掉主要的对手，新上司在公司里变得更加如鱼得水，呼风唤雨后，就对这些家长里短的事情失去了兴趣，对小李也逐渐地疏远起来。小李不仅没有得到预期的重视和优待，反而因为一系列的举动让自己的生存空间越来越小。

这样的行为纯粹是两头不讨好，自断前途和退路。小李成了名副其实的牺牲品，他完全没有料到新上司会耍这样的手段，为了自己的利益，不但利用自己,而且用完后还无情地抛弃掉。一开始的赏识和信任显得那么的虚伪，而这其中都是职场当中的利益竞争惹的祸。

新上司的危险之处就在于他新官上任，需要巩固自己的地位，为了获得自己最大利益，先来三把火，或者杀鸡儆猴，必要的时候会选择除掉对自己不利的人。要先达到这样的目的，首先就是要先拉拢一部分人，来帮助自己了解下属的动态和对自己的反应，然后做出具体的应对。而在利益驱使下的结盟是最不牢靠的，可以因利生也可以因利亡。这是自古不变的道理。

对于下属来说，看待新上司一定要意识到他对自己的危险之处。急于表现自己没有错，但是最根本的应该是干好本职工作，搞好和同事的关系，提升被老板赏识的能力。除此之外，想要通过投机取巧，或是舍本逐末，放弃自己职场生存的大环境而选择极端的道路时，就会很容易被别有用心的新上司利用，成为别人的耳目或是刽子手，最后做了牺牲品才意识到自己将职场的关系布局到错误的地方，岂不是太晚了。

虽然不能说所有的新上司都如狼似虎，时刻盯着你利用你，但是，不怕一万个都是坏人，就怕一万个中的一个被我们碰上倒大霉。所以，小心驶得万年船绝对没错。遇到新上司，一定要通过仔细的辨别，识破那些危险上司的坏招，防止自己误入虎口。

（1）识破领导为人

要想知道新上司是一个什么样的人，起码是在职场中的作风，就要对领导进行观察。观察领导的一言一行，观察领导的处世方式、思维方式，观察领导喜欢什么、讨厌什么，观察领导的性格特点，等等。通过对以上各方面的观察，你就会对领导有个正面的了解，这种了解是你判断他的为人和决定你自己做事情的依据。

另外，领导所欣赏的人对我们也有一定的指导作用。如果真是人才，那么我们可以大方的效仿，成为上司的人；如果是那些只会溜须拍马或者好端是非的人，那么趁早远离才好。

（2）防止新上司拿你开刀

来个下马威才能树立自己的威严，新上司总是会这么想。当他终于找到一个机会的时候，那么这个被他看中的人就遭殃了。所以，此时的你绝对不能被新上司盯上，即使你有满腹的诗书才气，也不能表现出自傲；即使你有很多的不满，也不能鄙视他的权威。不是让我们养成曲意逢迎的习惯，而是懂得适时的低头，起码是不打头，从而保全自己。否则，新上司很可能会直接，或是利用同事间的矛盾，早早地拿你开刀，而且以后绝无翻身的机会。凡此种上司都是心胸狭窄者，一定要敬而远之。

（3）新上司的糖衣炮弹要谨防

切不可掉进新上司的糖衣炮弹陷阱里。他即使不会借别人那把刀来对付你，也会利用你这把刀来对付别人。无论你是聪明人还是较为普通的人，只要是被他利用了，那么在这个过程中伤及的就是你和你要伤害的人。而新上司完全可以渔翁得利，对你这棋子不闻不问。这时你会发现，之前的甜言和诱惑都不过是裹着糖衣的炮弹，吃着甜蜜，后果却是痛彻心扉。

所以，不怕新上司让你卖力的工作，那是对你的器重；不怕他天天骂你笨，那是对你的激励。就怕他拍着胸脯和你称兄道弟拉关系，没想到布下的却是让你自断前程的局，甚至是没有回头路，让你做了他上任后的靶子。这对任何一个职场人来说都是无法承受之重，所以，小心你的新上司，他对作为下属的你来说永远是个危险的人物。

【读心术】

新上司也是领导，他居高位看得远也看得全，所以他有充分的权力和空间来巩固自己的权力，保护自己的利益。同时又因为他的权力，对下属自然也有一定的吸引力和约束力。所以，他就有足够的空间和精力来宏观调控自己的下属，让他们无意识当中就按照有利于自己的方向前进。作为下属一定要警惕上司的这种行为，有时候你不能够改变全局，但是你一定有能力决定自己的命运，坚决不做上司的玩偶，坚持自我，不做上司利益争斗的牺牲品。

3 想成为领导者，必须让 80% 的人认同你

水往低处流，人往高处走。在公司当中，只有站到更高的职位上才能实现更大的成就，创造更大的价值。而成为领导者就要得到足够的支持，只有上司和同事、下属认同你，你才能够成功。晓“民意”得“民心”，用能力和事实说话，这是被认可的筹码。

自从知道顶头上司可能跳槽的消息后，晓雷开始烦躁不安。上司不仅是他的伯乐，更是他的职业榜样。他一直以上司为目标，经过上司的指点和栽培，晓雷进步很快，他每上一个台阶，都有上司的悉心指导。共事两年，晓雷对上司很依赖。如今，上司离开，虽然有做领导者的抱负，但是晓雷总觉得自己还没有完全成长起来。晓雷甚至想追随上司而去，那样可以继续在他的带领下，一步步朝前走，目标明确，稳扎稳打。不过，静下心来，晓雷开始慢慢清理思路：自己不可能永远在上司的庇护下成长，万一哪天上司不能带自己了，自己不是还要一个人闯天下吗？那样还不如趁现在自己好好把握机会，锻炼自己。

上司在的时候，工作有序稳妥，大家各司其职，项目也进行得红红火火。现在，上班时间干什么的都有，打电话聊私事的，网上买东西的，溜出去会朋友的，经常一转眼，前后左右座位上的人就没了踪影。晓雷开始主动出击，协调各方面的关系，促使项目按照从前的规则有序进行。刚开始有人说闲话，甚至给他白眼，后来看着晓雷的笑脸，加上接下来的一个项目取得成功，大家开始对他另眼相看。随着认同他的人越来越多，部门似乎又恢复了上司在时的状态，因为大家似乎已经把晓雷当成了经理。

一天，新经理任命下来了，是晓雷。接着人事处找他谈话：“你在经理职位空缺期间的表现大家都看到了。”晓雷疑惑：“可是，这么多前辈在我前头……”“你已经做到了，你的作风很像你的前任，大部分人都认同你的表现，包括上司。”

晓雷发现自己居然一直在按照榜样的模式投入工作。而这个过程也正是自己获得认同的过程，事实证明，他此次的及时出手和运筹帷幄不仅是一次

关系的布局，也是一次人心的收服之举，效果相当显著。

成功可以是在不知不觉间降临，也可以是在长久的有意识努力下实现。想要成为领导者，就要在勇挑重担中彰显自己的实力和办事的能力，帮助公司和同事度渡困难和危机，那么，你的努力就能从你的行动中得到体现，大家也就会增加对你的信任感和依赖感，这是一层成为领导者不可或缺的关系。

美国斯坦福大学心理系教授罗亚博士认为：人人生而平等，每个人都有足够的条件取得成功。所以很多时候，大家都想要在职场中头角峥嵘，闯出属于自己的一片天地，做出令自己无悔的成就。但是，并非每一个人都能遇到并有能力抓住这个机会。

此种机会的基调是关系的布局，利益掺杂其中，所以每一步都会走得有些艰难。所以，有人在半路中跌了跟头。不管是从未开始过的还是半路夭折的，在向前看向前冲的道路上，必须每一步都小心经营，每一步都做到位，才能真正的让更多的人信服你、认可你，将你推到领导人的位置上。所以，每一步对我们来说都至关重要，应把握好以下几点：

（1）抓住机会

有了机会才有展示自己的平台，没有机会只能壮志未酬，怀才不遇，没有出头之日。机会之于人，可以造就命运的幸运儿，也可以成就生活的成功者。无论是哪一种，都离不开对机会的把握。不过，机会可以是本就存在的，也可以是通过自己的努力创造、争取得来的，关键是能够抓住任何有助于自己的机会，给自己一个展示自己的平台，那么一切就都变得井然有序了。

（2）施展才能

能力是一切工作和事情往好的方向发展的前提，没有较好的工作能力就难以服众，也就丧失了成为一个合格的备选领导人的话语权。所以，无论有没有这个机会，你都应注重能力的培养，时刻做好准备，才能够一鸣惊人，做出成效让人刮目相看，为以后打好关系网的基础。

凡事须尽力而为，也要量力而行，尤其是你身处的环境中，不少同事对你虎视眈眈，随时准备找出你的错误，你需要提高警觉，按部就班把工作做好，是每一位成功主管必备的条件。

（3）注重团结

同事之间最难以面对的就是竞争关系，你在竞争中处于优势，无疑就能显示出同事的劣势，造成他心理上的不平衡，遇到豁达大度的同事还无关紧要，但是如果碰到好胜心较强的同事，那就很难与其相处，很难让其喜欢了。

无论你多么能干，多么自信，也应避免孤芳自赏，更不要让自己成为一个孤家寡人，不要刻意把有可能是伙伴的人变成对手。在同事中，你需要找一两位知心朋友，平时大家有个商量，互通声气。利用时间与其他同事多沟通，增进感情，消除彼此之间的隔膜，取得双赢的效果，这有助于你的事业发展。

（4）以德服人

当你发现同事中有人总是跟你抬杠时，不必为此而耿耿于怀，这可能是“人微言轻”的关系，对方以“老资格”自居，认为你年轻而工作经验不足，你应该想办法获得公司一些前辈的支持，让人对你不敢小视。对别人的小过失、小错误不要斤斤计较；随时能站在别人的立场考虑事情；任何成果和成就都应和别人分享；在必须有人牺牲或奉献的时候，自己走在前面，勇于承担责任。

此外，要想成为众人之首，获得别人的敬重，你要小心保持自己的形象，不管遇到什么问题，不必惊慌失措，凡事都有解决的办法。你要学会处变不惊，从容面对一切难题的本领，更要有突出的胆识和魄力，用自己的品德和魅力征服众人。

【读心术】

一个成功的领导者，准备工作是要做好的，起码 80% 的人认同你是关键。除了能力的比拼，关系的布局作用则更胜一筹。取得别人的认同并非那么容易，很多方面都要照顾到，比如对同事在金钱上要大方，在工作上要双赢，让同事喜欢你，为自己积攒人气；对领导要尽可能地用行动而不是用言辞作出反应，为自己积攒实力。当你逐渐地为企业的整体发展做出贡献的时候，你个人的成功也就是水到渠成的事了。

4 重视身边的每个人

好莱坞流行着一句话："成功，不在于你是什么或做什么，而在于你认识了谁。"

想要成功，不仅看你的工作能力，还要看你的眼光是否独到，为自己争取到良好的人际关系，助自己走向成功。

从小学到大学，陈佳一直是别人羡慕的对象，他不仅长得英俊而且成绩优秀，并且文艺、体育上也能捧上几个大奖回来。毕业后，陈佳被聘到一家跨国企业做总经理助理。第一天工作时，陈佳发现原来总经理助理并不只是他一个人，还有另外一个同事，从总经理介绍看来，这个人绝不逊色于自己，一向十分自信的陈佳感到了压力。虽然对方总是笑眯眯地对自己说话，但陈佳总会感到一丝寒意。虽然总经理有两个助理，但是并不意味着陈佳的工作就会轻松许多，带着对同事的"寒意"，陈佳开始了职业生涯。

一次会议结束后，总经理对两个助理说："最近和外商有一个谈判，你们之中有个人要和我一起去，但是我现在还不能决定谁可以胜任。所以现在进行一个小型的资格考核。题目是，在一周内了解这几个人的性格和家庭情况。我会把你们安排在两个不同的部门之中，前提是你们不能'泄密'自己是总经理助理，并且不能向你已经了解的人打听你想知道的人。"

很快，陈佳被安排到市场部，而那个人被安排到财务部。一向自信的陈佳被这个题目难倒了。因为他始终找不到一个叫林云的人，更无法去了解他了。一周的考核时间很快结束了。总经理看完两个人的调查结果，吃惊地问陈佳："你怎么没有找到林云？"陈佳一时无语。"他就是我们公司门口的保安，我记得他还带着你的朋友去市场部找过你。这次考核的主要目的是考察你们的交际能力和信息总结的能力，所以，这次你落选了。"陈佳十分懊恼。

为什么陈佳没有找到这个叫林云的人？因为他根本没有料到一个公司的保安竟然和许多公司经理级人士一起排列在名单之上。而没有想到的根本原因，是陈佳骨子里存在那点不合时宜的"孤高自傲"。陈佳开始审视自己的性格，他打电话问朋友们，自己到底是什么样的人？得到的结果几乎一致：

有点清高。这时，陈佳才意识到问题的严重性，开始尝试让自己“俗”起来，于是他发现原来自己的眼界是多么狭隘！

总经理绝对不会拿这些无聊的问题来甄别更加优秀的人才。所以总经理这么做必然有他的道理，因为作为职场中的过来人来说，总经理非常明白他人在一个人的成功过程中所发挥的作用。无论是什么样的人，都有可能在关键时刻影响到一个人。所以，他选择用门卫来作为题目，很好地给了那些不注意“小人物”的人一些启示。

现代的市场规则决定了人际关系之于事业的重要性。有人缘就是人际关系好，人际关系好就意味着你在需要的时候，可以毫不犹豫地开口求助能够帮助你的那些人。这是一个团队合作的年代，可以而且应该站在“巨人”的肩膀上，而这些“巨人”就是你的同事、老乡、同学、朋友、客户等。

我们身边的所有人都有他们存在的价值，不仅是对于他们自己，对于我们也是一样。因为人的价值不是以外表、所从事的职业来决定的。

世界上几乎所有具备完美人格和高尚品德的人，都是在不动声色中实现着自己的理想。一代思想大师孟子，拥有无穷的智慧。尽管如此，他仍是平凡依旧，看起来跟一个老农没什么区别。一次，齐国的一个人与孟子相遇，问孟子说：“国王总打发人去探视先生，想必您一定有什么与别人不同的地方吧？”孟子回答说：“我能有什么与别人不同的地方呢？即使尧舜禹也同一般人一样啊！”

如今人们崇尚成功，需要成功。想要成功，主要靠的是你自己，你自己有什么呢？高学历，过硬的专业技能，雄厚的资金……也许你都没有。别忘了，还有一样重要的东西——就是人际关系，等待我们来开发。

专业技能属于智商范畴，而人际关系属于情商范畴，二者相辅相成，可以说，它们是一个相乘的关系。如果光有专业，没有好人缘，个人获得成功可能就是“一分耕耘，一分收获”。但是，如果还有人缘的巨大推力，那么获得成功必将是“一分耕耘，数分收获”。

由此可见，要想获得成功，要想干出一番轰轰烈烈的事业，就得要有好的人缘，这全靠你在日常工作和生活中不断积累与培育。因为人缘是你出人头地的一把利器。

（1）不要忽视平庸的同事

人们常常把心思用在讨好或关注比自己出色的人身上，希望能得到他们的提携;而对于混得比自己差的，往往不放在眼里，甚至有意骑在他们头上。的确，“人往高处走，水往低处流”，例如，见到公司的经理、董事以及他们身边的红人，往往礼貌有加，他们交代的事像圣旨一样，很快地帮他们办好；而对于混得比自己差的人，则表现出高姿态，说话不经思考，有时候甚至指手画脚。

（2）“小人物”更得罪不起

在强者面前，有的人常常摆出一副被征服者的姿态，表现出奴性；而在弱者面前，却以征服者自居，将他们踩于脚下。其实，如果你仔细回想一下，对你真正有帮助的往往是那些比你差一点的弱者。就算你拼命讨好公司高层，但他们往往也只顾自己的利益，无心帮你什么，而且他们马屁精见多了，也往往从心里鄙视你没有主心骨。

而对于弱者，只要你稍微尊重一下他们，他们往往感激不尽，用得着他们的时候，他们会真心为你办事。而一旦你得罪了所谓平庸的同事，可能会给你带来许多麻烦。正所谓“阎王好见，小鬼难缠”。比如，你得罪了记考勤的文员，那你的迟到记录都在人家手里；如果你得罪了出纳，那你的报销非常不方便；如果你得罪了行政部的采购员，你的一份采购申请可能几个月不会有结果……而且有些看似平庸的同事，其实非常有后台或背景，得罪了他们可能会让你苦不堪言。

生活当中依靠人际关系成功的人不胜枚举，很多时候他们还都有几乎相近的经历和体验。也许他们没有显赫的家庭背景，也没有很高的学历。但是，他们从最平凡的职业出发，逐渐地做大做强发展起来，使自己的公司业绩陡然飙升。直至最后成为身价上亿元的富翁，拥有庞大的事业，被人称为创业者的典范。

当接受媒体采访时，问他们成功的秘密是什么，他们都会用他们的亲身经历非常坦率地告诉记者：就是靠朋友。身边的朋友越聚越多，机会就越来越多，真可谓“千金难买是朋友，朋友多了路好走”。

有时，很多的机会就连自己当初未曾想到过，也未曾看到过，这些都是机缘，或者说都是人缘。无论一路走来有多么的不同，但是始终离不开的一点就是要想出人头地，有所成就，就得懂得培育自己的人际关系网络，这样才能强化个人的核心竞争力。

我们都是常人，即使身居高位，即使拥有万贯家财，即使声名远播，即使众人仰慕……我们都应该记住自己本来就是一个世俗之人，没什么了不起。

【读心术】

古代所崇尚的孤高和清傲已经不适合时代发展的需要了，要想实现自身的价值，获得职场上的成功，就必须摒弃这种心态，重视自己身边形形色色的人物，做个有心人，好好经营自己的人际关系，布局好人际关系，帮助自己获得成功。只有达到了一定的成功，才可以完全按照自己的意愿生活。这是时代发展下必须先接受然后获得更大自由的一个先后步骤。

5 看清身边谁是小人

古往今来，人是最复杂的动物，世界上最难的事情也是与人打交道。尤其是和小人打交道，更需要智慧。职场当中利害关系更是纷繁复杂，小人出现的几率也就更大，因此，一个人想有所作为，必须学会和小人打交道，否则被暗箭中伤，那就得不偿失了。

王芳是一个离了婚的女人，她刚到公司的时候，对自己所做的行业没什么经验。作为部门主管的郭兰自然成了她的入行老师。那个时候的王芳对郭兰嘴可甜了，左一个“兰姐”，右一个“兰姐”地叫，王芳下班后还会到郭兰家串门。

郭兰是个挺人性化的上司，她对于别人的好意从来不懂得拒绝，比如王芳会常给她两岁的儿子买一个小礼物，郭兰则经常手把手地教王芳。

可没想到的是，两年后王芳辞职到另一家公司，她竟然成了郭兰公司最大的竞争对手。不仅如此，为了牟取更大的利益，她竟毫不留情地抛出了郭兰曾经对她透露过的一些公司计划，来了一个“先下手为强”，搞得郭兰措手不及。事情虽说已经过了很久，可是每每想起这件事，郭兰就会郁郁寡欢一段时间。她想不明白自己诚心对待的人怎么会那么无情无义，对她那么的好，她却在背后给自己如此大的一击。

其实这没有什么想不通的，像王芳那样的人就属于笑脸相迎，背后却是一张丑陋的脸的笑面虎，或者说是两面三刀的人，所以她毫不留情地做出卸磨杀驴的事情，完全是一副小人的嘴脸。

古人云：“宁可终岁不读书，不可一日近小人。”充分说明古人对小人是多么的深恶痛绝。事实上，大到一个国家，小到一个单位，只要有小人存在，就会鸡犬不宁。因此，领导尤其要识破身边小人的“毒招”，不给小人可乘之机。

那些处在我们身边，有可能成为小人，对我们构成威胁的人，到底是什么样子的呢？总的来说，小人是一种人格有缺陷的人，一种一切以自我为中心，毫无公德可言的人。一种不识抬举不知好歹的人。你为他们所做的一切他们都会认为是理所应当的，在他们的字典里没有“知恩图报”这个词，只有无止境的索取。

大致可以将小人分为以下几种类型：

（1）溜须拍马，阿权附贵

这类人不难识别，从他们的言语、动作和神情上就可以表现出来。大凡溜须拍马者，都是打着关心他人的旗号，好话捧着，好礼送着，将领导侍候得如皇帝般舒舒服服，使其不得不考虑重用他们。而下一步，小人得志后就为所欲为、作威作福，甚至打你个耳光你还以为他在帮你赶蚊子。接着他就像蛆虫一样一步步腐蚀你，然后微笑着在背后给你一刀。大势已去时你才翻然醒悟：小人心黑嘴甜，他们吃准了领导喜欢这一套。

正所谓“上有所好，下必甚焉”。要识别这类人，关键在于领导能否时刻保持清醒的头脑，处处自重、自省、自警、自励，对于那些无事献殷勤者，既有古人“恶其媚”的刚直不阿，又有“暴语于朝”的惩戒手段，溜须拍马就没有了市场。

小人一般都嘴甜、心细、脸皮厚，领导者光凭自己的眼睛很难识破他们，因为这些人很会伪装自己。只有多听取群众的反映，才能看穿这种人的真实面目。

（2）两面三刀，人前一套，人后一套

他们在人前往往有一张永远灿烂的脸和甜蜜的嘴，而在人后则是另外一副模样。领导在场和不在场，他们的表现完全不一样。领导在的时候，他肯定是最勤劳的一个，连脸上的汗水也顾不得擦，就是想给领导一个好印象；领导一旦离开，他就待在一旁休息了。

对待两面派，无疑是不能距离太近的，他在哪个部门任职，哪个部门就会被他搞得乱糟糟。作为领导者一旦发现你的下属是这样的人，就应心里有数，严加防范。

（3）挑拨离间，打击异己

小人喜欢搬弄是非、挑拨离间。而且他们无一不是喜欢窥探他人隐私的专家。他们为了达到某种目的，几乎都会采取挑拨的策略，小人的最大愿望是：全天下的人都相互指责、互相怀疑，唯独他能掌控全局、左右逢源、游刃有余。所以，搬弄是非、挑拨离间是小人最常用的战术。再有，出卖、背叛也是小人的惯技之一，当你与小人促膝长谈时候，你的肺腑之言，在小人眼里就是把柄，而你的隐私就是小人出卖你的资本。所以，在小人面前，最好三缄其口，否则，就要承受有一天你的肺腑之言及隐私被加工后曝光于天下！

（4）鬼话连篇，花言巧语，能言善骗

明火执仗的强盗、杀人不眨眼的刽子手是恶人而不是小人，小人没有这股胆气，小人需要掩饰和躲藏。他们反复用花言巧语向别人解释，自己是弱者，弱得不能再弱了，似乎生来就是被别人欺侮的料。在他们企图囫囵吞食别人产权、名誉乃至身家性命的时候，他们甚至会让低沉的喉音、含泪的双眼、颤抖的脸颊、欲说还休的语调一起上阵，鬼话连篇地骗取同事的同情，从而放松警惕，自己反倒趁机而入。

（5）胡搅蛮缠，无理取闹

他们善于察言观色，脸皮很厚，在工作上也爱讨价还价，要求领导给他们晋升或加薪；或者在工作上不安分，不愿凭工作成绩得到领导的重用和提拔，无论是对同事还是领导，总是爱胡搅蛮缠，无理取闹，破坏同事的工作，以此借降低同事来抬高自己。此类人一定要小心提防。

（6）趾高气扬，颐指气使

人在江湖，我们接触的人形形色色、贤愚不等。不可否认，大多数人能够遵循做人做事的一般原则，容易相处。但是，的确有些人品德不好、阴险刁诈，会带来种种麻烦。显然，面对人情多变、人心难测的现实，如果只讲待人浑厚包容，就会吃亏上当。因此，看清身边谁是小人，学会与那些“麻烦人”打交道，是很有必要的。

【读心术】

利益驱使下，好人也有可能来做一回小人，这些都不足奇怪。重要的是我们能够在小人的重重陷阱下明哲保身，看穿他们的虚伪外衣，增强自身的防护力，做出有效的应对，使我们自己在这场利益的关系较量中立于不败之地。

6 人与人之间靠的不是权，而是势

职场圈子里的人和人，有时候看似没有任何的关系，但是还是会发现我们和他们之间的差别，我们有时候更是惹不起他们。这其中的缘由一定不那么简单，很重要的一点不是他们有多么大的权力，而是他们的背后有多么大的势在维系着他们的无形光环，支撑着他们光鲜的一面。这就是我们不得不面对的真实的关系布局，他们代表了不可忽视的利益，这一切靠的不是权，而是势。

原以为在外企工作的人个个精明强干，谁知过关斩将的冷洁加盟公司后一看，其实也不过如此：营销部的杨涛天天晚来早走，好几个月过去了，也没见他拿到一个订单；前台秘书整天忙着搞时装秀；还有考勤专员小莉，整个一个吃闲饭的，每天的工作只有一件事：统计全厂300个员工的考勤记录。这一切真让冷洁惊叹：没想到在外资企业里，竟还有这等闲云野鹤。

有一天，冷洁去行政部找小红领办公用品，杨涛和小莉当时也来领，最后就剩了一个笔记本，冷洁笑着抢过来说先来先得。小莉一见变得不高兴了，她说：“你刚来，哪有那么多东西要记录啊？”冷洁不服气：“你有？每天做一张报表就啥也不干了，你又有什么事情要记录的？”一听这话小莉立即拉长了脸。小红连忙打圆场，从冷洁手里抢过笔记本递给了小莉。冷洁气哼哼地回到座位上，杨涛端着一杯水悠闲地进来：“怎么了，靓女，有什么不服气的？我要是告诉你小莉她伯父每年给咱们公司500万元的生意……”然后打着哈欠走了。

下午，小红给冷洁送来一个新的笔记本，一个劲儿向冷洁道歉，她说她得罪不起小莉，那是老总眼里的红人；也不敢得罪杨涛，因为他有广泛的社会关系，不少部门都得请他帮忙呢，况且人家每年都能拿回一两个政府大单。冷洁听后说：“那你就得罪我呗。”小红苦笑着连连摆手：“不敢不敢，在这里我谁也得罪不起呀。”冷洁听了，半天说不出话来。

公司里有很多人我们得罪不起，因为我们不知道他们的底细。我们不能从表面上来判断谁强谁弱，有时候一个看似平庸的同事，可能能决定你的前途。所以我们在搞好与强者关系的同时，也不要忽视平庸的同事，毕竟多个朋友多份力量，少个敌人少份障碍，何必为了一个毫无价值的虚荣而为自己制造麻烦呢？

有了绝对的权力，那么就有了挣钱的机会，有了充足的钱，就可以不断地用钱造势，扩展势力。这是以往的观念，就是权才是根本，有了权就有了上面的一切。但是，在职场中摸爬滚打的人都越来越明显地体会到，人与人之间靠的不再是权，而是势。权力是有限的，有权力的人也是有限的。但是，势却是无形的、影响也无限的。

一个人在组织中的地位，人们习惯于用“权势”来形容。这“权势”实质上是两个东西，“权”就是授权，是外来的，也是比较明确的，而“势”则是来自于个人自身，相对模糊。在公司中的影响力，“权”、“势”各有功用，并相互影响。但是，势却比权更加的灵活。有权无势的人很多时候也会寸步难行，但是有势无权的人照样可以左右逢源。

如此，并不是说权没有用处，但是它很深刻地揭示了人与人之间的一个不可回避的问题——利益。当拥有权力的人有限时，那么没有权力的人就占大多数。当这其中有必然涉及利益的时候，那么有势的人就能够在公司中吃得很开。他所拥有的势很明显为他带来了不可被忽视的地位和好处。

势就是一种优势的存在，它的利害之处就是它在那里，你不得不服它。这是有关利害关系的布局。无论身处哪种角色，都必须认识到这种现实状况的存在，并学会正视它，懂得应对它。所以，应对权尤其是势，有两方面可以做：

（1）需要忌惮他人的势

在你的力量还不够强大的时候，你当然不能对别人形成必要的影响作用。同时，面对别人的势，你也不得不暂时的低头和服从。这就是势存在的潜在影响力，是一种无形却很有效的力量，是可以渗透到方方面面的关系网。

此时，做出头鸟或是认不清现实拿鸡蛋碰石头就会很容易吃亏。明智的选择是学会适应他人的势，在适应中为自己求得生存的机会和空间，这样才有更进一步的机会。

（2）必须营造自己的势

真正想要在职场中有进步，就必须有足够的关系网为自己营造势，以便有更便利的空间发挥自己的才能。一方面，盘点自己的任务和精力，区分自己该做的事和不该做的事，划清事情的最高标准与最低标准，然后充分施展自己的才能，用实力证明自己的价值，让上司看到自己的能力，为发展打好坚实的基础。

另一方面，与大家保持良好的关系，并充分发动自己的人脉，毕竟，人脉越多出路就越多，出路多也就意味着关系广、关系硬。那么大家碍于相关自己的利益，自然不敢得罪你，反而会更敬重你。这样，你的势也就自然而然的出来了，何愁不能在公司中发展得更好。

【读心术】

外在的东西大多不受我们的掌控，能力有限的我们也不能够强求它们完全按照我们的心意。但是，我们可以用自己的努力改变我们身边的人和事，以及与我们的关系，尤其是利益关系。营造我们的势，就是有力地保护自己、强大自己的方法。做到因势而变，无论是去适应它，还是改变它，都是成就自己的过程。

7 成也靠山败也靠山，小心阴沟里翻船

寻找有力的靠山，帮助自己施展抱负，成就事业。这是很多成功人士的精明之处。有潜力的靠山，不仅可以带给我们无限的回报，帮助我们实现梦想，走向成功。但是凡事都有两面性。我们在结交与我们的命脉息息相关的人物的同时，还要摸透他们的为人和我们可以充当的角色，为自己准确定位，找到合适的方向和对策，防止盲目地相信靠山，最后阴沟里翻船，造成成也靠山败也靠山的凄凉结果。

李元的顶头上司与部门经理关系不和，所以几年来他的上司一直被经理压制着，无法升上去，这样李元自然也就很难有上升的空间。所以，他时常不免闷闷不乐。一次偶然的机会，他和部门经理进行了接触。部门经理也发现了他对自己上司的这种稍微不满的情绪。所以，便拉他入伙，承诺将他的上司赶走后，会提升他。

本以为毫无前途了的李元猛然间看到了希望，所以他毅然投靠了经理。他一面去讨好经理，经理交代的工作当圣旨一样去完成，并越过上司直接向经理汇报；一面尽心地充当着部门经理的间谍，监视上司的一举一动，并用各种方法搜集一些不利于上司的证据。在上司察觉后，他一点也没悔改，反而公开与上司斗，两人的事也一时成了公司同事的谈资。

在里应外合之下，李元的那位上司走投无路，只好辞职。然后李元也得

到了部门经理兑现他的承诺，让李元坐上了前上司的位置。但是同事都知道李元和前上司的关系纠葛，所以很多下属对他都不怎么服气，经常还会出现一些摩擦。李元对此并没有在意，他认为自己有部门经理做靠山，况且两人还曾经“并肩作战”，那么有事情部门经理一定会为自己出头的。

渐渐地整个团队间就出现了许多不合的事情，直接影响到了正常的工作，甚至出现一些小过失。但是，在一次过失后，虽然李元认识到了自己的过错，但是部门经理还是抓住不放，不仅没有为自己化解这次困难，反而还揪住不放，并且还以这次事件为借口，将李元调到了另一组，改在另一位主管下面做事。同时，部门经理重新从外面招来一名主管，接替了李元的位置。看到经理动作这么快，又见到自己在新主管的下面被踩得死死的，根本没有翻身的余地。本来还以为有希望的李元彻底失望了，他也终于意识到，他是过于相信自己的这位靠山，最后阴沟里翻船，被人除之而后快。

利用自己的拼搏奋斗能成就一番事业者不在少数，但是有人相助，有个靠山倚靠，总比单打独斗来得轻松愉快，成功的几率也会增大。李元能够得到升职，可以说是他为自己找到了一个靠山。否则，他继续在上司手下，以上司和部门经理之间的矛盾看，他是不会有任何机会的。

虽然他的临阵倒戈，联合别的领导干掉自己的上司的做法我们并不提倡，但是他的遭遇起码能够反映出一个很实在的问题，也可以让我们很清楚地认识到，很多时候，做大事没有了靠山就相当于没有了倚靠，而没有了倚靠就不可能做成大事。

想要追求财富又想要依靠捷径，最好的办法莫过于为自己寻找一个靠山，在适当的时候可以助我们一臂之力，帮助我们壮大。但是，有时候对方是你的靠山，你是对方的什么就不确定了。毕竟职场也有如战场的时候，永恒的不是朋友间的友情，而是不变的利益。

所以，靠山硬、关系好能决定一个人甚至一个企业的成功。相应的，靠山和关系也能决定一个人的成败。毕竟，你也不知道横在中间的利益什么时候向哪一方倾斜，你是有用之人还是可以被抛弃甚至被牺牲掉的筹码、棋子。

因此，即使有了靠山，也不能认为从此高枕无忧，也要能够保持警惕，维护自己生存的空间和权益。靠山并不是永远屹立不倒的，也并不是永远都能成为我们的保护伞。靠山的成败和利益得失直接关系着我们的生死荣辱。因此，要首先做到选择靠山时择善而从，只有选择好的、有用的，最重要的是靠得住的靠山，才能得到长足的发展。同时，还要不断优化我们的关系，争取不在阴沟里翻船。

在选择靠山和经营靠山时，坚持以下原则将有助于我们的发展：

（1）擦亮眼睛，找对靠山

靠山对我们的利益起着决定作用。靠得住的靠山，对我们有着不同凡响的影响，成也靠山败也靠山，找对了才是关键。所以，找对靠山，既能够引领我们走在正确的道路上，还能够给予我们充分的空间施展才能。他们对于我们来说，是良师，是益友，也是伯乐。否则，就很容易将我们陷入一种进退两难的境地，此种情况下也不能够有长远的发展。

（2）不遗余力，积极靠拢

有了靠山并不意味着万事大吉了。毕竟，关系需要维护，否则再近再亲的关系也容易生疏。要与靠得住的靠山主动建立关系，发展友谊，寻求合作机会，积极成为对方的有力臂膀，成为不可或缺的部分，实现利益捆绑。一旦对方实现了自身的价值，那么，我们既能保证自己的地位，也能获取丰厚无比的回报。

（3）小心为上，防备过河拆桥的人

利益的捆绑，对于靠山和我们来说，既是一种有力的协助，同时也是一种束缚。尤其是对靠山来说。当我们的利益能够与他们挂钩的时候，就说明我们对他们来说是有用处的。那么，当他们实现了目的后，我们就要考虑自己的地位了。对的靠山当然不会置我们于不顾，但是这些都不在我们的掌控范围内。我们必须时刻提高警惕，防止一些人过河拆桥。与人交往的时候，对这些人要严加防范。

（4）放远目光，不在一棵树上吊死

靠山是一个动态的变体，不可能给我们提供永远的荫蔽。所以，我们不可以只紧抓一个靠山就高枕无忧，一不小心靠山倒了还有可能牵连我们。甚至，当我们与靠山之间的利益链条出现变故的时候，很容易导致利益链的中断。这不利于我们长远的发展。所以，为自己想好退路至关重要。应该将目光放得远一点，争取抓住更多的靠山，在不同阶段、不同时刻给我们提供有力的帮助。

【读心术】

身在职场中必须能够清楚地认识到，现有形势下关系的布局和利益的相关性相当的重要。我们很多时候必须倚重他人，依靠或引导别人为自己提供有力的帮助，才能取得成功。所以人都应该深知经营靠山的重要。不过，需要注意的是，要防止靠山给自己带来毁灭性的后果，同时，倚重这些靠山，营造强力的连接，也应该注重减少个人的风险。

8 先躲在暗处看清对方来意，再作处理

职场中的我们要和形形色色的人打交道，得与失也是常有的事。这两者也必定牵连着更多的人，但是，利益攸关的情况下，绝对不可以以一时的得失来判断人。因为我们不能够以一时的得失就看穿对方的意图，也不可心存侥幸、天真的认为自己碰到了好人。保险起见，先躲在暗处看清对方来意，再作处理才是良策。

王锋曾经在一家公司里负责培训，工作很单调，没什么技术含量可言。只有一个下属，还很不愿意配合他工作，整天跟他磕磕碰碰的，常常因为一些小事与他争吵。王锋整天苦恼得要命，一直想跳槽，或者换个部门。这时，品质部的一个老大认识了王锋，在他的帮助下，王锋顺利逃离了苦海，跳到另一个部门。对于他的帮助，王锋一直感激于怀，工作上不遗余力地为其效劳，跟他同一条战线地跟别人争斗。

但慢慢地，王锋发现越来越不对劲：这位老大始终防他防得很深，重要工作从不让他插手，每天都是安排些鸡毛蒜皮的事来敷衍他。王锋的工作都要经过这位老大的检查，报告做好发给他后，他再署名发给上面的高层。部

门经理很想提拔王锋，他却一直暗中阻挠，不想让王锋飞出他的控制。这时王锋才明白，这位老大不过是想借他的名声来给他自己升职抬价。而对于王锋的发展空间，他一直限制得死死的，使王锋名副其实地成为他的工具和傀儡。

所以说，职场中不能只凭表面来判断一个人的好坏，有时候一些同事跟你较劲，跟你工作上不太配合，感觉很不好相处，这可能是出于他的性格问题，而非他本意。有时候一些同事给你惹来一些麻烦，也可能是一场误会，没必要过于放在心上。

而有些同事看似跟你关系不错，听你诉说苦衷，能给你一些帮助，甚至将你带离困境，他们未必是你的朋友，或者只是想利用你，一旦你没有利用的价值，他便会撕开面具，让你惊讶不已。工作中不要以一时的得失来判断一个人，更不要将对人的喜恶长期装在头脑里，作为与别人相处的依据。

正如一位政治家所说：世上没有永恒的敌人，也没有永恒的朋友，只有永恒的利益。利益一致的时候，我们就能成为朋友，利益不同时，我们可能会成为敌人，尽管不是出于本意，只是各取所需。

其实，分不清敌友是人性的普遍弱点，尤其是在利益关系复杂的职场当中。要想不做被蒙蔽、待宰的羔羊，就要有足够的戒心，当有异常的情况出现时，一定要保持冷静的头脑和思维，给自己足够的时间，或者创造机会，先躲在暗处看清对方的来意，然后再做出决策。

毕竟，职场中人与人之间很多时候都是有利益挂钩的。所以，当有人主动接近你，主动示好，你都必须先要冷静地看清对方的来意。虽然并非人人都是坏人，但是凡事三思而后行还是有必要的。如果是坏人，可以在没有被别人陷害、利用前提高警惕，明哲保身。如果是好人，那么先认清楚了做到心里有数也未尝不可。总之，先看清对方来意再做定夺有益无害。而看清对方来意的方法和角度，则是需要花费一定工夫，借用一些技巧的。

（1）警惕天上掉馅饼

雪中送炭虽然是好事，但是更有可能目的不单纯，先给甜头再狠狠利用的实例也不在少数。所以，天上掉下来的馅饼，必须足以让你提高自卫的警惕性。这是能够在职场中求得生存和稳步发展的前提。否则，一不小心成了别人的棋子，为别人卖命反而还被人死死的踩在脚下，让人不免空留遗憾。

所以，当有同事主动与你接触时，不管他是你的上司、下属还是同辈，都应该以静制动，先看清对方的来意，甄别对方的意图，再做出具体的策略。在这一过程中，根据公司中大的环境和当时的形势，从大局出发，可以更加准确地判断对方的来意。

（2）坏人快走开

来人有好有坏，心怀不轨的坏人是我们一定要敬而远之的。因为，这样的人一定是发现了你身上的利用价值，而一开始就想着要利用你的人，那么当他发现你没有利用价值的时候会怎么办呢？心胸狭窄的人容不下别人，所以他们往往会用完就丢。

最好的办法还是不和这些人打交道。当他们主动接近你的时候，碍于种种利害关系你又不能和他直接闹僵，这时候就是考验你的能耐的时候。做人不能太单纯，要懂得适时的伪与诈。世界上最深的是海洋，最难测的是人心。一个人要想在社会上立足，就要懂得伪装自己，以防被人欺被人骗。做人表面天真可以，但内心一定要懂得保护自己。这是一种求得生存的计谋。

（3）好人可做朋友

当然，出于对你的欣赏，或是敬仰，抑或是单纯的帮忙，这些目的都是善意的。这样的人，我们当然欢迎之至，多个朋友多条路。这也是我们看清对方来意时的最好结果了，当然也皆大欢喜。

【读心术】

工作中，我们太容易从表面上看人，将大多精力用在防范一些不相干的人身上。但是人不可貌相，而且职场中的人更擅长伪装自己。我们最重要的就是要以静制动，表面不动声色，实际里却不得不多个心眼，防备小人前来。

9 冷庙、热庙都要烧高香

种瓜得瓜，种豆得豆。自然界的生命规律同样适用于属于万物之灵的人类。当有条件种下一颗人情种子，那么相应的也能够收获一份人情。用这份人情可做大事小事，可救命可解难。所以，进行人情投资是必要的，等于是为自己上了一份意外的保险。

职场中的得势总会伴随着某些人的失势。站在失意之人的角度看，往往更能促使我们心明眼亮，对其中的利害关系了然于胸。职场失意时，有人冷嘲热讽，有人冷眼旁观，尤其是那些踏着他的失意得以高升的人，还在他面前耀武扬威，得意忘形。面对这些，失意之人心中的苦楚很难有人明白，他眼中早已经把上面这些人看做了敌人。他心中也会激发出超常的决心和毅力，立意东山再起，一雪前耻。

此时如果有人雪中送炭，不管是曾经的下属所表现出的不忘旧主，还是上司的同情、慨叹抑或鼓励，对他们来说都是冷风中难得的一丝温暖。这样的温暖也容易让他们铭记在心，等到他们再战出成绩的时候，滴水之恩定当涌泉相报。

站在失意人相对的角度来看，我们要做什么样的人，自然会有什么样的后果。虽然不一定每个人都需要依靠他人的回报来成就自己，但是不怕一万就怕万一。再说关键时刻有人帮，可以更加方便、快捷地做事，做成更大的事。大凡有理想、有追求的人都不会放过这样的机会。

无论是生活中还是工作中都需要诸多投资，我们只有不断地为自己的将来投资，才会有收获的那一天。在这些长远打算当中，人情的投资是一项最不确定但是却又能获利最大的投资。不需要的时候人情看似离我们很远，但是当我们真正需要的时候你就能发现曾经的举手之劳所换来的回报。

司马迁说，“天下熙熙，皆为利来；天下攘攘，皆为利往。”人情的投资就是关系的布局，布局得好，接下来就是收获的季节。无论是热庙还是冷庙，只要是对我们有用，不管是现在还是将来，我们都要烧高香。要想真正的抓住机会成就自己，就要遵照以下几点，绝不以权势地位论亲疏。

（1）有空多烧高香，积蓄人情

人无远虑必有近忧。无论处在什么位置，生存在如今的社会，会越来越发现处世的重要性。人情世故永远不会过时，人情存在于人与人之间，看不见摸不着，似乎很难抓住，但是事实上却又能轻易维系住。抓得住，人情就是一种成大事的力量和资本，抓不住，就什么都不是。

有利益争斗的地方就有关系的布局，两者间的好坏就如连锁反应：关系布局得好，利益获得就大，反之就小。想要在这场关乎自己利益空间的关系布局中取胜，首先就要会积蓄人情。多进行人情的投资，自己有困难时就会有人帮，需要时就可以助自己事业更上一层楼。

（2）将热庙高高供，争取机会

热庙说明他得势，有能力和实力。对于很多还未达到一定成就的职场人士来说，有能力没有机会的事情时常发生。如果能够争取到这种机会，当然求之不得。这时，热庙就是我们可以寻求的目标。想办法和他们搞好关系，凭能力、凭特质、凭志同道合等，只要能够争取到机会的方法就是好方法。

有些人会认为热庙供的人多，我们根本没有机会，千万不可因此就放弃。不是我们非要挤破头去争去抢，而是为自己争取可能的机会、避免开罪那种得势忘形的人。他们被当成热庙被较多的人供着，人一多他所在乎的就不是那些供他的人，而是那些没有重视他、敬仰他或者有求于他的人。

这是一种让人很无语的思想。但是，这种情形往往就是得势之人和一帮跟着他的人最爱琢磨的事情。他们不容许有人忽略他们的存在和光环，希望被更多人认可的虚荣心。为了避免这种极端但是破坏力又极大的事情发生，我们也要把他当热庙供。

（3）把冷庙请进门，增添保障

生活中经常有人发感慨“要是早知道，我就……”。其中很大一部分就是后悔当初没有能够预料到今天这种让自己艳羡的局面。“平时不烧香，临时抱佛脚。”佛不喜欢没有诚心的人。“临阵磨枪，不快也光”在职场这种竞争环境下也已经几乎不适用了。

人能不能遇到贵人，要看机遇。那么，一个人是否能发达，也要靠机遇。机遇机遇，实是可遇不可求。与暂时不得势的人交朋友，相当于买原始股为自己添加保障。只要看得准，原始股的潜力就会非常的大，增值也快。

人情的积蓄不是一朝一夕的事情，而是要用心来为自己的关系网布局筹划。很有用的一部分就是与暂时不得势的人交朋友，即使是冷庙也要把他请进自家们，好好招待一番。冷庙容易门前冷落鞍马稀，而稀少的却最珍贵、最能体现真心。真心所换来的必定是知恩图报的回馈。所以，用自己的慧眼找寻与自己有缘的原始股和潜力股，积累人情，做一种长远的投资，为将来增添保障。

做好了这一切，就相当于为自己的关系布好了一局棋，不可能指望每一招都能制胜，但是只要有能够为我们开道、为我们所用的棋，那么就说明我们的投资有了回报。而且，即使是小小的兵卒也有拿下将帅的可能，所以，不要以一时的贵贱权势论高低，要用自己的眼光察觉未来，选准目标，冷庙、热庙都烧高香。

【读心术】

一蹴而就的事情不仅时效短暂，而且收获也不大。人情也是，需要时时储蓄，精心维护。不要自以为关系牢不可破，就掉以轻心。说不定等你需要时才发现物是人非事事休。不仅要从热庙和冷庙两方面着手积蓄人情，还要懂得维修和养护，增加人情的保险时间，如果有偏颇还能及时察觉，及早地挽回损失。做个有心人，错过的只会越来越少，好处自然越来越多。

10 职场随时需要有人当炮灰

职场的生存之道就是不逞英雄，不做出头鸟，不做炮灰。否则，很容易成为上司眼中的钉子，先拔之而后快。不管你多么的不满或委屈，记住，出头的你很轻易地就会成为被牺牲掉的炮灰，落得一身的不是。

小梅大学里成绩优异，各方面表现均突出，毕业后应聘到一家私营企业，做基本的文职工作。得知消息的同学都觉得小梅是大材小用，小梅心里虽然也觉得有点屈才，但是想到凭借自己的能力和努力，一定可以很快得到机会的。所以入职后，小梅工作非常积极，表现也很突出。可是一个年长的同事却处处跟她过不去，工作中经常故意找茬，这让小梅心里十分气不过。

在和同事闲聊的时候，小梅得知这个同事仗着自己的资历老，所以经常对同事挑三拣四，没事找事，其他同事也都是被压抑着过来的，但是都敢怒不敢言。小梅一想到自己本来就是委屈的在这儿工作，现在还要在这受气，所以就很气愤，向同事们狠狠地纾解自己的不满和委屈。同事们也是非常的同情小梅，当小梅说再这样下去一定要找领导的时候，几个同事连忙鼓励小梅，一个这么优秀的大学生不应该这么受气，应该得到上司的青睐，所以找领导说明才是重要的，而且应该赶紧，要不然就浪费了青春。

小梅一看同事们不仅和自己同病相怜，而且还这么挺自己，所以就坚定了信心。小梅毅然决然地找到了领导，义愤填膺地向领导述说了自己的委屈和其他同事一样的不幸遭遇。她认为自己不会是“一个人在战斗”，自己率先将问题提出来后，一定会有盟友来支援自己的。结果，当她真的冲锋时，却发现大家都隐身而去，到最后她成了炮灰，被领导大加批评，指责她不仅不会处理同事关系，还太自我，完全一副学生的秉性。

小梅后来知道，“站出来捍卫权利”这样的壮举不是谁都可以做的。要不然，莽撞之举不仅捍卫不了自己的权力，还会成为首当其冲的炮灰。

相信不幸成为过职场炮灰的人，谈起职场炮灰的经历都会心有余悸。的确是，一方面是被出卖，一方面是被误解。虽然寒心，但是却不得不承认，职场中朋友也抵不上利益，更不用谈什么永远了。

利益纷争掺杂在职场的大大小小事务当中，人事、物事、公事、私事等，做人像傻根一样，傻人会有傻福。但是职场傻根却做不得，一不小心成了炮灰，被他人当做牺牲品栽在利益的关系布局中，是自己的极大不幸。

不可否认的是，职场随时都需要有人当炮灰，不是你就是他，或是她。人人都可以为了利益，牺牲掉你，成全自我。有人把职场比作硝烟弥漫的战场，强者如炮弹，弱者如炮灰。当然，聪明的人不仅可以避免成为炮灰，说不定还能做炮弹。我们不想成为炮灰，就要学聪明，变成强者，太傻太天真一点用都没有。因此，我们应把握好以下几点：

（1）炮弹处处有

无论是不是炮弹，都应该明白，你的身边肯定会有炮弹的存在。炮弹需要炮灰为自己顶风，做自己的保护伞。所以，他们需要寻找适合做炮灰的目标。而你，只要暴露出来弱点，就会被他们当成炮灰。

炮弹处处有，并非我们就要草木皆兵。精力有限的我们，不可能关注着每个"可能的"炮弹，要不然，炮弹还没打来，我们自己就先被自己消耗掉了。我们需要的是韬光养晦，增强自身的抵抗力，以不变应万变。

（2）炮灰做不得

别人一时有难，伸出援助之手拉他一把，确实是应该的。但要把后果想清楚，不能什么事都无条件地承担，不管他是什么人。而常有的现象就是领导以下属为自己分担责任为条件，自己事后给予他们更好保护的承诺。这是一种极其危险的交换。

领导当然乐于有人为自己分担责任或背黑锅。但是下属绝对不可以盲目地做这样的交易。当一切都是未知数时，这就是一场没有胜算的赌博。赌的是上司的平安，赌注是自己的前途。你会发现，赢家不是你，而是你替他背黑锅的领导，而你，很显然就是傻傻的炮灰。更何况，背一时的黑锅，有可能成为永远的污点，这是拿什么也抹不去的。

所以，不管何事、何人，都要分清责任，在有限的责任范围内承担应当承担的责任，不能替别人背黑锅，做到防患于未然，避免日后的麻烦。

（3）学会成长

要进步，就要在成长中学会坚强与忍耐。你或许成为过炮灰，或许害怕成为炮灰，在随时需要有人当炮灰的形势下，你既不能随遇而安，不求上进，也不能常常以理想化的标准要求他人，太注重自我感受而不能适应职场环境，更不能冒进成为悲剧"冤大头""垫背的"。

我们要学会成长，不要急于表达自我，而是应先熟悉环境，看眼色行事，扮演好自己新兵的角色，然后慢慢改变，争取群众基础。在这个过程中，需要坚强与忍耐，通过观察去学习，让自己尽快成长为一个社会人。当然，同时也应该保留一些自我和个性，做一个成熟的自我。

【读心术】

炮灰有很多种，最悲剧的情况莫过于以为没炮弹，结果成炮灰的惨剧。无论是不是炮灰，其实都不可怕，可怕的是不能勇于面对现实，不能在炮灰中学会成长。其实，炮灰也有自己的生存之道，调整好自己的心态，对自我有正确的认识，然后多多学习，一定有让炮弹敬而远之的那一天。

11 不要把狗逼进胡同

竞争中各种各样的情况都会出现，胜负往往也是各家轮流转。如果我们占了上风，却将对手逼到了死胡同中。此时，“狗急跳墙，兔子逼急了也会咬人。”一旦遭受这种孤注一掷的抵御，就算你不会失败，也将会使元气受到损伤，从而付出不必要的代价。因此，不管是面对敌人还是对手，都要先思后进，用退一步来缓和局势，保证赢的情况下不遭受不必要的损失。否则，对别人穷追不舍，也就相当于把自己逼到了绝路上。

有一家贸易公司的老板，做生意特别厉害。一开始公司只是一家小小的公司，但是，由于他的精明能干，而且多有贵人相助，所以很快就发展成了远近闻名的大企业。此后，他没有刹住扩张的态势，而是趁着自己凶猛的势头，运用“大鱼吃小鱼”的吞并策略，将当地大大小小的十几家企业一举吞并，将自己的企业扩展成了一个局部垄断的大集团。

由此，他才慢慢地感受到功成名就的喜悦。他做事讲求出手毒辣，不留余地，因此扩张得很快。

可是，此举得罪了不少人，尤其那些失去当前财路、又没有机会另寻生路的人。就在这家公司生意蒸蒸日上，名声达到顶峰的时候，一些被他打败的对手搜集到了他在某项投资中官商勾结、暗箱操作的证据，举报给了相关部门。事实上确实存在违规操作，所以他和他的集团很快被查处。这个霸道十足的商业帝国，就这样顷刻间轰然坍塌。

由繁华到落寞，犹如流星般灿烂的起落，留下无尽的惋惜。其实，倘若这位老板在他不断发展、兼并的过程中，如果能够想到自己曾经所受到的他人的帮助，自己发展不顺的时候他人对自己的仁慈，那么，也就不会走到最后的赶尽杀绝而断送了自己的财路。

孙子有一句名言，叫“穷寇勿追”。在打仗时，孙子强调对于陷入绝境的敌人，不要去逼迫他。他认为，陷于绝境的敌人，已无所顾忌，一副视死如归的气派。如果这时给予打击，敌人将会与你拼命。

面对对手和敌人，如果不能够心平气和地采取理智、正确的对策，那就多学学以下几点吧。

（1）对手之于我们

竞争的社会，对手是必然的存在。况且优胜劣汰、弱肉强食的竞争，还能够激励我们上进，不断地提升自己。这是一种狮子与鹿间的角逐，谁胜谁负当由我们自己把握主动权。所以，不怕对手的存在，就怕没有足够强的对手。

没有对手是很痛苦和悲哀的事情。对手不只是和我们在事业上、生意上进行竞争，同时，他们也是我们进步的催化剂。有竞争就要努力求生存，对手时刻在提醒我们要进步，否则就要被淘汰。

同时，能成为对手的人必定都不简单。彼此一定都有过人之处，善于从对方身上吸取优点和长处，弥补自己的不足。那么，自己越来越强大，应付对手肯定更容易。这是成大事者不可或缺的进步良方，因为对方的优点肯定都是历经考验的、正确的。

（2）进可攻

对手与对手间总要有一番的争夺，如果我们不应战，不让自己具备足够的关系和实力，那么我们必将被吞没。面对对手，毫不退缩，勇于迎接挑战，在竞争中不断完善强大自己，既能克服困难，又能把握进攻的主动权，这是对手的存在对于我们的另一层意义。

但是，切忌一味的冒进，将对手逼到了死胡同当中。因为，逼得急了对手很可能会做出我们意想不到的事情来挽回局面，对于抱着“宁为玉碎不为瓦全”的心态的时候，我们也有可能遭到不可预见的损失。尤其是对付奸佞小人，如果操之过急，损失会更大。所以，进可攻，但是要适可而止。

（3）退可守

争取赢得对手无可厚非，但是却不能赶尽杀绝。“退一步”不是消极，而是为了更积极地进取，是一种办事的尺度。为对手留一丝空间，那么以后对手会奉还给我们更多的空间。这是我们必须为自己想好的退路。

古人有云：“临渊羡鱼，不如退而结网。”每一个人，生活与成功之路不可能一帆风顺，我们也不可能事事都比别人强。我们失意的时候，如果对手穷追到底，不给我们生还的余地，那么我们会是什么感觉呢？将心比心，不可把事情做绝。给对手留下余地，说不定日后会帮助到我们自己，也算是为自己积攒退可守的空间。

【读心术】

得饶人处且饶人。而且饶人即饶己，善人即善己。我们一定要懂得“千万别把对手逼到绝路上”的处世法则，懂得利用对手处于弱势时这种职场关系的布局。退一步给对手一定的余地，这样一来，你收获的不仅是衷心的感激，还有众人死心塌地的支持，得到的是更加长远的可观利益。

第五章
说话的学问

——有些话千万不要说，否则你会死得很惨

能说话并不代表会说话，会说话也不一定就能达到理想的效果。当一个人从早到晚，反问自己一天究竟做了什么的时候，说话这方面是万万不可漏掉的一部分。如果不会说话，说了不该说的话，那么，很可能给自己带来无法磨灭的伤害。一个人的伟大与否，是可以从他对于自己的成就所持的态度上看出来的。而说话能看出一个人对待自己的人生和工作的态度，谨言慎行总是更加的安全和有保障。

说话就像一门学问，一种技巧，种什么因，就能结什么果。用空话吹嘘自己，说明自己能力的不足，信心的缺乏，得到的是他人的鄙视。说话需要建立在实事求是的基础上，看清对方的身份，观察对方的反应，尤其是越到关键时刻越要说话小心谨慎，根据双方长处、弱点、情绪、思想观点、情势等做出随机应变。必要时，保持沉默，无声胜有声。当你开始学会把说话变成一种成功的资本时，你一定能发现其实成功并不像人们所想的那样艰难。

1 想做什么就用嘴巴说出来，注定完蛋

语为心声，言语是一把双刃剑。说自己说的太多容易泄露自己的动机，陷入被动的境地。说他人说太多又容易得罪人，增添仇敌。没有谁会故意去得罪人，若想克服这种不必要的麻烦，把握好自己的语言表达关是十分必要的，做到这一点最重要的一条便是不要口不择言，想做什么就说出来，注定完蛋。

作为职场新人的柯闵一显得很是健谈，不过大多是嘴巴比脑子快。他对于自己的人生和职业前途早就有了明确的规划。他觉得自己的经验还不足以让自己独自闯荡去创业，需要多多的向职场前辈学习。所以，他经常会寻机会与公司的同事聊天交流。只要有机会，只要是他认为有值得自己学习的榜样，他就会勇往直前地去讨教。不仅如此，他还对每一个他接触到的人诉说着自己下一步的计划，向这位同事倾诉自己遇到的难题，向另外的同事讲述自己刚从前辈那里学到的经验。

柯闵一的能力的确很突出，所以很快就在公司新人中脱颖而出，受到了上司的赏识，有一次在集体会议上还作为先进例子专门提了出来。这样难免让其他新人显得有些相形见绌，所以开始有同事在下面犯嘀咕，更有人动起了小心思。当他继续对同事毫无防备，有什么就说出来的时候，正好被那些别有用心的人利用，说他不仅爱打听别人的事情，还会窥探他人的成果进而来装裱自己。上司接到连续几人反映后，结合平时柯闵一爱想什么就用嘴巴说出来的特点，猛然觉得他的确有这方面的嫌疑。所以在心里立马对他的印象大打折扣，也不像之前对他那么重视。

嘴巴比脑子转得还快的人大概可以分为两种：一种是出口成章，机智幽默，信口而出，往往让人拍案叫绝；另一种说话不经过大脑但又天资有限，往往是出口伤人。前一种人是天才，这种人百里无一，后一种人却是随处可见，一抓一把。

明人吕坤认为，说话是人生第一难事。言者无心，可听者有意。这位可怜的老兄本来想和朋友一起快快乐乐过个生日，岂料几句不经大脑的话，便将几个多年好友得罪得一干二净，这便是口不择言所付出的代价。说话要严谨，措辞须准确，这些最基本又最重要的语言表达方式如果不能做好，那么做人成功只能是镜中花、水中月，永远无法得到了。

如果我们说话时不加检点，就可能伤人败兴，引起误解，惹怨招尤。我们要注意说话的场合、对象、气氛，不要随意就说。谈话前预设“安全警戒线”，与人交谈时，忌谈他人的隐私和对方的尴尬之事，避免影响谈话效果，损害人际关系。如果遵循了这些“礼貌原则”，不随意触及对方的“情感禁区”，则会使谈话顺利地进行下去。

其实这些都是我们可以做到的，只要我们认真对待自己，对待生活和工作，那么就没有办不了的事情，避免不了的过失。掌握一些技巧在心中，时刻的鞭策、反省自己，就可以在说话方面不断地完善自己的言行举止。

（1）不是什么话都要说出来

职场当中容不下老实巴交、想做什么就用嘴巴说出来的人。一方面老说实话不一定受欢迎，另一方面什么都说出来不仅不会对自己有所帮助，还会给自己帮倒忙。因为旁人时刻预备着利用你脱口而出的话为自己谋利益，同时没有人肯重视你的秘密而替你保守。

所以，当你和同事往来时，尤其是和爱打听消息的人接触时，应设法掩藏你的思想和情感，保留自己做事的空间。与人为善，适当的交流是应该的，但是不能事事都要告知，尤其是涉及彼此的利益的时候。此外，也不能时刻做出神秘的样子。保守你自己的事情进程同时显得坦白直率，这并非难事。

（2）用大脑指挥嘴巴

病从口入，祸从口出。说多了惹人烦，说错了惹人怨。谈话不经过大脑，极有可能得罪别人自己却不知道，等到明白过来后急着弥补时，往往是越急越坏事，到头来好话说了一堆，人却得罪完了。所以，为了避免这种情况应该让大脑成为自己语言的指挥所，说话之前先用大脑分析，再决定说不说，说什么，怎么说。

而且，做简报或报告一些重要事项时，切忌冗长抓不着重点，而要精简明了，条条分明，使人一目了然；再加以口头上的分析及解释，说得头头是道，这样有助于他人决策。对于新的进程和规划则要有所保留，因为你的对手时刻准备着窥探你的计划，找出相应的策略超过你。更有甚者，会模仿你的创意却快你一步，让你背负抄袭的骂名。当然这是最坏的情况，但是我们不能不小心。

即使拒绝也要拒绝得有技术含量，有技巧，掌握了这些技巧的恰当运用，既可以达到拒绝的目的，又不使对方难堪。所以让对方不抱希望的婉言拒绝才是真正的高招。

（3）不可不说时，懂得含糊

有时候，你不得不开口。直截了当的拒绝容易将事情推入僵局，陷自己于不义。此时，学会含糊，运用不确定的或不精确的语言进行交际，而不是把话都说到嘴上，不仅能帮助自己逃过一劫，还能使事情得到圆满解决，是一种待人处世的智慧。

如果你是一个领导，有时候也要心里明白，装着糊涂。属下的纷争有很多都是面子之争，鸡毛蒜皮的小事有时也会争得面红耳赤、尴尬万分。他们的属下很多也是抱着看热闹的心理观战，也有想在相争之中坐收渔利的。作为他们的领导，你不可也不必为这些微不足道的小事偏袒任何一方，大可装装糊涂，一笑置之。静观其变，暗中采取措施避免真正的损失，是做领导的一大智慧。

吃亏就是占便宜，前提是你在吃亏之前已经想好了退路，知道了怎么将吃亏变成占便宜。但是，没心没肺的想做什么就说出来的行为，却是自己被算计了还不自知的愚蠢行为。这样不仅容易被别人看透，没有自己进退的空间，还容易失去公信力和威严，逐渐被别人取代。只有管好自己的嘴巴，才不会完蛋。

【读心术】

语为心声，由此不得不关注内心的动向。而人容易口无遮拦的时候就是得意忘形的时候。美国汽车大王福特曾说："一个人如果自以为已经有了许多成就而止步不前，那么他的失败就在眼前。许多人一开始奋斗得十分起劲，但前途稍露光明后，便自鸣得意起来，于是失败立刻接踵而来。"人生处在顺境和得意时，最容易得意忘形，终致滋生败象，乐极生悲。因此，自己应该主导自己的内心和嘴巴，得意时也不要忘形。

少和人事部门的职员闲谈

人事部门的同事犹如公司和老板的耳目，他们必须站在老板和公司的角度思考、解决问题，所以他们绝对不适合成为其他部门同事闲谈的对象。如果不能注意到自己说话的对象的特殊性，以及对于自己的严重性，那么就很容易走入泥潭。

文山作为总监助理，对于公司、部门中的管理有着诸多的看法。加上他是一个心直口快的人，所以经常拉着同事来讨论。不管是同事的不足，还是老板、总监让自己看不过去不满的地方，他都会一一指出。很多时候，他都没有意识到自己说话的对象是人事部门的同事，因为他觉得当他在说的时候，那些同事也很赞同自己，大家都有不满和不快，自己正好说出了大家的心声。

通过这种方式，文山抒发了自己心中的郁闷，也在同事的不断点头中获得了成就感。然而，糟糕的事情却在后面，因为他发现他所指出来的问题不仅不能促进公司的改变，反而还让总监和公司领导不满，认为其自负、好大喜功，不足以信赖。他百思不得其解的是为什么他们都知道，殊不知是他忽略了人事部门的同事。

人事部门的工作是负责企业内部人员岗位调动的安排以及招聘新员工等。当把新员工招进来以后，新员工就变成了老员工。人员的调动很多时候都由他们来支配，虽然决定权在上司的手里，但是上司因为不能面面观的看清员工，所以不可避免地会听取人事部门员工的意见和建议。此时，你对公司和领导的意见、不满，以及留给他们的印象都会被他们反映给上司，直接影响到你的前途和命运。

和人事部门的职员讲话很注重学问。他们有他们的使命，在他们面前有很多话千万不能说，说多了只能验证祸从口出。所以，讲究说话的学问，就要少和人事部门的职员谈论公事和私事，注意把握讲话的分寸和尺度。

（1）公事倾诉不得

在公司里，一方面很多员工有事情会找人事部经理谈话，另一方面人事部员工可能会定期找员工谈话，问员工在工作中有没有遇到什么问题，有没有人事部需要帮忙解决的事情。

这两者都是不可取的，也就是不是自己应该说话的情景。即使是因为公司需要倾诉，但是请你记住，公司人事部并不是你的倾谈对象，人事部的首要任务不是去帮助雇员，而是保护公司利益不受损害，这才是最为重要的。

可能很多人认为人事部门是自己的朋友，有时甚至连对公司、对老板的真实态度都会告知于人事部门。这无疑于是将自己的不好完全暴露在了老板的面前，如果经常这样的话，肯定会跌得很惨，没有人愿意看到这样的结果。

再者，当不可避开人事部门的人找你谈话的时候，无论人事部的人员表现得何等友好，你都要认清，你跟他们的谈话内容，他们必然会与决策部门分享这些信息，尤其是你的老板。

无论是你不喜欢目前的工作内容，还是与老板的关系处理得不好，你千万不能找人事部抱怨。如果实在有必要解决，你也要勇于面对问题本身和当事人，直接跟你的老板沟通才是最有效的解决方法。

（2）私事闲谈不得

无论是自己的私事还是上司的私事，都不要过多的探讨和宣扬。正如“林子大了，什么鸟都有”一样，你的无心只会成为别人成荫的机会。在办公室里，总有一些人有事没事就在办公室竖起耳朵四处巡查，然后再把听到的又添油加醋地传播出去。尤其是人事部门的人，当他们肩负公司和老板利益，面对老板的质询，他们没有必要为其他人隐瞒是非，显得自己没有洞察力和责任心。

尤其是一些人喜欢议论上司的花边新闻，甚至还找“消息灵通”的人事部门打听闲谈。看似人事部门的人不动声色，或是乐于分享，却不知道他们的心中已经生成了对你的看法，以及将来向老板报告时的材料。即使你没有主动打听，处于好奇加入闲谈也不能保证自己可以全身而退。最好的办法就是即使知道也不四处宣扬，因为没有人会真的为你保守秘密，尤其是人事部门的同事。

公司里处处有玄机，最突出的表现就是在办公室里的说话学问上。工作更多的时候需要多做少说，即使有问题也是在充分的思考后才找上司探讨解决的方法。如果不假思索地就向人事部门倾诉自己的种种不满和疑问，那么就很容易陷入雷区，使自己陷入被动的处境，反而不利于自己的发展。

在职场中，非常有必要“很傻很天真”。对于一些无法改变，或者短期内较难改变的状况，发牢骚、指手画脚并不是出路，默默地着手解决问题才是良策。虽然你在和人事部门闲谈的时候并没有停止做事，但是给人的印象就可能真的定格在只会说话不会办事的程度。想要给他人和上司留下好印象，就要少说话，少说无关紧要的事情，少说公司里的八卦，少和人事部门的职员闲谈，把更多的时间放在做事上去，把握好职场生存的基础。

【读心术】

职场是个修炼人的地方，那是因为你还没有适应它。职场是发挥才能的平台，那是因为你已经有了各种能力来支配自己和整个气场。有时候，你以为自己已经做得很到位，最后却败在说话上，此时再强大的办事能力也于事无补。会说话，少和人事部门的人闲谈，做一个不需要更多权术来弥补自己讲话漏洞的成功职场人，此时才是个人真正游刃有余、悠闲自在的时候。

3 别在公司里信口开河

信口开河的人满脑的自觉聪明，以为自己可以用语言缔造自己华丽的篇章，却不知道这样连最起码的影子都会得不到。要想在公司中立足，就必须摒弃浪费时间做无用功说大话，尽量减少低价值甚至无价值的时间浪费，尽最大努力去做好今天，明天也许就能做到更好。

当你第一天上班的时候人事部的人会对你说公司很开放，而且在很多开会的时候上司会说“大家畅所欲言吧，我会尽力满足你们的要求、尽量解决你们所提的意见”。此时有些员工就按捺不住自己的“激动”,非常地想要“畅所欲言”，显示自己拥有不凡的见解，很具建设性的意见。有些真的开放的公司会有言论自由，但是这种情况也时有发生：每当领导跟员工面谈时都会让他们畅所欲言，但是有些人总爱信口开河，夸大自己发现的问题，到最后逐渐失去了公司的信任。

有一些员工凭着自己某些方面的优势，目中无人，自认为对公司内、外一切事务明察秋毫，喜欢对任何事情高谈阔论以显示自己无所不能。在他的眼里，公司的其他员工都是无能之辈，毫无用处。取得一点成绩便沾沾自喜，到处炫耀，从来不懂得自我批评。

还有的人，以为公司里的同事不知道自己以前的事情，所以都会夸大自己的成就，甚至是编造一些根本不存在的事情来烘托自己的能干，从而赢得同事的眼球，满足自己的虚荣心。

这样的行为都是职场的大忌，因为没有不透风的墙，纸也包不住火。事情总有露馅的那一天，对你来说人们将对你的印象从天堂打到地狱的那一天将是最彻底的毁灭和打击。所以不要把其他人都当成傻瓜，知言观行的本领大家还是有的，否则吃亏的只有自己。

与公司里的人日常相处中，大家其实都能够渐渐地感知出你是怎样的一个人。刚直的人，心有所想，就照说照干，这种人言行一致易于了解，听其言观其行便知其人。但狡佞的人，所想所要干的是一回事，所说的以至所行的又是另一回事，即以其漂亮的言辞，合乎道义的行为，掩盖其罪恶的用心，从而获得人们的赞赏和支持，以达到其罪恶的目的。

语言是人类沟通的工具，从一个人的言谈，就足以知悉他的心意与情绪，但是，若对方口是心非，甚至信口开河，就令人猜疑了。这种人往往将意识里的冲动与欲望，以及所处环境的刺激，修饰伪装后，夸大地表现出来，令人摸不清实情。

说话讲求一些技巧，这是我们需要学习的，但这并不意味着我们可以放弃原则，指鹿为马，曲意逢迎，信口开河。对自己说过的话负责是一种起码的生存规则，尤其是在利益攸关的职场当中，信口开河很容易给同事和上司留下不好的印象，而这些都会成为我们的职场之路上的绊脚石。

（1）毫无责任心

一个说话随便的人，往往没有责任心。自己如果不能为自己说过的话负责，就难以在职场中立足。话多不如话少，话少不如话好，多言不如多知，即使千言万语，也不及一件事情留下的印象那么深刻。所以话不在多而在精，不在大而在准。

没有调查就没有发言权。信口开河，还不如闭口不言。否则信口开河只会让我们给人留下毫无责任心的形象,同时失去的还有公司里的朋友和机会。这是很不幸的事情。

说话要说得少而且说得好。这才是我们应该做到的。我们要绝对避免信口开河，尤其当有陌生人比我们有经验，或者有更了解的人在座时，因为如果多说了，便是不打自招地露出了自己的弱点，也失去了一个获得智慧和经验的机会。

（2）不值得信赖

信口开河的人绝对做不到言行一致。说的是一套，做的是一套，等于是在“贩卖假冒伪劣产品”,难以让人信服。即使一时不能被发现,但通过“时间”,便可发现他的言行不一。这样的人，没有谦虚的品质，就不能给予身边的人安全感，一个常说大话的人，有谁愿意与其共事呢?

这样的人，同时也必定是不诚恳的人。因为他不诚恳，所以他的言语中总是会充满谎言，用一个谎言去圆先前的谎言。周而复始，就形成了谎言的循环，也就成了习惯。朋友需要诚恳以待，同事上司需要同舟共济，无法真诚待人的人也不会得到别人的信赖。

（3）难以当大任

信口开河的人，其中一点表现就是经常对他人评头论足，论长道短。这样的人可以窥探出他心胸狭窄的气量，那么人缘也不会好到哪里去。再者，夸夸其谈的人，即使志向高远也会粗枝大叶，缺乏系统性和条理性，做事不能细致深入，很可能会错过重要的细节，给后来的灾祸埋下隐患。

如此，同事不会觉得这样的人有足够的能力和魄力来领导大家走向更好的未来，那么也就得不到足够的认同。而慧眼识人的上司最忌讳这样的人来欺上瞒下，信口开河，当然也不会委以重任，给他贻害更多的机会。

在今天的职场中，无论是领导还是同事，都知道要识别一个人，不仅要听他怎么说，更要看他怎么做。所以，信口开河的人是不会有机会从中获得任何好处的，如果抱着侥幸的心理一试，不仅会失去他人对自己的信任，还会自己砸了自己的饭碗，而这是信口开河必须付出的代价，也是不可遗忘的教训。所以，前车之覆，后车之鉴，处在职场中的我们都要善于吸取经验完善自己，把握说话的学问，避免走入职场的误区。

【读心术】

如果你想让自己头脑更精明，处世更老练，人际关系更融洽，事业更成功，就要懂得说话的分寸，不需要每一句都是百分之百的真实，但也绝不能信口开河，上天入地地在公司中逞口舌之快。这是为人处世的原则，以严对己，诚以待人，才能心安理得，问心无愧，活得更潇洒、更成功。

4 散布小道消息的人没有好下场

公司中同时起步的人，当对比愈发明显的时候，很容易发现都是嘴巴惹的祸。担当重任，还是原地踏步，都由我们自己决定。把握的关键就是看能不能管好自己的嘴巴，能够做到的人往往也能实现自己的目标，有好的收成，而连自己的嘴巴都控制不住的人，很容易沉沦在散布小道消息的过程中得不到好下场。

管好自己的嘴巴，多做事才是正道。明远和伟刚同时进入某公司做销售工作。明远属于那种言语不多的人，在公司上班时，他上网收集资料，和客户电话沟通，和同事谈的大多也都是工作。相比之下，伟刚则显得八面玲珑：夸女同事衣服好看，与男同事称兄道弟，更不忘抽时间陪部门经理“搓搓麻”，似乎颇有人缘。他也因此了解了颇多“内幕”：某某是靠谁的关系进了公司，某某的奖金发了多少。

随着伟刚了解的东西越来越多，他为了在同事面前显得很有一套，所以不免总是将自己知道的这些小道消息告诉一些同事。有时还主动去打听别人的隐私，进而又当做他谈资的筹码。虽然他知道的越来越多，但是不曾想对于新进入公司的人来说，更重要的事情应该是先搞好自己的业务。太关注小道消息占用了他太多的时间，导致放到工作当中的时间和精力都有限。所以，随着时间的推移，明远的业绩开始领先于伟刚。而且同事都认识到了伟刚爱散布小道消息的性格，很多人都对他的这种行为很是不满。

当明远和伟刚二人同样提出方案时，大家总是对明远的方案讨论得很详细，对伟刚的方案则往往“一笔带过”，在投赞成票时，也都是先倾向于明远。就这样，明远在不知不觉间就超过了伟刚，不仅赢得了同事们的好人缘，还被总经理赞赏有加，不久就提升了他。而伟刚，却在自己散布小道消息的过程中失去了机会。

很多时候，在竞争的过程中，更值得思考的不是别人为什么会成功，而是我们为什么会失败。当我们不断地审视我们自己，再和别人进行对比以后，我们当中总会有些人发现往往是我们自己，我们的嘴巴将我们带到了失败的境地。

有些人喜欢关注同事、上司的生活秘事，或是同事与同事之间或者上司之间的各种过往纠结，然后满是炫耀的透露给其他同事、上司，让别人觉得自己是“万事通”、“小灵通”等。在此过程中，一时逞口舌之快，得意忘形，却很容易忽略由此造成的严重后果。说道别人的是非除了容易对别人造成伤害外，还很容易伤害我们自己。

正如许多员工工作努力、业绩突出，就是管不住自己的一张嘴，常常把别人的缺点当作自己的谈资，把公司的缺点和失误当作宣传、标榜自己的工具，在背后谈上司及同事的缺点、讲公司及同事的坏话成了自己的乐趣。这样的员工即使工作再努力、业绩再好，也是老板不愿意看到的。

而且，说者无心，听者有意。这是很多人都会碰到的情况。也可能你是无心，但是听者却很容易对你讲的小道消息敏感，为了自己的利益不择手段地加以利用，最后将矛头再指向你这个散布小道消息的人，那么你恐怕是哑巴吃黄连，有苦难言了。

所以，在职场当中一定要管好自己的嘴巴，有些不该关注的事、不该说的话就坚决不管、不说，也绝不做散布小道消息的人。管好自己的嘴巴，就要从多方面对自己进行一定的要求和必要的约束，做到谨言慎行，如此才能在职场中做到更好。

（1）小道消息很多都不是真的

首先必须清醒地认识到，凡是在人与人之间流传的小道消息很大可能都是流言。因为一句话经过多人的口，到你听到的时候，不仅失去了原来的味道，很有可能早已丧失了真面目。任何一个转述的人，都会用自己的观念和期望对消息进行再加工，甚至是带有想象的创造。如此，再嚼这样的消息已经完全没有意义，不好的消息还有可能影响我们对他人的正确认知，从而引发误会，造成职场的不愉快和阻碍。所以，小道消息很多都不是真的，自己一定要记住坚决不做一个恶意的传话筒。

（2）多做事，少言他

要想管好自己的嘴巴，就要将自己的经历尽量少放在嘴巴上。那么，既有效又有最大好处的方法就是多做自己的工作，少言他人的是非长短。当我们一心追求更高的工作效率，更好的工作成效的时候，我们就不会想到别人之间的争斗纠葛，更无心去关注那些乱七八糟的事情。那么，我们不仅能使工作成绩突出，还能避免嘴巴给我们带来的祸端。

同时，当我们无心沾染是非的时候，散布小道消息的人很有可能主动接近我们。这时，我们绝对不能受他们的花言巧语迷惑，应该和他们保持距离，对于不该听到的也一定不要去听。不做他们消息的话筒，也防止被他们拉下水。

（3）避免谈论别人的短处

与同事、上司共事，我们难免会对不同的人有不同的感觉和看法，在看到他人的优势的时候，他人的不足和短处也会多多少少在工作中表现出来。但是，即使这些不足我们不喜欢，我们会有我们的抱怨，但是也千万不要表现出来，更不要谈论同事和上司的短处。否则很容易落下话柄，还容易得罪人，让上司觉得我们气量不足，不能够担当大任。

再者，他们也有可能同样地看到了我们的短处。他们这样谈论我们的短处，我们肯定也会不爽。如果两者相互抱怨，很容易搞得两败俱伤。所以，俗话说金无足赤，人无完人。凡人皆有其长处，亦必有其短处，我们也不例外。这是我们打开心胸，平息抱怨，减少对他人成见的良好理论和慰藉。

【读心术】

处世待人，问心无愧是最轻松的。尤其是职场中，未来的道路是否平坦很大程度上都是由我们先前的行为决定的。君子做事，小人做人。那么，能担大任的人和不能担大任人的最大区别就是能否管好自己的嘴巴，做到不散布小道消息，宁愿三缄其口，也不做个碎碎念招人嫌。前者自然招人喜欢，前途无量，后者则自毁后路，也不会有好下场。

5 不要在工作场合中透露私人信息

在工作上精明能干的人很少会将个人的事情掺杂到工作当中，生活可以是他们的动力和支柱，但绝不可成为牵绊。所以，他们一定会把生活和工作分开，即使工作中牵扯到生活，他们也会让生活为工作添彩。相应的，在工作中得心应手也才能更好地享受生活。所以，当你不能够做到这些的时候，一定不要硬逞强，将生活带到工作当中，也不要在工作场合中透露私人信息，否则只会让自己心力交瘁还不见成效。

温苏经常在工作场合说他儿子现在是青春期，跟同事描述怎么怎么叛逆，由于儿子的叛逆，每天回家以后家里的氛围都很紧张。他主要是想通过倾诉减少来自家庭的压力，但是最近公司开始了一个重大的项目，他一直以为自己是负责这个项目的最佳候选人，但是结果令人意外，公司领导层选了其他人。百思不得其解的他找到自己的直接领导询问情况，该领导很委婉地告诉他说，你家里的事情已经够多了，再负责这个项目，恐怕会耽误更多的精力，不能好好地处理家里的事情。所以，这也是大家为了他着想。

听到自己落选的理由竟然是和家庭因素有关时，温苏好好地回想了自己在公司的表现，是否真的是给大家造成了这样的印象。他突然觉得，他无心的诉说反倒是让他显得对家庭都心有余而力不足，那么估计更没有余力做这么重要的项目。那么，领导的言外之意不就是你连自己家里的事情都解决不了，你还能负责这么重要的项目吗。万分懊悔的他怎么也没想到是自己的多话使自己丧失掉了好机会。

在工作中显得对工作很投入，除了工作没有什么事情可以成为值得花费精力的事情时，这样的人才容易获得上司的青睐，觉得有时间和能力做更重要的事情。而往往那些将工作和生活分不清楚，容易将工作和家庭的情绪带到工作中的人，很容易给人做事拖沓，不够干净利落，甚至是生活都料理不好的印象，这些感观直接构成对一个人工作能力和潜质的评价依据。

在工作场合中透露私人信息，一方面不仅得不到预期的回应，另一方面真正的问题到最后也不会找到合理的解决方法，还会影响我们自己的工作。职场有很多种不成文但是又不得不遵守的规则，其中很基本的一条就是——不要在工作场所透露个人信息，流露个人情绪，不要让私人因素左右你的工作。

作为新人，晓丽因为做事效率不佳被上司劈头盖脸一顿臭训之后，午饭时间坐在格子间默默哭泣，眼泪流了一脸。身边同事来来往往，却都只是漠然或同情地扫她一眼，没有人停下来拍拍她的肩膀，邀她共进午餐，听她诉说自己的委屈，或者给她指出正确的道路。这就是职场和生活的区别，你的私人信息和感情对别人来说毫无驻足的意义。顶多是你的私人信息有利用价值的时候，才会得到额外的“关注”。

职场变化越来越快，竞争越来越残酷。无论是职场新人还是旧人，随着职场环境和规则的变化，如果你没有迅速适应环境并成长起来，那么很可能面临扫地出门的命运。要知道，你的竞争者和替代者从来都没有减少过，你的上司也绝不会因为你暂时还没有适应环境而对你有任何的通融。因此，要懂得从以下三点适当约束自己，有约束才会有效力。

（1）工作和生活要两清

就像家人不喜欢你回到家还是对工作念念不忘，完全忽略了他们一样，在工作中领导也不希望你对自己的私人事情侃侃而谈，同事也不希望听你絮絮叨叨,好像你才是中心,所有人都要围着你听你讲,浪费他们的时间和精力。

工作是工作，生活是生活。将工作和生活分得清楚，才能知道个人在不同的角色当中应该承担的责任，从而合理地分配时间和精力既完成工作，又不会耽误个人的事情。那些将生活和工作混为一谈，将生活带到工作当中的人，很难得到上司的认同。所以，在工作场合中，有关自己私人的信息还是少说为妙。

（2）避免和同事过于交心

现在我们大部分人有太多时间跟同事一起过，我们跟同事在一起的时间有时甚至超过跟家人在一起的时间，这种情况使我们有时分不清公事和私事，有时候觉得跟同事的关系像亲人一样，跟同事分享自己的私事，孩子养育问题，个人健康问题，经济上遇到的一些困难等，但是请记住，职场就是职场，你这样做很危险。

就某种意义而言，大家在同一个公司里，可以说是同舟共济、甘苦与共，人人都能成为朋友，可以倾诉烦恼，互相帮助，更可借着良性竞争发挥彼此激励的效果。这是一种很自然而然的交流，但是一旦深入私人领域，自己反而不能够及时刹住车，那么过多透露私人信息后果可能一发不可收拾，特别是在牵涉到金钱或个人问题时，宜谨慎行事。因为一不小心，就可能为将来埋下无法拔出的祸根。

（3）永远保持最好的状态

你在工作中的心情、态度和形象各个方面都会一点不落地进入别人的眼中。你要让同事觉得你在私人的事情上没有什么可谈的，你对工作更加有兴趣；让上司看到你持续的激情和永不言败的精神，你是不会被外在私人因素影响的好下属。不让个人的情况在工作场合中外露，如此，你既可以远离是非保持中立，又可以有更多机会表现自己。

你要保持最好的状态给别人看，不要说有多累，要不然可怕的后果会更累。就像你自己身体不太好，也不需要把自己的健康情况告诉同事或上司，因为对上司来说你不健康说明你不能百分之百投入或有可能影响工作，这样你的上司会不安，他甚至会提前想对策或再额外招人，这样的话到时候即使你的身体恢复了，你也有可能会面临失去自己位置的尴尬局面。最好的状态就是你实力的象征。

很多时候，勉强的事情会让人很累。但是累的根本原因是我们不愿意适当地改变自己，让自己更适应社会和环境。有些人说事情不吐不快，但是没必要在工作场合中吐露，你有朋友可以倾诉，有家人可以依靠，为何非要将私人信息带到工作中反而给自己增添麻烦呢？

好好想清楚这其中的利害关系，权衡一下前后的因果得失，管好自己的嘴巴，掌握说话的分寸，那么你就不会觉得是在勉强自己，反而会觉得这是对自己的一种锤炼，当我们掌握了足够的技巧游刃有余之时，我们会得到更多收获和成功，彼时的付出就是最好的投资。

【读心术】

过分地专注于自己的事情，会给同事和上司一种比较自我的印象。这样的人大多不受欢迎，较难建立良好的人际关系以及获得升迁的机会。只要是不伤人误己，说话可以围绕着工作尽情地展开，做到收放有度即可。而绝不可涉及的领域就是私人领域，这是一剂对工作有大杀伤力的药品，不用也许你的工作就是那样，但是用了之后就无法清除。

6 为自己辩护的人注定成为输家

为自己辩护是一种很明显的推脱责任的表现，这是绝不可饶恕的一大罪过。说话要用脑用心，爱找借口者得到的是一时的宽恕，却失去了长久的机会。勇于承担责任，向前看，更容易成功。遇事自我辩护，扯皮、推托甚至无理要赖，只会容易栽跟头。

马有失蹄，人有失足。那么职场老手也有失手的时候。工作中出现纰漏不可避免，但是在上司和同事眼中却是不可原谅的，尤其是造成严重后果的时候。此时，你开始分析外界因素是多么的杂乱无章，扰乱了你精心的策划和安排，有些人是多么的难以忍受，耽误了自己的进程，有些人能力不足，给自己的工作成果带来瑕疵……当你在进行一系列的全面检讨，却唯独忘记了自己的时候，你会发现自己的分析俨然成了一种狡辩的说辞，苍白无力，毫无信服力。

职场新人，刚进单位时总会谦卑地说："我是新人，请大家多多关照。"初次给自己接手的客户打电话："您好，我新加入这家公司，正在努力熟悉客户情况，在以后的合作中，还请您多多关照。"当你请求别人对自己多多关照的时候，实际上你是在乞求别人对于你对工作的生疏和失误多多原谅。你已经将自己犯错误当成了一种应当的事情，自己是新人成了你不会自责和愧疚的借口。真正遇到问题、出现麻烦的时候，你就有了"新人"这个保护伞，觉得自己可以不用承担责任，起码你是这么以为的。但是，这恰恰是你的失误。一开始的请求就将你自己放到了更低一级的台阶上对待，不仅你自己轻看了自己，还给别人这种轻看你的意识。

任何一种为自己开脱的行为，都是不负责任的行为。解释就是掩饰，掩饰就是事实。更何况你还竭力地为自己辩护。我们可以完全不在乎别人对自己的看法，但是不得不承认，我们的职场前途和上司、同事息息相关。他们对我们的认知直接来源于我们对待自己的态度。勇于承担工作中的责任，不用过多的语言进行无力的辩护，赢得的可能就是尊重和欣赏。一味的推脱和辩护，只会在言语间失掉人心，成为最终的输家。

所以，我们要竭力做好自己的工作。当出现失误的时候，无论有没有自己的直接责任，都不要忙着为自己辩护，看清局势和利弊，再采取有效的行动。正如有的人会在波折中跌倒，有的人会在波折中崛起一样，前者只看到了自我，后者则是利用时机为自己树立起了一面旗帜，恪守着以下规则，从而走向了成功。

（1）挺身而出

常言道："疾风知劲草，烈火见真金。"在关键时刻，上司才会真切地认识与了解下属。当某项工作陷入困境时，你的辩解是你害怕承担责任，不知改进自己工作的表现，也很容易被大家贴上畏首畏尾，胆怯懦弱，甚至无知无能这样的标签。这时候，同事不会支持你，上司也不会信任你。相反，你若能挺身而出，在责任之中彰显你的能力和个人魅力，同事会被你折服，上司也定会格外器重你。

（2）勇担责任

为自己找借口，只会得到更多人的鄙视。无论是谁在工作中出现失误，都不要幸灾乐祸或冷眼旁观。别忘了，你们是一个团体，任何一个人的失误都会影响每一个人的成绩。能分担责任就分担责任，不能分担责任可帮他分析原因，千万不可“独善自身”，为自己开脱。

（3）不发牢骚

你会发现，你的牢骚越多，你遭到的白眼和冷哼就会越多。因为当你发牢骚的时候，你在宣泄自己的不满的时候，你已经将自己应负的责任转嫁给了他人，在外人看来这是一种极不负责任的行为。没有人愿意和不负责任还满腹牢骚的人共事,否则自己就会成为你牢骚的对象。人人都要为自己考虑，没人想要被抱怨。所以，满腹牢骚永远不如在心里小小地嘀咕几下。

（4）精明强干

不为自己辩护并不代表就要闷闷地承担所有的责任，要知道只知道承担责任不懂得抬升自己的人，大多都是那些苦干却没有出路的人。上司一般都很赏识聪明、机灵、有头脑、有创造性的下属，这样的人往往能出色地完成任务。即使是你犯错了，你的精明能干和勇担责任还是会赢得上司的器重。所以，遇事先保持冷静理智才是重要的，慌不择路为自己辩护的时候就无法充分展现自己的能力，那么恐怕连重生的机会都不存在了。

除了自己不为自己辩护，也不要渴望上司和同事对你的“仁慈”。因为这些很容易让你轻易原谅自己，缺乏提升自己的动力和鞭策。同时，也会降低上司和领导对你的期望，这是一个很不利于你的信号，因为只有降大任于你的时候，你接受的考验才多，被期待的目标才高。当这一切都在你为自己辩护和他人对你的仁慈当中降低的时候，也就是大事不妙的时候。

【读心术】

当时势造英雄的时候，相应的必须也得有狗熊一样的人物作为失败的形象存在。人生难得机遇，在上司面前，不要错过表现自己的好机会。无论是多么坏的事，莫急莫慌。正如事实胜于雄辩，行动胜过语言，转危为安的时机不可错过，而最好的时机就在语言上。即使是为自己辩护，也要润物细无声，潜移默化中造时势，转败为胜。

7 不但要做到位，更要说到位

进入职场中的人都深知职场当中的种种规则，未进入职场的人又都害怕职场中的规则。其实，规则是固然存在的，但是起决定作用的还是握有主动权的我们。做事到位可以得到赏识和机会，说话到位可以化解矛盾，争取更好的机会。不是命运偏不偏向我们，而是我们愿不愿意争取我们应得的成功和荣耀。

某公司有一个女孩子，平日只是默默工作，并不多话，和人聊天也总是面带微笑。有一年，公司里来了一个好斗的女孩子，很多同事在她主动发起的攻击之下，不是辞职就是调离。最后，矛头终于指向了这个沉默的女孩。某日，这位好斗的女孩子抓到了那位一贯沉默的女孩子的把柄，立刻点燃火药，噼里啪啦一阵，谁知那位女孩只是默默笑着，一句话也没说，只偶然问一句“啊？”最后，好斗的那个主动鸣金收兵，但也已气得满脸通红，一句话也说不出来。过了半年，这位好斗的女孩子也自请他调。

你一定会说，那个沉默的女孩子的“修养”实在太好了，其实事实不是这样，而是那位女孩子听力不大好，理解别人的话不至于困难，但总是要慢半拍，而当她仔细聆听你的话语并思索你话语的意思时，脸上又会出现“无辜”、“茫然”的表情。你对她发作那么久，那么卖力，她回以的却是这种表情和“啊”的不解声，难怪要斗不下去，只好鸣金收兵了。

这是一个典型的装聋作哑、佯装不知的职场案例。但是它不是告诉我们要装聋作哑，而是告诉我们言语的力量。有时候，无声胜有声，有时候语言又可以产生无穷的力量。无论是哪种做法，只有是在合适的时机，说得到位，才能发挥最大的功效。

勇于争取的人，并不都是风风火火、雷厉风行的人。那些稳重、坦然的人也并不是毫无野心、斗志的人。人不可貌相，更何况在职场这种藏龙卧虎的地方。看那些做到位，更会说到位的人，你就知道谁才是真正的职场成功者和风行者了。

什么事该说，什么事不该说，这里面大有学问。在待人处事时，愚蠢的人什么都说，还什么都说不清，聪明人是该说则说，不该说则不说。这就是能否说到位的区别。很多时候做得到位还不够，还要能够说得到位才有用。因此，说话能体现一个人为人处世的智慧。善说者不是把心里的话都抖搂出来，而是把该说的都说到嘴上，不该说的则不说或换一种方法去说。

掌握说话的学问，有很多需要注意。根据不同的情形，采用不同的说话方式，才能找到具体的应对方法，从危难中成功脱身，收获职场果实。想要说到位，就依照以下情形多实践，成功也就在望：

（1）做到说到

当同事都在看着你，领导在观察你的时候，你的行动要果断有效，要到位。除此之外，你还要在语言上体现出自己的一种决心。你要让同事明白，你愿意做更多的事情，做得不好你会承担更多的责任，做得好他们也有功劳，你愿意与大家共享成功的喜悦。如此，你与同事间的关系就会比较融洽，即使得不到他们的鼎力支持，你也会相应地少很多绊脚石。

同时，你要有一种视死如归的勇士精神，在担大任前，领导希望你有自己的规划和目标，此时，你需要适当的进行一些表白。否则，闷头苦干即使到位，高高在上的领导也难以看全你的努力和才干。所以，如实的工作汇报和阶段性总结是不可避免的，但切忌夸大其词，炫耀自己。

（2）浅尝辄止

作为下属的你，不能对上司毫无礼数，妄加评判，对的错的都不会因为你的言语而改变，更不会起到决定性的作用。如果毫无节制，反而会被领导记恨，动不动给你小鞋穿。作为上司，下属的失误你也有责任。如果破口大骂，或者指责个没完，不给下属留颜面，不仅丢了自己作为领导的尊严，还会激发出下属的不满，更甚者还会找机会将你推翻。

此时，虽然你有进言或是批评的权利，但没有不计后果的本钱，否则很容易丢掉饭碗。浅尝辄止，才能显出你的话语的分量，只需说到点上，其他的就不是你可以左右的事情了。因此，你的表示可以赢得支持，但是过分地居功自傲和恃才傲物很容易招人嫉妒和非议。无论是你的成功，还是他人的过失，浅尝辄止即可。

（3）此时无声胜有声

不要有非说不可的冲动。有时候，沉默的力量绝对大于话语的重量。针对别人无端的挑衅，适当的沉默是化解的良方。工作中能够解决的问题，千万不要开口寻求别人的帮助。否则，只会降低你的水准。对于别人的隐私，沉默才是让别人安心和信任你的最好方法。

职场中需要我们保持沉默的场合实在是太多，口无遮拦的人往往会陷入到是非的旋涡当中。掌握说话的学问，就要知道有些话千万不要说，否则会死得很惨。所以，该保持沉默的时候，也要耐得住寂寞，不是在沉默中死亡，而是在沉默中爆发，这就是此时无声胜有声的力量。

无论是哪一种情形，说到位才是最重要的。有时候千言万语，等于没说，有时候字字珠玑，却能产生掷地有声的效果。所以，不仅做事不做无用功，说话也不要说无用的话，说多了还有可能引火上身。时刻谨记，不做口舌上的强者，而做言语和行动中的胜者。

【读心术】

嘴巴是自己的，自己必须为自己的言行负责。收放自如，不仅指的是行为，更是言语。说到位，已经不局限于显示自己的口才，还是提升自己的一种策略。不但要做到位，更要说到位，双管齐下，不仅增加一重保险，化解不必要的危机，还能为自己的业绩增光添彩。所以，我们要用做到位铺好路，说到位保驾护航，做一个职场的智者。

8 对高层的人不可有话直说

说话做事讲求温和的方式，既不伤人也不伤已。这种双赢的局面对自己来说才是最有利的结局。要想被认同而不被排斥，就要避免有话直说，充分照顾上司的自尊，才易于被上司接受。

凌风是一家网企的总经理助理。他的顶头上司王总是搞学术、技术出身，由于工作重点长期在研究开发领域，因此对企业管理依然一知半解，出于对技术的钟情与依恋，王总直接插手技术部门的事，把管理的层级体系搞得乱七八糟，其他部门敢怒不敢言，私下里无不怨声载道，这让凌风与其他部门沟通协调倍感吃力。

凌风知道直截了当地指出王总的不足很有可能会砸了自己的饭碗，自己绝不能冒这个险。但是他知道王总绝不是那种不通情达理，听不进下属的意见的领导，所以经过思考，凌风决定采用兼并策略，委婉地再次向王总建言倡行。他对王总说，真正意义上的领导权威包含着技术权威和管理权威两个层面，王总的技术权威已牢固树立，而管理权威则有些薄弱，亟待加强。王总听后，若有所思。

凌风巧妙地兼并了王总的立场，结果获得了成功。后来，王总果然越来越多地把时间用在人事、营销、财务的管理上，企业的不稳定因素得到控制，公司运营进入了高速发展状态，凌风的各项工作也顺风顺水，渐入佳境。

凌风的建言之路出色就在于他不但没有排斥上司的观点，还充分肯定了上司的能力，维护了上司的权威，以此为基础站在上司的立场上，提出了几乎不是问题的问题，让上司自己发现自己的不足，从而采取行动加以改进。

金无足赤，人无完人。上司会在一些不恰当的场合作出一些不恰当的决定，也许是故意刁难，也许是能力缺陷。但是无论如何，高层的人有属于他们的思维和原则，很多时候都不是下级的人能切实体会得到的，也不是他们可以随意打破的。所以，无论是向上级报告工作还是向上级建言，都不能造次，只凭着自己的意愿来。上司大权在握，居高临下，如果贸然地行动，不顾及上司的立场，遭殃的很可能是自己。

提意见的技巧决定着效果，向上司提意见亦不能百无禁忌，因为提意见的内容决定着结果。面对来自上司的压力，总有一些话如骨鲠在喉，不吐不快。此时此刻，向上司提意见要讲究艺术。最不可取的就是有话直说的鲁莽行为。

无论你们是同级还是上下级，说话都不可鲁莽。三思而后行，也要做到以下“四步走”，不断完善自己在面对高层的人时的说话技巧，才能说是掌握了提意见的上等策略。

（1）看清高层人士的为人

俗话说：伴君如伴虎。上司毕竟不像一般同事。何况一般同事之间也应该注意分寸，不能无所顾忌。所以，在你有话说之前，一定要先确定你的对象是不是一个会听你讲话、提意见，而且之后还不会对你进行打击报复的人。

善于体会上司可不可以进言，是每个职员必须具备的生存能力。只有了解了他在这方面的特性，你才能具体应对。不会纳言的领导，你在平时说话交谈，汇报情况时，都要多加小心。特别是一些让领导不快的话，就更要注意。那么，就更别说提意见了。如果激烈反击，受伤的很可能总是你。

有的领导比较尊重职员，所以在拒绝职员、下属的提案时，充分考虑职员的工作热情和自尊，而不愿直接点破，他们往往先给你以肯定，然后指出你的意见同全局的不同之处。这种领导是值得尊敬的，也是可以提意见的。也只有在这样的环境中，你发展的空间才会大。

（2）委婉含蓄效果好

只有说话方式恰当而合理，别人才会欣然接受。如果不讲艺术，只图一时口舌之快，到头来别人非但不领你的人情，反而会对你产生厌恶和反感。这种吃力不讨好的事情恐怕没人愿意做。

对于可以提意见的高层人士，你也要有足够的尊重态度。任何时候都要在说话方式上约束自己。因为良药会苦口，忠言会逆耳。好脾气的领导也不是任何时候都能够保持好修养。所以，对他们说话要讲究艺术，做到委婉含蓄才能收到好效果。

（3）不可撞到枪口上

说话看人眼色，万万不要哪壶不开提哪壶。每个人都有很多忌讳，尤其高层的人还会有自己的脾气，喜怒哀乐都是不能被忽略的。如果你在无意之中触动了他的“雷区”，你就会糊里糊涂地受到对方充满火药味的“轰炸”。所以，说话时，千万不要踩上地雷，炸伤了自己，得不偿失。

人常说，“不打勤的不打懒的，专打不长眼的。”这话说得实在有道理。因为人生在世有很多忌讳，因此，说话应该善于察言观色，以平常心去应付，习惯成自然，对这类情况就可以应付自如了。有时越是谨慎小心，反而更容易出错，会被上司误认为没有魄力，不值得重用。所以，不断地锻炼自己说话的技巧和察言观色的能力，做到收放自如，自己既自在，掌握了好分寸，又不会使他人感到刻意。

（4）说话也要有节制

君臣始终有别，上级和下级之间也是如此。所以，即使你有说话的机会，使用的次数也不可太多，否则你的领导就会认为你是自作聪明，过于显摆，让其相形见绌，最后聪明反被聪明误。同时，也要学会用征询意见的方式，让人觉得是自己醒悟过来的，让他发自内心地觉得也有你的功劳，令上司大加赏识与认同，这才是真正的收获。

【读心术】

说话若想不得罪别人，很重要的一点便是不能在失意人面前谈得意之事，虽然这可以满足你一时的成就感，却可能让别人记恨和嫉妒一辈子。尤其是对我们的前途有决定性影响力的上司和领导，做到让他们心悦诚服，才是一个有“心机”之人拥有好口才和好人缘的开始。

9 再累也不要抱怨你对工作的不满

对工作感到累说明能力的欠缺，抱怨则容易让人避重就轻，认识不到问题的根本原因。要想获得成功，就要勇于认识到自己的不足，少抱怨，多做事，在工作中检视自己，提升自己。大凡成功者都不会驻足不前，抱怨连连，为自己找借口。

很多人都会觉得工作中有太多不顺心的事，或者看不顺眼的事。有些人沉不住气，心里有什么想法就会去向他认为靠得住的同事诉说：比如，升职升不上去，就会抱怨上司打压他；别的同事混得好了，他就要责骂人家拍马屁，或者上司太偏心；公司待遇比较低，他就要责怪公司领导太差，或者老板太抠门；看到一些“黑幕”，他就要散布新闻。而有的同事很会附和你，把你内心的秘密全套了出来。但是,这么做的结果会怎么样呢？过不了几天，你就会发现你所说的秘密很多人都已经知道了,或者上司突然间对你很反感。

总之，包括岗位、住宿、待遇……太多的东西让我们的心情沉痛，但是，这并不是值得我们抱怨的事情，也不应该成为对工作抱怨的借口。很多人觉得自己不受重视，但是，要知道在真正做出成绩之前，不被重视是肯定的，况且我们想要的不是被重视,而应该是被重用。只有重用才是对我们的肯定，才有更多的机会晋升。如果还是对工作满腹牢骚，那么我们不妨一起跟古人学习学习吧。

（1）天将降大任于斯人也，必先苦其心志，劳其筋骨，饿其体肤，空乏其身，行拂乱其所为，所以动心忍性，增益其所不能。

此语出自《孟子·告子下》，即老天要让一个人承担重大的责任，一定会先让他承受痛苦的磨炼，使他的筋骨劳累，使他的身体忍受饥饿，使他的身体匮乏，用各种诱惑扰乱他的心志，这样就能培养他坚韧的个性，增加他不曾拥有的本领。

人们要经历十几年的苦学才能成为有用的人才，运动员要经过多年的专业训练才能参加世界比赛……努力付出、不断磨砺是我们收获成功、走向成熟必须经历的阶段。所以，苦难是必经的考验，我们必须认识并正视我们工作中遇到的种种不满，当我们调整好心态的时候，会发现不满也在渐渐减少。

每个人在商业世界里都有迈出第一步的那一刻，当我们执著自己的“事业”时，往往把经受的苦难视为快乐，并且越挫越勇。事实上，正是我们经受的愁苦“磨炼”了我们的心智，使我们具备了革命乐观主义精神，以及迎接更大挑战的勇气。仔细研究当今世界各地的富豪可以发现，他们大多经历了各种苦难，承受了常人难以想象的压力。而这正是他们获得成长和进步的最佳方式。因此，每一位商业人士都要对面前的困难有充分的认识，并善于在苦难中成长自我。

（2）道虽迩，不行不至；事虽小，不为不成。

此语出自《荀子·修身》，即道路虽然远，但是不行动就不能到达；事情虽然微小，但是不做就不能成功。

这是一种行动出成绩的真理。想要实现自己的目标，必须全力以赴。成功路上的任何小事都有可能导致失败，所以，对于烦琐、麻烦、棘手的事情抱怨并不能解决问题，关键是在行动上。

停住脚步永远不会达到目的，实现成功，只有行动起来才能增大成功的几率。在现实生活中，一些人总是把成功归结为天赋、运气、机会、智慧，而对自己是否采取了切实有效的行动这一关键因素视而不见。殊不知在竞争的职场当中只有行动才是最有效、最直接的制胜手段。

所以，不能苛求事事顺利，也不能过分追求前进中的完美。懂得行动起来的重要性，放弃不必要的抱怨，就能一步步向成功接近，达到目的地，赢得成功。

（3）大行不顾细谨，大礼不辞小让。

此语出自司马迁《史记·项羽本纪》，即做大事的人不顾及细节，行大礼不会被小的谦让牵绊。

这是一种对待小事的糊涂哲学，就是说在对待大事的时候要不糊涂，专注于对全局的把握和理解，相应的在小事上就要适当地糊涂些，把更多的时间和精力投入到更长远的事情上。

小事要为，但是不能只为小事。要想在职场中做出成绩，摆脱那些让人忍不住发牢骚的境地，就要做事干净利落。想要如此，就要不被小事干扰。注意把握大局，不被细节纠缠住，才能使事情朝着我们设想的方向发展。

对待工作，其中一个重要原则就是按照预期的计划努力推进工作进程，即便中途出现各种困难和挑战也要努力化解。这种从大处着眼、把握大局的做事原则是我们获得成功的关键。而引起抱怨的往往是那些小事。所以对于想做大事的人来说，就要拿得起、放得下，在理性与感性的选择之间，应该着力于成就自己的大事。

（4）君子藏器于身，待时而动，何不利之有？

此语出自《易·易辞下》，即君子把才干隐藏起来，然后等待时机而行动，这有什么不利的状况吗？

这是一种等待时机的智慧，如果时机不对，空有才干也没用。抱怨只会让自己自暴自弃，逐渐沉沦。它提醒我们要采取谦卑的姿态为人处世，才能修炼自己的身心，在时机成熟的时候有大的作为。

职场活动往往涉及重大的利益，因此期间的人际关系非常复杂。从领导人的角度来看，决策者的一言一行关系到每个人的切身利益，所以我们要善于隐藏自己的真实意图，包括在经营方略上要善于隐藏自己的锋芒，从而掌握一种外圆内方、绵里藏针的管理与处世技巧，才能实现出色的领导与管理工作。身为员工，每个人在公司里都要学会隐藏自己的锋芒和缺点，表现出领导所期待的优秀品质。

因此，我们要隐藏自己身上的缺点，平和地看待周围的人和事，遇到自己不熟悉的东西要放下架子，虚心请教，才能使自己获得成长、进步。即使身怀绝技，没有遇到合适时机前，切不可轻举妄动，更不能发出怀才不遇的抱怨。只有沉得住气，才有机会在未来某个时刻承担更大的责任。

【读心术】

黑格尔说过：“一个志在有成就的人，他必须如歌德所说，知道控制自己。”而有效的控制就是减少抱怨，专注于工作和事业，不被工作中的苦累和抱怨牵绊。只有工作踏踏实实，一步一步地来，不太急于求成，才会有所作为。

10 隔墙有耳，嘲笑老板的话少说为妙

职场中任何形式的不足和不快都是暂时的，都会随着时间的流逝而消

散。而对老板的嘲笑却不会随风消散，会在那些隔墙的耳朵中，对自己的伤害中变得越来越深刻。一个人最可贵的智慧是：管住自己的嘴巴。做一个聪明不会被人利用暗算的人，就要谨防隔墙有耳，嘲笑老板的话少说为妙。

这次的项目其实已经完成得差不多了，而且效果也不错。但是追求完美的上司还是针对其中的小错误对李铭提出了批评。本来就觉得很辛苦的李铭当然觉得很委屈，自己的努力和成绩不但没有得到上司的夸奖，反而还招来一顿责难，这样的领导实在是不懂得体恤下属。所以，李铭越想越觉得气愤，所以在休息的时候他忍不住对自己的好兄弟抱怨起来上司的不通情理，不体恤下属，而且越说越觉得不满，甚至觉得这样的领导真是够差劲的，还不如早早下台之类的话。

说完后，李铭并没有放在心上，权当是一种发泄。但是不小心被另外一位同事听到，并趁机向该领导打了小报告。此后，该领导就将李铭的话记在了心里，当他做出成绩的时候更加地鸡蛋里挑骨头，让李铭觉得很是劳心伤神；而且有了重要任务，即使李铭比其他人能胜任，也不让李铭插手。渐渐地李铭就丢掉了很多好机会，他也越来越消沉，做事越来越没有积极性和上进心，在工作上也没有任何起色。

语言是人与人之间沟通的桥梁，发牢骚也是一种沟通的形式。但是，并非任何形式的沟通都是有效的，更何况是产生反效果的沟通方式。当嘲笑老板，又遇上隔墙有耳时，就会如李铭一样有“做人难，难做人”的苦痛，真相的背后往往是自己害了自己。少说话的人就能静静地思索，使自己说出来的话更为精彩。

要知道在工作中，永远都会有那种想要借机向老板献媚的人。而他人对老板的不满正好是他们可以利用的台阶，所以，他们就如隔墙的耳朵，让人觉得如背后的阴风，防不胜防。他们善于打小报告，也会千方百计地寻找材料好去告密，你的议论为他的拍马屁正好提供了时机，倘若把你的话添油加醋，传到上司的耳朵里，你辛勤工作的成绩可能会因几句牢骚话而抵消殆尽。

所以，在我们对这些人进行谴责和鄙视的同时，做好我们自己，不在背后嘲笑老板，不要在私下发上司的牢骚，才能从根本上杜绝此种人为非作歹，而我们也不会被暗算。做一个聪明、会说话的人，就要做到以下“三不要”：

（1）不要口无遮拦

说话有分寸，讲原则，就是说话分清时候，分清场合，分清对象，是该说还是不该说，说要说到何种程度，只有心里有张谱，才能在处理人际关系时得心应手，社交场合游刃有余。在各种场合，能言善道的人，似乎拥有一件强有力的武器，占尽一切便宜。成功的人，并非因为那一张嘴巴而成功。但是，失败的人，完全可以因为那一张嘴而失败。说话不讲分寸，遇事鲁莽不理智，一说起来就口无遮拦，刹不住车，那么极有可能在不知不觉中被别人当做小道消息“进献”给你抱怨、嘲笑的对象，得罪了人就是自讨苦吃了。

（2）不要在同事面前倾诉对上司的不满

即使你被上司发了一通火，也不能向同事倾诉你的苦衷和对上司的不满，这样做是很危险的。因为你的同事是你的竞争对手，他随时可能把你的牢骚报告给上司。就算你那位同事够朋友，守口如瓶，但也难保别人不会偷听到。

暗箭难防，在竞争的状况下你不小心就很容易被别人吃定。所以“害人之心不可有，防人之心不可无”。在同事面前批评嘲笑上司，无疑是自丢把柄给别人。掌握说话的分寸和学问，对于嘲笑老板的话少说为妙，这是在社会上立足不可缺少的条件。

（3）不要做精中傻

人人都会想表现精明，但是切不可在职场中，尤其是批评嘲笑上司的时候逞强。你的义愤填膺只会如了那些小人的愿，他们看似支持你，和你站在统一战线，殊不知是在诱导你。或者你以为别人都不如你聪明，为了显示自己的真知灼见，对上司进行大肆的嘲讽，殊不知真正傻、真正被玩弄的人是自己。

他人看似愚笨，实则精明。而自己明哲保身的好方法就是宁做傻中精，不做精中傻。不做鸡头，不逞强，不矜功自夸，才可以很好地保护自己。

【读心术】

小人是琢磨别人的专家，令人防不胜防，说不定什么时候就会在背后给你一刀，这是小人的可怕之处。隔墙有耳，总会有人抓住你无意识的言论。所以，只有谨言慎行，少对上司发牢骚，才能让这些人敬而远之，不会成为自己成功的障碍。

11 不到紧要关头，不要把事情统统讲出来

无心插柳柳成荫，最怕的就是自己栽树别人乘凉，结果自己还不落好。如果不到紧要关头就统统讲出所行之事，很容易被人抓住可利用的地方，自己反而失去了机会。凡是一步步走向成功的人，都少不了小心谨慎的行事，只有自己多一份心，才能守住自己的努力和成果，得到应有的回报和价值。

王林一直以为只要自己讲哥们义气，那么就会得到相应的回报。他把公司中的每一位同事都当做自己同学时代的好友，可以一起聊天，一起探讨，一起分享。一次，上司分配给了部门每人一项工作，成绩的好坏直接影响着年终考核，甚至是来年的职位调动。没有人想落后，所以，每个人都加班加点地赶工作，而且气氛明显地变得有些紧张，彼此间的沟通也少了很多。

王林不以为然，丝毫感觉不出气氛的不同。当有同事问起他的工作进展的时候，他就滔滔不绝地说出了自己的规划，接下来的具体步骤。关键是他都已经预想到了自己的成果，对于最想要升职加薪的老李来说，王林无疑是一大威胁，他越想越觉得揪心。为了除掉自己的一大对手，他利用王林对他的信任，在王林的现场报告上做了手脚，导致王林的报告出现了很大的纰漏，最后被上司记一大过，认为他直接影响到了部门的声誉和成绩。王林着实在非关键时刻就公开亮底上吃了一大闷亏。

孔子曰："不得其人而言，谓之失言。"如果对方的事，你不是很明白，

就高谈阔论，轻言很容易惹火烧身。反过来，当你不到关键时刻，或是有利于自己的时机，就早早地将自己的话倾盆泻出，暴露自己的企图和规划，那么会让自己犹如透明人呈现在对手和敌人的面前，犹如透明人失去主动权。失去了主动权就意味着失去了机会，与成功失之交臂。

一个人活在世上，气焰是不能过于张扬的。刘备藏而不露，人前不夸张、显耀、吹牛、自大，装聋作哑不把自己算进“英雄”之列，这办法是很让人放心的。他的种菜、他的数英雄，至少在表面上收敛了自己的行为。这个世界上才能高的人很多，但是真正能做到含而不露的人却很少，同样一部《三国演义》，死于曹操手下的才高八斗之士数不胜数，如孔融、祢衡之流，皆因他们不善于隐藏自己，过早地将自己的想法暴露，才命丧黄泉。

17世纪西班牙作家、哲学家、思想家、耶稣会教士巴尔塔沙·葛拉西安在他的巅峰之作《智慧书》中说：“勿使所行之事公开亮底。”因为出人意料的成功往往最能使人们心悦诚服。过分明显的事既无用又无趣。不急于表态可使人们揣测不已；如果你的地位重要到能够引起人们的期待心理，则此种情况更是如此。

所以，无论才能有多高，无论事情进展得怎样，都要善于隐匿，不到紧要关头，绝不把事情统统讲出来。唯有这样，在与人交往时，才不至于说得多招人嫉妒，才能轻易获得人心。什么事该说，什么事不该说，这里面大有学问。要想收到良好的行事效果，就做到以下几点：

（1）对敌制胜，保持神秘感

如果对手知道了我们的长处和短处，知道了我们所行之事的每一步，那么他们就会制订出相应的对策，在每一步上制约着我们，甚至抢占先机，将我们逼向死角。所以，对敌想要制胜，就必须保持自己的神秘感。即使是唱空城计，也要让对方摸不着头脑，找不出对策，自乱阵脚。

况且，神秘就是靠其神秘性来赢得敬重的。不要让人把你里里外外都一览无余。你决心要做的事一旦披露，就很难获得尊重，反而常常招致批评。如果事后结局不佳，则你就更易遭到双倍的不幸。如果你真想获得人们的敬仰和敬奉，就学学那行而不言的神灵，用小心缄默来维持自己的小心谨慎。

（2）非关键时，少说为妙

我们常因话说得太多而后悔，所以当你对某事无深刻地了解的时候，或是不到关键的时候，最好还是保持沉默。对自己无把握做到的话深藏不露，把心事放在口袋里，就不容易被别有用心的人窥破弱点，给人可乘之机。有时，为了不授人以柄，做一个胸有成竹的人未尝不可。

言不由衷的话不要说，伤人的话不要说，无中生有的话不要说，恶言恶语不要说，伤情感的话不要说，造谣的话不要说，粗言秽语也不要说。

不是关键时刻，说出的话就显不出分量，还有可能因为多说话造成说错话，给人留下不好的印象。而且，说多了，到关键时刻没有什么可以拿出来，就显现不出个人的能力，让上司误以为你能力不佳。其实，老板会更关注结果，关注做事的能力和作风，如果不拿出实际的成果，就会降低自己的水平。只有一步步地踏实做，关键时刻给出上司想要的答复，这样就足够了，上司完全能够觉察到你的能力。

（3）不得不说，说到正点

少说话固然是美德，但是，人既然在社会中生活，就应该说话，不然不如成为哑巴。既然要说话，怎样说才好呢？此时就涉及一个不得不说的问题。不过，即使你必须道出真相，也最好避免和盘托出。必须知道，为了保持你的话被人所重视，永不使人讨厌，唯一的秘诀是说适量的话，恰当的话，说到正点上。

在任何地方和场合，要说话则说自己有把握的话，说能够启迪人的话。种种从我们口里说出的话，一定要有重心，要具体、生动。不鸣则已，一鸣惊人，虽未必能达到这个境界，但我们只要朝这个目标走去，是会有发展、有收获的。

在待人处事时，愚蠢的人什么都说，还什么都说不清，聪明人是该说则说，不该说则不说。上司指望看到的，是一堆工作狂而不是一群话痨。希望看到的是言简意赅的精英，而不是只会满篇地说却说不到正点上的手下。

【读心术】

说话艺术能体现一个人为人处世的智慧。善说者不是把心里的话都抖搂出来，而是把该说的都说到点上，不该说的则换一种方法去说。不到紧要关头，就要学会含糊，不到紧要关头不使所行之事先公开亮底，不把话都说到嘴上，才不至于赤裸裸地暴露在他人面前，任人宰割。

第六章
做事的韬略

——人情归人情，事情归事情

康德曾经针对人生的追求提出了四个问题，他认为人欲成功，需经过四步自我审视，也就是自己是谁，想要做什么，能做什么，怎么去做。大多数人都可以确定前三步，第四步具体的实施和做事方法就不是每一个人都能把握的，因为做事要有做事的韬略。

做事成功的要诀就如同钥匙开锁的道理一样，如果你不能准确把握做事的韬略，因人因事制宜，那么一定无法打开成功之门。所以，职场中会做事是很重要的，因为只有办事得体、做事到位才能收到良好的效果。而在职场中不可忽视的一条做事韬略就是，绝不能把人情和事情混为一谈。将人情和事情区分开，然后以绝对的专注和精力投入到工作中。只有如此，方能出效率、出成绩、有出路。

1 危难时刻勇挑重担，才能脱颖而出

工作中经常会出现一些意外和危机，这也正是平凡的人进阶的大好时机。个人能够抓住这样的机会，解决的不仅是危机，还是自己职场中要奋斗的慢慢征程。从此一遭脱颖而出，必定会面向更加广阔的发展空间，更好地施展才干。

麦森虽然是德国的一个小镇，却有“欧洲瓷都”的美誉，麦森的陶瓷制品世界闻名。与这里的陶瓷一样闻名的还有一个人，他叫贝特格。30 多年前，贝特格却是麦森陶瓷厂的一位普通的垃圾清运工。

当初，麦森陶瓷厂的技师叫普塞，他是一位意大利人。麦森陶瓷厂的生意完全靠普塞及他的几个徒弟支撑。一天，厂方因为跟普塞意见不合而发生争执，普塞一怒之下便带着自己的弟子回到意大利。

麦森陶瓷厂因找不到好的技师而被迫停产。厂内高层领导急得犹如热锅上的蚂蚁。就在这时，清洁工贝特格站出来向厂领导说：“能不能让我试试？”

厂领导的头摇成了拨浪鼓：“就你？一个普通的垃圾清运工也想干技师的活，这怎么可能呢？”

贝特格为了证实自己不是在开玩笑，于是便从家里拿来自己烧制的一个花瓶，一本正经地对领导说：“您看看这个花瓶，它跟咱们厂的产品相比怎么样？”

所有领导看后，个个目瞪口呆，不约而同地问：“它真的是你烧制的？”

贝特格坚定地点点头：“是的。”

原来，这个在厂里干了近10年的垃圾清运工，居然每天都在偷学普塞的手艺，连厂方正式派去跟普塞学艺的工作人员都没能学到的东西，却被贝特格全部学会了。

厂领导问贝特格：“你有什么要求，尽管提。”

贝特格淡淡地说：“我现在的工资是每月20欧元，能不能给我提高到每月30欧元？”贝特格怕领导不答应他的要求，便赶紧解释道：“我依然还做我的垃圾清运工，我可以兼职做技师，因为我的母亲患有严重的哮喘病，每月需要10欧元的医药费，而我的工资只够全家人的生活费。”

原来，贝特格非常羡慕那些学徒工，他们每月可以拿30欧元的工资，而自己则只能拿到20欧元。为了向学徒工看齐，更为了让母亲每月能够吃上药，于是他便偷偷地学起了烧制陶瓷的手艺。

领导听了贝特格的解释，马上说：“只要你能够做得跟普塞一样好，你不但可以不再干运垃圾的活儿，而且从现在开始，你的月薪跟普塞一样，每月10000欧元。”

在贝特格的技术指导下，麦森陶瓷厂终于又开始运转了。贝特格，这位当初的垃圾清运工，做梦也没有想到能拿这么高的工资。现在的麦森已成为德国陶器重镇，而贝特格的名气也远远地超过了意大利任何一位顶级技师。

面对机遇和挑战，有人坚持有人放弃，有人承担有人退缩。经过洗礼和淘汰留下的必是坚持到底、勇于担当的人。我们崇尚坚持不懈的勇气和决心，也赞叹勇挑众担之人的胆识和能耐。我们始终要记住的是，付出与回报永远是成正比的，付出越多，收获也就越多。越是危难时刻越勇敢的人，承担的越多，收到的回馈也就越多。

要明白，工作中危难时刻勇挑重担有它独特的好处，可以帮助我们：

（1）端正生活的态度

当一切正当合理有意义的行为对我们的生活和生命来说，已经是必不可少的时候，我们就要认真地对待，工作更是如此。想要在工作上做出更大的成就，获得更多的成功，或是引起领导的重视，获得提升发展的空间，那么，危难时刻对别人来说是危难，那么对你来说就是机会，是需要认真对待、努力争取的向往。

要知道，无论怀着什么样的目标，做得更好都是有益的。必要的付出是为了更好的获得。当我们面临人生选择时，必须学会放弃一些东西，也必须要承担起一些东西。虽然放弃并不一定意味着失败，但是不去争取和承担意味着一定不会脱颖而出，获得成功。这是一种做事的智慧，也是一种理性的前进。

（2）正视工作的意义

能让自己少些负担和压力的方法是放下工作对你来说所形成的一切包袱。让一切从轻从简,将工作以及工作中会遇到的种种情况当做是一种必然，用平常心对待，这才是我们自己对自己的最大馈赠。

下得了决心，才能成得了事业。危难时刻，勇挑重担可以让领导看到你不畏艰险的毅力，对工作的激情以及展现的能力。勇于承担责任，不仅可以赢得名利，实现人生的成就感，还是对自己生命的尊重，而不是浪费在无价值的挣扎中。

（3）提升自我的修养

当你从不知进取的时候，整个人都缺乏激情和活力。当你有心去做大事却总是不善于抓住机会时，你大多的时候都是在懊悔和自责。这样的人生面貌只是在逐渐地埋没自我。不是工作成就不了个人，是个人能否成就工作当中的你。

面对机遇，危难时刻，轻易的逃避和放弃是懦夫所为。勇于承担的人会在自我激励和坚持中不断地锤炼自己，能力、心境、面貌各个方面都会得到不断的完善。我们会在责任中找到自我提升、自我修养的力量，最终找到心中向往的那个自我。

不论环境如何的不尽如人意，也不怕跌跌撞撞。尽心尽力地把工作做好，危难时刻勇挑重担，讲求做事的韬略，才能达到理想的办事效果。聪明人会借时机做成事，得到认同和认可，让自己脱颖而出。相反，不够聪明的人尽管做法各异，但是缺少了应具备的承担精神，无论怎样都难以实现突破。所以多向前者学习借鉴有利无害。

【读心术】

危难时刻也是一种机遇，是体现人的才能和胆识的时刻。成功的人往往有一双锐利的眼睛，在机遇面前能抓住稍纵即逝的关键时刻，及时取舍，凭借这一决策改变他们未来的整个人生，使他们的事业如朝阳一样永远不落。因此，当他能够在机遇面前敢于取舍的时候，也就是脱颖而出成就龙凤的时候。

a 当好士兵才能当元帅

职场晋升之路并不是畅通无阻，做不好士兵的人永远够不到元帅的边际。成功的人都懂得，要想当元帅先当好士兵，想做老总首先要做个好员工。做好任何自己应当做到的事情，才会预示出成功。只有比别人多付出，老板才会更器重，真所谓“先当好士兵才能做元帅”。

王芳在一家贸易公司的技术部，挣着一份不高也不低却非常稳定的薪水。因为急需用钱，所以她梦想成为销售人员，既可以在商场上体会攻城略地的刺激，又有机会挣钱。不久，机会来了。一家国际公司在巴黎设办事处，急需用人。她投其所好，编造了一段销售经历，并从朋友那里现学了一套渠道销售策略。最后因为老板忙得焦头烂额，王芳幸运地被录用。

可上班第一天，王芳就要为谎言付出代价——她听不懂老板说的话。那些销售术语闻所未闻，又不敢问，只能趁周围没人的时候给朋友打电话求救。因为听不懂，不能迅速反应，她几乎天天挨骂。每天回家，王芳都对着墙喊："做不下去了！"她只有一个念头：坚持到转正就辞职，再去别处应聘就真有销售工作的背景了。

所以，王芳每天回家练习那些销售术语，3 个月后王芳转正时，发现那些销售术语已明白了七八成，她知道她应该不必用这个借口辞职。看在钱的份上，她劝自己再坚持一段时间。她把全部精力放在销售业绩上，也开始了一生中最惨烈的职业生涯。每天离开公司，她都认为自己不会回去了，但第二天，却又穿好西服坐在办公桌前。王芳告诉自己忍耐是有价值的：在老板的骂声中她学到了新东西。如果坚持一年，她就是个有经验的销售了！

一年期满，在拿到一笔数额不小的年终奖金后，王芳决定走人。可没想到，老板居然通知她，公司招聘新人，她将成为销售小组组长。她又一次说服自己留下，而这时她发现，因为她的飞速成长，老板开始倚重她。

3 个月后，公司和另一家公司合并，老板离开，她却因为在他手下锻炼出来的能力而被新主管看重，至今愉快地做销售经理，身价也不断提高。回想王芳走过的每一步，几乎都是"不可能"的，但最后都变成了"可能"，原因就在于她即使不喜欢这个老板，但是她能够试着从老板身上学到东西，不断地丰富自己，让自己不断地当好士兵，一步步向元帅迈进。

当我们在员工和下属的岗位上时，一直想着不断地完善自己的知识体系，增强自己的业务能力，并为之不断付出努力、不断实践的时候，我们其实是在向元帅和领导看齐。由此，将我们打造成更好的士兵和下属，用作元帅和领导的素质和能力来要求自己，磨炼自己。当我们做士兵做得越来越出色越拿手的时候，事实上我们已经具备了做元帅的资质和能力。

应该说并不是每一个士兵都想当元帅，但却没有一个下属不想当领导，不想成为上司。但是，这个时代对于大多数人来说，没有什么资本是与生俱来的，也没有什么获得是不费吹灰之力的。即使有些小聪明、小才气，所有的也都要经过自己的努力才能实现。

在职场中经常会有这种现象：一些非常聪明、学历很高的员工，却未能受到老板的重用，最终成为工作中的平庸之人甚至是失败者；而令他们费解的是，那些学历没他们高，脑子比他们笨的人却出人意料地爬到了自己头上。造成这种情况的原因是什么呢？其实很简单，那些天生有优势的人总是在想办法少做一点儿工作。而那些看似笨的人一直在争取着笨鸟先飞。

只有做事做得好才能体现一个人的价值，所以我们必须掌握一些必要的做事韬略。事业上一定要成功，那么必须坚守一些原则来做指导：

（1）人人都有机会

永远都别说“不可能”。对任何成功的渴求和向往，都是激励我们的武器。在行动前，行动中，我们一定要不停地对自己说：人人都有机会，我也有；人人都能成功，我更能。得意时，失落时，都要够大声，有底气，有信心地对自己说。即使是将自己用“人人皆能”的意识催眠，你也要摒弃不可能的思维，有理由相信不可能代表着倒退，只有可能代表着前进。

（2）做好本职是基本

成功绝非朝夕之事，而是由众多的小成就堆积起来的，只要工作本身有意义，对事业有好处，那就值得你尽最大的努力去把它做好。应该牢记：任何人都不可能一步登天，但我们可以逐渐达到目标，一步又一步，一天又一天。不要以为自己的步伐太慢，无足轻重，重要的是每一步都踏得稳。

无论从事何种工作，工作的态度都异常重要。工作的态度要比能力和学位更加重要，它最终决定了工作成就的大小。因此，无论我们面对什么样的老板，身在什么公司，我们都应该想办法多做一些事情；无论我们做什么事情，都应该尽可能创造更多价值来体现自身的水准。

（3）想要成功还要更好

芸芸众生，有谁不想脱颖而出，获得晋升？晋升不仅意味着你的账户上每月将增添钞票，更代表着你的价值得到了老板或上司的肯定。当大家都在相信我能，不断做好的同时，你做得更好才更有机会。

更好的标准不是大家都好你就可以了，而是大家同样好的时候一切都自然归零了，你在此基础上再迈出一步才叫货真价实的更好。所以，当我们用最高的追求来实现自我价值的时候，更容易达到更好，能有一番自己的事业。

当好士兵不在一招一式，也不是一时的成功所能代表的了的，必须经历一个过程才算是修成正果。所以，有的人把自己的梦想建立在缥缈的空中楼阁上，而有的人无论工作大小，都会用心干好每一件事，用心把握好每一次机会。前者在经过很长时间的打拼后，发现自己什么也没得到，因为他们总是在抱怨别人不重视自己；而后者一步一步走来，不急不缓，把每一步都走得很稳，最后他们成功了。

【读心术】

当晋升本身对于大多数人来说就是一种成功的时候，众多驰骋商场的人士如今的成功都代表着无数的脚踏实地的成长过程。凡是好高骛远而不踏实工作的员工，一般只看得到云彩的灿烂，看不到脚下的陷阱。当好士兵和下属不仅要当得合格，还要当得出色，超越下属的本色，才是真正的符合元帅的标准。

3 不讨好别人，要赢得他人的尊重

我们经常希望得到被认同和被尊重，这是一种站在请求的角度、被动行事的作风。等待太盲目，主动才有效。只有尊重自己的人，才能够赢得他人的尊重。在这方面，最成功也是最明智的做事韬略就是不讨好别人，而是用实力彻底赢得他人发自内心的尊重。

楚洋因为是学生物科技的，所以毕业实习阶段，他就通过别人介绍进入一家环保公司的研发部进行实习。由于研发部的同事很多都资历丰厚，所以相对来说他们就是前辈。即使一些人不能称得上是前辈，但是因为比楚洋到公司早，更何况他还是通过熟人介绍来的，所以自然而然的在楚洋面前端起了前辈对小实习生的态度。

对于这种情况，楚洋自然没几天就察觉了出来。他知道，如果自己故意去和别人套近乎，不仅得不到他们的信任，反而会更加地被他们鄙视。一向乐观的他认为那是同事们还不了解自己，日久见人心，他们总能见识到自己的真材实料。一次讨论会上，他听说研发部提出了一项很有前景的立项，但是长时间以来一直苦于没有好的项目和策划。这时，楚洋猛然想到了自己在学校时，就曾经梦想将来建立一个能让尽可能多的人受益的环保项目。但是因为还没有能力去完成，所以一直停留在想象和书面阶段。意识到这可能是自己理想和事业上的契机，所以楚洋立马站出来阐释了自己的构想。经理听完后发现这个构想很是贴合公司的理念，所以兴奋地让楚洋尽快做出一份策划来。

经过废寝忘食地收集、整理数据，策划很快浮出水面。当楚洋信心满满地将策划上交以后，没想到得到了研发部多数同事的不认同，甚至有人质疑他一个通过关系进入公司的小实习生的能力。在一片片的质疑声中，楚洋主动请缨要求由自己负责去实施这个项目，包括选址、协调、定位等所有的前期准备，不管多么艰难，自己一定会向大家证明这个策划的可行性和可以信赖的前景。

达到目的，不仅是为了自己的信念和理想，也是为了赢得他人的尊重和信赖。当楚洋排除万难，将自己 4 个月的成果用 DV 展示在大家面前的时候，楚洋赢得的不仅是经理大力支持的肯定，还有同事们由衷的佩服和掌声。楚洋知道，自己的辛苦和坚持不仅没有白费，反而是收益大大超过付出。

公司中有这样的一种经典人物，他们对于任何人拜托他的事情他都说好，结果到后来公司里的所有杂事都摊到他那里去了，他自己是为了这些琐事而整天忙碌，但是别人在后面则会笑话他。

无论我们是不是当事人，我们都会为他抱不平。但是一想根本原因都是他咎由自取的。对于不合适的工作或拜托，或对工作的正确的意见，如果你认为正确的话，你都应该要提出来，不能做个“老好人”，只想讨好别人，却忘记首先尊重自己了，那么别人怎么可能尊重你呢！

每个公司都会有老好人，他们对于所有人都笑眯眯，对于所有人的要求碍于面子和交情都不会说“不”。因为他们会觉得不好意思，要不然就会容易得罪人。还有些人做错了事或是遇到不顺心的事，经常只会埋怨，或是指望同事、上级，因为心慌意乱而更加地依靠别人。如果一味地讨好他人，事情只会继续而不会得以解决，你还会失去他人的尊重。

即使在这里指出了这样的问题，但是实际工作中还是会难以避免。虽然不能够对号入座，但是对照自己进行必要的检视十分必要，有则改之，无则加勉，才能天天向上。如果真的有这种情况，尤其是那种不知不觉间表现出来的，一定要时刻提醒自己，并对照下面的不同阶段逐步改观这种状况。

（1）不要为自己找借口

你不被大家认同的时候，以为对同事百般讨好他们终会被自己感动，并且接纳自己的想法，这是职场中的一大忌。这样做只会更加浓墨重彩地向大家说明你需要借讨好别人来得到安慰，而且毫无价值的挣扎还容易让我们避重就轻，看不到问题的实质，从而开始为自己和他人找一大堆的理由和借口开脱。殊不知这带来的不是尊重，反而是更多的嘲笑。

拿破仑·希尔指出：在每一天的生活中，如果你都能够尽力而为、尽情而活，你就是“第一名”。绝不要为自己找借口，借口是果断的“死敌”，是行动的拦路虎。如果一个人善于找借口，那他将一事无成。

只要放弃抱怨和借口，找准自己的目标，专注于自己的事情，赢得别人的尊重是迟早的事情。

（2）实力见真情

对他人的征服不是语言的讨好，而是用自己的能力和成绩说话，这是赢得尊重的最有效的方式。每一个人都是努力的天使。大家尊重的从来都只是强者，既然都在努力，你不比他们强，那么他们就有不尊重你的资格。只有你比他们强，才能激发出他们对你的敬重之情。

所以，我们要相信自己的能力，相信自己可以成为让人敬重的强者。只要下狠工夫，没有什么不可能。勇于突破现有工作和能力固有模式的禁锢，就会拥有极强的生命力和极强的竞争力。

（3）我的淡然你的尊重

当你做出成绩的时候，即使你很淡然，别人也会尊重你。甚至有时候你越淡然，别人越对你好奇和充满敬畏。这是一种奇妙的心理映像，只要没有坏处，拿来用用也无妨。

所以做一个宠辱不惊的人，保持与人的距离，不着痕迹但必须远离刻意，由此能更增添神秘的色彩。距离不仅产生美，在职场中也产生钦佩、敬仰和尊重。所以，宠辱不惊，也是赢得尊重的一种人生境界。

如果你是新进入公司的员工，可能刚开始要得到其他同事的信任，需要讨好别人，当然这个是需要的，但是请你不要搞混“谦虚、摆正态度”和“没有自己主见的老好人”。如果你一味地讨好他人而没有一点自己的主见，你会失去他人对你的尊重，在工作中别人也会把你看做是没有真学问的“空瓶”。

这个说起来简单做起来难，有些时候是需要讨好人，但是面对重要的事情或业务时，如果你认为你的想法是正确的，你应该坚持，不能一味同意别人的观点，要有自己的主见。

【读心术】

职场中没有讨好就能得到的东西，即使得到了也不会真实、长久。成功者无论在多么屈辱的环境下，都能耐得住考验，能屈能伸，因为他们知道，学会努力地增强实力才是关键。这是人与人之间相处的学问，也是自重自助的智慧。

4 越组代庖让自己很累，也会四面树敌

在现代职场中，除了认真工作，努力提高自己的能力之外，还有一些原则是一个人在任何时候都不可忽视的。其中尤为关键的一条就是绝不要擅作主张，越组代庖。在职场中，必须摆正自己的位置，不多管他人“闲事”，沾染是非，也不做吃力不讨好的事，浪费自己的精力和时间，还让别人以为自己故意显摆，或是抢他们的饭碗，把自己当做头号敌人。

展岩作为新人对工作饱含激情，所以表现得很积极，做事主动，有股冲

劲儿。由于出身名校，而且一直以来都是学生干部，能力自然不错。进入公司不久，就适应了职场的生活，和同事、上司都相处得不错。她也渐渐放得开，对于同事的事情，一开始是私下聊天的时候聊到私事，她会发表自己的意见和看法，供同事们参考。同事只以为她是小女孩，刚出校门可能比较爱聊，所以也都没有在意。

随着展岩在工作上的成绩越来越突出，她对自己的自信力也逐渐上升。以后，遇到同事在工作上的事情，她也会在同事没有提出的情况下就给自己的建议，有时直接指出同事的不足，让同事很没面子。多次以后，很多同事都对她颇有意见，有人还认为她是故意抢功劳、出风头，将她当成了竞争的对手和敌人，慢慢地和她保持距离。

后来，展岩发现自己做事不再那么顺手，因为同事都用异样的眼光躲避着自己，没人帮自己，也没人和自己交流讨论。她不仅觉得自己做起事来越来越累，而且还隐隐有一种危机感。果不其然，不久后上司就找她谈话，说以后要学会克制自己，不要干涉他人的事情，而且努力做好自己分内的事才是重中之重，否则影响到大家之间的和睦的话，恐怕她很难再待下去。

工作中多动脑子，积极提出建议当然是好的。同事不仅愿意和没有“野心”的同事保持友好关系，每个开明的领导也都会喜欢这样的下属。但是，如果得到了肯定后就心浮气躁，过于表现自己，对什么事都喜欢发表一下自己的看法，并热衷于给别人提意见和建议，不仅会让自己很累，还有可能四面树敌。

在日常工作和生活中，我们常常看到这种现象：下属由于没有摆正自己的位置，弄得顶头上司尤其是那些心胸狭窄的上司很不高兴，或是让自己的同事误以为自己爱出风头、抢功劳，最后让上司和同事都对自己耿耿于怀。于是，那些将你视为敌人的人就开始处处给你“使绊子”，或不动声色地给你“穿小鞋”。

这些现象在职场中并不少见，很多时候不是别人心中太狭窄听不进去自己的意见，而是自己没有注意到自己的言行，让他人产生一种紧张感和威胁感。这种情况换在任何人身上，他都不会坐以待毙。如果是你，会不会紧张和担心？揣度、思量然后采取对策？但凡对未来有期待的人都会做出行动。

将心比心，要想不被当做敌人，就必须注意自己的言行，不做上司和同事眼中的钉子。

做人做事要尽量放聪明些，学会摆正自己的角色位置，在自己的职位角度上去有节制地出力和做人，切忌“越俎代庖”，做出越位的事情。尤其要注意以下几个容易越俎代庖的情况：

（1）决策。在有的企业中，职员可以参与公司和本部门的一些决策，这时就应该注意，谁作什么样的决策，是有限制的。有些决策，你作为下属或一般的普通职员可以参与，而有些决策，下属还是不言为妙，“沉默是金”，你要视具体情况见机把握。

（2）表态。这是表明人们对某件事的基本态度，表态同一定的身份密切相关。超越了自己的身份，胡乱表态，不仅是不负责任的表现，而且也是无效的。对带有实质性问题的表态，应该是由领导或领导授权才行，而有的人作为下属，却没有做到这一点。上级领导没有表态也没有授权，他却抢先表明态度，造成喧宾夺主之势，这会陷领导于被动，这时，领导当然会很不高兴。

（3）工作。这里面有时确有几分奥妙，有的人不明白这一点，工作抢着干，实际上有些工作，本来由上司出现更合适，你却抢先去做，从而造成工作越位，吃力不讨好。

（4）答问。有些问题的答复，往往需要有相应的权威。作为职员、下属，明明没有这种权威，却要抢先答复，会给领导造成工作中的干扰，也是不明智之举。

（5）场合。有些场合，如与客人应酬、参加宴会，也应适当突出领导。有的人作为下属，张罗得过于积极，比如同客人认识，便抢先上前打招呼，不管领导在不在场。这样显示自己太多，显示领导不够，往往让领导不高兴。

在工作中，“越俎代庖”对上下级关系有很大影响。下属的热情过高，表现过于积极，会导致领导偏离“帅位”，大权旁落，无法实施领导的职责。因此，领导尤其是“武大郎”式的领导，往往会把这视为对自己权力的侵犯。如果你是下属，又时不时犯这样的毛病，领导就会视你为“危险角色”，对你保持一定的警戒，甚至设法来“制裁”你。

如果是同级别间的同事，更加容易因为越俎代庖而伤了和气，影响同事之间的关系。即使是出于无意或者是好意，这种情绪也不易为人接受。由于你的越俎代庖，影响了他人的工作和职责，你的同事、朋友将远离你、厌恶你，而你自我感觉的“出人头地”，也就成了虚幻的顾影自怜。如果不注意地肆意妄为，很可能在不知不觉间树立起很多的敌人，在暗处形成对自己的威胁和破坏。

生活中，暴躁、性急、不冷静往往会导致个人出现越俎代庖的现象，从而经常影响我们与周围人的关系。要想避免这种情况发生，就需清醒地认识到做事的韬略，很多时候人情和事情绝不可以混为一谈。正所谓公私分明好办事，分清楚二者之间的界限将大大有利于个人的处境和办事效率。

所以，做个有耐心、有韬略的人，努力做好自己应该做到的事情。对于做事的学问，就是把握好进退的尺度，不逃避自己应负的责任，但也绝不越俎代庖，四处树敌。人生在世，谁都会有想要表现自己的时候，也有需要蛰伏下来的时候，这是韬光养晦，促使自己身心成熟的磨炼。说到底，最关键的莫过于要沉着地等待时机，不急不躁，先学会做事，然后学会如何走向成功。

【读心术】

没有人愿意他人在暗处与自己较劲儿，因为他人在暗自己在明不仅会让自己应对的很累，还会增加失败的风险。个人只有注意自己的言行，分别站在上司和同事的立场上考虑问题，体会他们的想法和感受，从而学会克制自己，摆正位置，站在工作的立场上就只坚持工作的原则，不越雷池半步，这更容易赢得尊重和拥戴。

5 老板不看过程，要的是结果

成功的人在成功之前大多是小人物，此时没有人关注他们的努力，在乎他们的辛苦。但是，当他们变成成功人士的时候，人们才会喜欢去揭开他们光环背后的过程和辛苦。这样的事情非常普遍，尤其是每天都有人创造辉煌和成就的职场。如果没有结果和成功，那么你的奋斗历程就会鲜有人问津，当成功在手、为公司带来了利益的时候，也就是完成任务和职责的时候。所以，老板不看过程要结果，自己也不例外。

王刚是一家投资公司的事业部总监助理，任职六年，一直兢兢业业，对本部门以及其他部门中的问题都积极地献言献策。他雷厉风行、高效率的作风让很多人佩服，公司大部分人都知道事业部有他这样一位能人。

前不久，公司筹备2009年的上市计划，事业部总监被调任，职位悬空，公司准备在该部门中级岗位的人员中选择继任者。在几位候选人中，大家一致认为无论是从能力还是资历上，王刚最占优势，因此都很看好他，更有一些同事开始称呼其为“老大”。

虽然表面不动声色，但王刚心里还是在暗暗自喜。6年的努力终于要登上新的台阶。然而，当人事任命发布下来时却出乎大家的意料，项目经理陈鹏被提拔为总监。

王刚很是沮丧。丢面子不说，他不明白公司为什么会选择一个到公司才3年的人。当然，也许陈鹏的能力不比自己差，但对公司业务规划的了解肯定没有自己强。对于陈鹏来说，3年的时间里从策划主管到项目经理，现在又被提升为总监，职位和薪水在飞速上升，最后成为一匹杀出的黑马，自然有他的制胜法宝，那就是注重结果、追求结果。

陈鹏深深知道结果相较于过程对于老板有更大的吸引力和意义。刚进公司时，陈鹏负责项目的营销、策划部分。初入公司时，正赶上部门竞标一个大客户的两个项目。客户在市场拥有很高的声誉，接下这两个项目对提升公司形象有重大的作用，所以集团公司对这两个项目很重视，应标方案由事业部负责进行。

其中一个项目是公司的专长，比较有把握，而另一个项目则相反，公司没有专业的执行经验。在众多高手面前，事业部的获胜率较低。于是，公司的指示是尽力争取，就算拿不到项目也要有出色的表现，给客户留下好印象。

做一个必败的项目，还要维持公司的形象，维护好了没人夸奖，相反，如果评价不好反而会惹恼上司。当时，部门内没有人敢接。王刚也没有十足的把握。这时候，善于策划的陈鹏站了出来，表示愿意尽力做好应标工作。

经过4个月的辛苦筹备，当竞标结果公布时，大家都很惊讶。两个项目都被公司夺得。集团公司很是高兴，不仅特地举办了庆功会，更是直接将还在试用期内的陈鹏提升为项目经理，管理这两个项目。正是一次次这样通过努力、不计过程得失而赢得精彩结果，陈鹏最终成为了胜利者。

职场中很多时候并不是资历等于能力，能力也不代表业绩。即使资历和能力都出众，没有业绩一切也都是空壳。即使资历和能力并不出众，但是做出业绩和结果的那一天就是对能力的最好证明。有些资历较浅、能力不及上层的人，凭借善于抓住机会，取得让老板瞩目的结果，反而更容易在职场竞争中占得上风。

职场没有单一的评价标准，也没有恒定不变的资历能力论。当老板和公司不得不追求更大利益的时候，他就会越来越重视结果。与客户谈判就要拿下客户，做项目就要做成做好，即使是做文件等小事，如果做不成功，拿不出来让老板满意的结果，那么你的一切努力都是枉费。即使你有天大的理由和障碍，和结果比起来都是借口，结果的存在直接关系着当事人的能力大小和将来的前途。

这种事情很多职场人都感同身受：因为一项工作没有做好，自己已经意识到了，也在想办法补救，但成效还没有出来，老板就大发脾气，深觉委屈的我们忍不住对他的话进行解释与反驳，很生气的老板会说："我不想听你解释，我要的是结果，不要过程。"

即使老板的这种话让我们很无语、很无奈，我们也不得不承认和面对这种现实：当结果对于老板来说就是目标的时候，对于我们来说则是所付出的努力被肯定、所积淀的能力被认同的凭证，关系着我们的前途。任务和过程都不等于结果，只有结果才能换来价值。所以，必须清醒地认识到：

（1）老板在乎结果胜过过程

上司的主要职责是"管"而不是"干",是过问"大"事而不拘泥于小事。实际工作中，大多数事情由下属承担。因此做事、做成事是下属的责任。老板统管全局，好的结果就意味着成效，这是他的责任和目的。如果下属不能及时求得结果，那么他就要从老板和整体利益的角度进行督促。

俗话说，老板认功劳，不认苦劳；要结果，不看过程。因为，过程再精彩也没有什么用处，费很大力气和客户谈项目，最终还是一场空，没有任何的效益可言，那么老板肯定不干，毕竟每个公司都是想赚钱的，不是福利院。公司没有收益员工也就没有工资。这是一个很简单又很实在的现实问题。所以，当老板要的是效益、是结果，而不是过程的时候，别说自己多委屈。我们要做的就是去解决问题而不是过多地找理由反驳老板或和老板唱反调。

（2）结果对你来说很重要

结果不仅仅是一个状态，更承载着无法言清的过程。但是这个过程有多努力和辛苦只有你自己知道，唯一能够让老板认可的就是你通过这个过程出来的结果。否则，就代表下属个人的本分工作没做好。

一般的，公司的业务有强势的和弱势的之分，企业不仅需要将现有业务执行完善的人才，也需要拥有创新能力、能够帮助企业拓展市场、提高竞争力的人才。这样才能达到更加良性的企业效果。当下属不能胜任相应的岗位或工作时，那么强中更有强中手，自然有别人代替你来为老板赢得结果。当结果变成老板追求效益必不可少的步骤的时候，它也是下属不可缺少的谋生、成事的手段和途径。结果之于下属有非凡的意义，做事的能力直接影响着个人前途。

（3）想要更加成功就努力做出结果

结果对于我们来说，一方面，可向领导证明我们能够挑战困难，能够为公司的利益考虑，这是向领导表“忠心”的机会。无论同事抱着什么样的心态，但是领导看到的是下属能够为其考虑，是一个真正能帮助其执行任务的人。

另一方面，是在给自己成功的机会。机遇往往与风险并存，在职业发展处于上升期的职场人要敢于博弈。即使是职场新人，也可以通过在项目准备过程中不断地摸索，形成不拘泥于竞争对手的方法，赢得客户的认可，也赢得公司高层的认同。

我们努力的过程不容许被忽略，但是结果才是对过程和奋斗最好的诠释和铭记。所以，想要更加成功就要努力工作达成目的。

【读心术】

将心比心是化解矛盾和不解，以及启发人积极进取的经典心法。老板给工资，就是要看结果，而不是听借口。设身处地地想象你是老板，你付出工资，你当然也不喜欢给不出效益的员工。即使理由千百个，但是老板永远不会适应下属，只有下属去适应老板。所以，老板不看过程追求结果，那么我们也就帮助他追求结果，这更是一个帮助自己的过程。

6 工作再轻闲，也要表现出忙碌的样子

在现代职场，没有工作做或是工作太轻闲的一般都会被认为没有前途。不仅职场人这么想，老板更是这么想。快马加鞭地生活，眉头紧锁地工作，在竞争日益激烈的今天，对工作一刻都不能倦怠才是真理。要想受到青睐，取得事业的成就，就要抓住忙这一能显示自我价值的机会。即使很轻闲，也要适当地表现出忙的样子。

郭小姐是一家化工企业的销售主管，每天忙着出差、见客户、拉订单。一天 24 小时，算上隐形工作的时间，郭小姐有 12 小时花在了工作上。今年 5 月，郭小姐提前完成了半年销售计划，人逢喜事精神爽的郭小姐给自己放假，上班时间偷偷玩起了游戏。谁知经理看到后，批评她“安于现状、不思进取”。郭小姐颇为委屈：“我为了工作焦虑了几个月，现在提前完成任务，娱乐一下有何不可？”经理对郭小姐厉声呵斥：“我付你薪水是因为你的工作，可不是让你来玩游戏的！”挨批的郭小姐因此想到了企业剥削员工剩余价值的一套理论：工作中，老板放在首位的永远是利益，如何压榨员工创造剩余价值！

吸取了教训，郭小姐即使在闲暇下来的空当里，也开始装忙。这个月，郭小姐所在的部门再次提前完成全年销售任务，她借去上海出差见客户之机，约见三五好友，顺道去崇明岛玩了一遭。回来的时候，拿着从好友那里搜罗来的一叠名片，告诉经理我去约见客户了。郭小姐的鬼主意在老板眼皮底下

瞒天过海，还受到了老板的表扬。眼看着年度优秀员工评选，自己榜上有名，郭小姐不由感慨：我平时忙的时候一点休息时间都没有，现在有时间闲下来了，却也不能表现出来，否则老板只看到你的闲，看不到你的忙。

生活的脚步越来越快，上班的步伐更快。匆匆的步履是繁忙生活的一个标志，而在竞争激烈的职场，我很忙不仅是许多职场人士的口头禅，更是必不可少的职场保护伞。不忙的人仿佛是没有上进心，或者是有可能沦落为职场边缘人。

周一到周五，忙着打电话、接见客户、处理文件。工作时间内，所有这些事情都是我们必须完成的，即使是忙得连轴转，累得昏天暗地，在老板看来都是必需的，而且这样才说明了你在工作，在用心地工作。而一旦你闲下来了，老板就会怀疑你怎么会没有事情做：是他这个老板给你的工作太少还是你这个下属偷懒，抑或是能力不行不知道该做什么？

站在老板的角度讲，他肯定前一种可能性的概率微乎其微。他不会认为自己没有给你足够的工作量，而且他没有义务对你的工作面面俱到。所以，那问题就在你自己身上了。第一感觉肯定是有人偷懒了，来上班不是让下属找轻闲的，要不然工资岂不是白发了。当他把这个感觉结合你的轻闲逐渐转化成他的看法时，问题就会愈加地明显和严重。这个时候，他对下属的印象也就立马大打折扣。

反之，如果他看到下属工作量大时忙忙碌碌，工作安排紧凑，尽心尽力；工作量小时也是有条不紊地开展着自己的工作，那么他就知道下属在为工作、为公司尽心尽力，这个时候的感觉和印象从一开始就是好的，而且会越来越好。所以，避免闲时真的太轻闲是必要的，有时候装装忙、表现出点忙的样子也未尝不可。

简简单单、真真实实本身并没有错，关键是社会关系复杂，人的认知更复杂。要想在待人处世方面获得成功，在老板面前留下好印象，就要懂得适当伪装自己，以防被人看扁影响前程。就像很多人不理解，为什么一些人，明明在大家看来就属于无所事事之类，却还可以位居高位，而自己一天到晚都在忙，都为公司这个事情烦恼为公司那个同事担忧的“先天下之忧，后天下之乐”的“伟人”还在奔波。

这其实就藏着办事的韬略在里面。那些无所事事的他一直都在做，我们知道他其实没在做什么，但是老板却看到了他一直在做事的身影；我们一直在忙，很容易给老板留下对工作安排不力、办事能力不足的印象。而且越是忙的人忙完了越容易放松自己，以为是忙碌后的安慰，要让自己彻底地放松，没想到反而给老板留下无所事事的印象。

从某种角度上来说，为人处世和工作也是一场战争。在这场战争中，为了求生存，必须要有慎重的生活方式和态度，这样才不至于吃大亏。当然，为人并不需要自己去欺骗别人，但是，有时候善意的伪装也还是有必要的，而且是势在必行。

工作中，忙而不乱的人，会把时间安排得更为紧凑。他们也许有些累，但他们会感到充实，同时目标明确，身心愉快。不管你是不是备受老板青睐的好员工，加入“装忙族”的行列好处多多。但是，在现代职场中，想要巧妙地伪装成大忙，必须有所节制，毁了“一世英名”可不好。因此，参考以下几点有助于职场装忙路：

（1）专注工作是第一位的

工作不仅仅是一种谋生手段，更应该是一种乐趣，只有当我们真正地投入到工作中去，甚至会为它痴迷，这时所有的困难都会变得轻松起来，因为工作已经成为一种快乐和享受。而工作的时候也就是我们真正开心的时刻。

比尔·盖茨说：“一名优秀员工应该热爱自己的工作，根据岗位职责做好本职工作的同时，能干一行、钻一行、爱一行。”这其实说的是一种专注的精神。专注地工作，快乐地工作。不仅我们自己能够体会到其中的乐趣和成就感，上司同样能够观察到我们的努力和积极的心态。当我们把本职的工作做到最好时，我们就会是职场的常胜将军。

（2）工作安排有理有节

当我们对工作只知道埋头去做，只想着快点做完而不给工作进行合理规划的时候，我们就会发现时间好像永远不够用，工作也永远做不完；当没日没夜地终于完成时又闲得无所事事，不仅自己觉得无聊，老板看着自己也难受。当循着这种没有规划的步骤工作时，很容易陷入一种极端忙碌又慌乱的生活工作状态，也很容易让上司产生不够积极、勤奋的想法。

虽然说工作量大时我们顾不得想其他，花尽大量的时间、尽量高效率地完成任务是应该的，但是没事做时就真的不做事就不应该了。有点空闲虽然是忙碌中很合理的情况，但是在老板看来那就很可能不合情理了。所以，不会造成工作忙时太忙、闲时没事干的局面的最好方法就是对工作进行合理的计划和安排。

从接受工作到预定完工日期，从总体到细节，能够结合自己时间和工作要求的实际情况，快速定位，合理安排，减少不必要的时间和精力浪费，也使总体生活和工作达到最优化运转成为可能。有理有节，才不会忙得措手不及，闲得发慌。

（3）忙不乱，闲不见

老板绝对不允许自己手下有混轻闲的员工，这是必然的真理。在安排工作量时，要坚持先重后轻，先急后缓的原则。通过初步的规划，先做要紧事，必做之事，同时还能排除那些不必要的事，置后那些无关紧要的事。真的需要赶工作很忙的时候，做的都是重要的事情。当时间充裕的时候，再做那些置后的事情，如果还有时间也可以做做那些之前看似不必要的。

总之，一定要保证自己忙的时候有充足的时间和精力做对、做足那些真正要紧的工作，等到时间更宽裕时也会有事可做，不至于老板天天看到你闲，心中觉得你办事能力不足，甚至以此对工作挑三拣四，还动不动转嫁自己的不满，借机鸡蛋里面挑骨头，最后让自己受了委屈却无法辩解。

【读心术】

随着时代和观念的发展，工作中的制胜招数也会变幻无穷。应运而生的装忙就是一大趋势，这是为了应付职场变故不得已的手段。善意的、适当的装忙可以，对自己和事业都会有所推进，但是如果毫无节制，甚至是有工作不做反倒拿无关紧要的事来充忙那就得不偿失了，瞎忙却忙不出个道理和成绩，搞不好还会搬起石头砸自己的脚。所以，凡事有利有弊，就看我们在做的过程中如何取舍和节制。

7 不杀鸡，就儆不了猴

人善被人欺，马善被人骑。职场中的欺侮直接与个人利益挂钩，被别人压制不懂得反抗，失去的就是自己的能力和权益。人情是一回事儿，是需要双方来维护的。如果这个前提已经不存在了，那么你就有必要杀鸡儆猴，显示自己的存在和威严。

琳襄在一家公司做文案。性格温和的她，虽不擅交际，但对人对事有一定的忍耐性，给朋友的感觉就是不会惹麻烦也应该不会遇到麻烦。

琳襄所在的公司很大，人员比较复杂。他们部门有七八个人，头儿刚过而立之年，年轻有为，业务能力强，做事干脆利落，只是说话有些刻薄；年龄最大的张姐快四十了，自恃资格老，对人总是颐指气使，而且极端自私自利，在工作中从不肯多付出一点点；男同事瑞出身于高干家庭，相貌英俊，加上头儿喜欢他，平时颇有些骄傲，说话办事很少顾及他人的感受；小玉是和琳襄一起应聘来的大学生，人长得娇媚，能力也不错，只是个性太强，凡事都争个“上游”。

在这种环境下琳襄不免经常受到指责：材料印得不准确，文件格式不对，办公室不干净等，琳襄觉得只要自己宽厚、忍让，那么大家就可以相安无事，所以她一次次都忍了下来。

两个月前琳襄的部门接到了一项重要任务——为某大型企业做宣传企划。头儿把任务做了一下具体分配后说：在做好本职工作以外，可以发挥自己的特长，进行独立创作，有好的创意被采用，公司有重奖。

可是最近，琳襄觉得自己已经到了无路可退的地步，自己的忍让恰恰成了别人欺负自己的根据。她出于对企划的热爱，表现出了比平时少有的热情，苦熬了一周后，终于完成了一套让自己满意的策划方案。在讨论会上，她小心地把自己的方案提出来。她的话音刚落，和她同部门的人就开始冷嘲热讽，完全不相信她有这能力。

最后，琳襄的方案被采用，这让她非常的兴奋，对未来也多了一份更加美好的憧憬。这时，领导却告诉她不能用她的名字，因为她在单位是个名不见经传的小人物，一个人搞这么大的企划，说出来没人会相信。

不想惹是生非的琳襄虽然有些不甘心，但想到方案能被采用已属幸运，用谁的名字无所谓，所以同意了。因为这次企划取得了巨大成功，琳襄的部门受到公司重奖。领导请大家吃了顿饭，每人发了个红包。琳襄得到了 1 万元的奖金，她觉得这是对自己的劳动成果的丰厚奖赏。无意间，她听说大家的奖金都比自己的多。黯然的琳襄发现自己就是被别人踩在脚下的沉默羔羊，以为自己老实所以就随便欺负，即使自己成绩突出也难以服众。但是只有她自己知道自己不是，这都是自己沉默太久的缘故。看来自己不使出点性格别人还真当自己是病猫。

很快琳襄就得到了一个机会。公司要借用一个新的企划项目为琳襄所在部门评选副职，很多高层领导都会直接参与。而放眼望去，那些自以为是的人还在把她当傻瓜。当琳襄通过精心准备，出色地讲解出自己的策划理念和方案，博得所有人热烈掌声的时候，那些把她当病猫的人很是傻眼。

当你碍于情面，羞于争利，结果错过了机会的时候，你会发现，你还是那个要有足够的衣食住行物质保障的凡人，你并非圣人，你的生存能力会因你的退缩而衰减。

当你胸怀远大理想并立志实现的时候，却一次次将自己可以抓住的机遇拱手让给了别人。看到别人踩在你的理想阶梯前进，你的事业却毫无起色，你的理想和抱负该何去何从呢？

当你因为别人忽视自己的努力，践踏自己的尊严而生气、苦闷、抱怨的时候，你是抱着乞求别人对你仁慈的心态还是愤世嫉俗，觉得世道不公，人情冷漠或是人性偏颇？

算了吧。羞于争应得之利，反使不应得者从中获益，我们失去的不仅仅是一种利益，它会有一系列的负面后果，对此我们应有足够的认识。

隐忍不发固然是修养好的表现，不过只限于对非原则性的事情。对原则性的事情也忍让，就会被视为无能。这既不利于事情的解决，也改善不了我们的处境。职场需要冷静和理智也需要够性格；职场不需要尖刻，需要的是据理力争，为了自己的权益和荣誉而奋斗。

职场也是交际场，也需要采用不同的交际手段。手段不恰当，就办不了事，更办不好事。这样的人领导和同事都不喜欢，不仅前途渺茫，个人也会深受各种不良关系的影响和困扰，身心俱疲。只有抓住机会做到有张有弛，既争取到自己的权益又不显得锋芒太露，才会营造一种和谐的关系网。

做人没脾气不行，太懦弱肯定没出息。所以，不杀鸡就儆不了猴，敢杀鸡才能镇住猴。因此，为人处世还是要拿出点魄力来的：

（1）宽以待人是我们坚守的本性

（2）正当权益是我们争取的本钱

（3）得寸进尺是我们打击的对象

（4）杀鸡儆猴是我们信奉的教条

如果你发现对方在“公事公办”范围以内而不愿负责，或是侵害了自己的正当权益的时候，那你就可以据理力争，必要时还应施加一点儿压力。因为你对他完全是职责之内合情合理的要求，这时就不必怕伤了人情面子而顾虑太多,否则失去了再后悔也没用。对于这样的人来说,或许正需要一点“架子”才能达到平衡。

【读心术】

人在职场就如人在江湖，总有身不由己的感觉，跌跌绊绊的事总是难免。处理得当将受益匪浅，否则，就会进退两难。老实人往往保持沉默的态度，也不会适当地发脾气，在职场上经常吃亏。太老实太厚道没有发展空间，杀鸡儆猴不仅是必要时制胜的法宝，更是冲破自我束缚、争取更大做事空间的能力。

8 千万别把问题推给上司

下属是负责办事和解决问题，但是下属不是机器，而是有主动权和主观能动性的个人。工作也不是为了他人，问题的解决是办事能力的展现，成大事的基础。想要工作有起色，就要学会解决问题，而非依靠他人尤其是上司来帮助解决问题。

领导有事临时出去，公司里暂时由小李代劳。恰在此时，公司正在极力争取的一大客户到访，小李一看对方是大客户，对公司极其重要，于是火速向领导求救。当领导风风火火从外面另一个客户那里匆忙脱身赶回后，一询问才知道对方原来是想要上次洽谈过程中比较详细的资料。而这些资料正好是由小李保管的。他本可以自己全权负责接待，并给对方一份完整的资料。没想到的是，他因为这么点小事就将领导十万火急地“召回”，害得领导不得不与另外一客户暂时中断见面机会，回来帮他处理事情。领导看着小李，真的觉得很无奈，觉得自己怎么会有这么个下属。所以免不了火气大地对小李大发脾气。

其实，领导的无奈也是有道理的。离开一会儿，就这么没有主见，反而将问题推给上司，让上司如何去信任。此时，领导一定会觉得下属不仅仅是小题大做，办事不力，更可能是没有能力。一次这样的事情，就足以让领导对下属产生失望。

所以，当你力所能及的时候，一定不要将问题推给上司。作为下属，当然没有绝对的决定权，很多事情都需要请示。该请示时就请示，该是自己分内的工作，就一定要果断处理，绝不要有事乱请求，小事也要依赖上司。要知道，对于分内的事你也有权力，也可以正确地用权充分发挥自己的主观能动性和创造性，在关键时刻主动替上司揽事。大胆处理，承担责任，也会有利于密切彼此的关系。

对于上司和自己的角色定位、职责分配，一定要有清醒的认识，才好积极应对，办事有方。

（1）上司只需总揽全局

上司是整个团队的核心人物，下属对上司起辅佐作用。因此，在工作中的各个层面，下属都要尊重上司的权威性，支持上司的工作，这是对下属提出的最基本的要求，是下属的职责，也是与上司搞好关系的前提。

下属只有摆正与上司的位置和角色定位，设身处地为上司着想，当好上司的参谋，在需要时勇于为上司分担，才能搞好与上司的关系。下属对上司的尊重、支持和配合，要从有利于工作的开展来考虑、来认识，这样才能够使两者之间的合作建立在牢固的基础上。

认识到上司和下属的总体职责方向后，下属要尽量做到对上司的工作要给予支持、尊重和配合，明确自己的职责和分内事。当然，尊重但拒绝阿谀奉承，才能端平心态，配合默契，保证工作的顺利进行。

（2）积极主动是你的分内事

任何时候，对待工作积极主动都是取悦上司的最佳表现，表明了一个人的心态积极、行为主动，在工作便能首先赢得主动权。积极主动也是一种责任和权力。你有权自主，而非都让别人替你作决定。

一般来说，上司主管全面工作，下属主管某一方面的工作。但在实际工作中，特别是分工不明确的情况下，下属往往会有顾虑，怕问题拿不准，一旦错了承担不起责任，或是出力不讨好，顾忌别人，会说自己献殷勤讨好上司之类的话。因此事事小心，处处谨慎，做事保守，不敢越雷池一步。

这种做法显然已经不适合职场的竞争。畏首畏尾，容易受别人影响的人，往往无法调整自己的心态，找到并实现真实的自我。成功的人，有主见的人，他们善于用自己顽强的意志、积极的心态去调节自己的人生，他们往往能够更好地、积极主动地做成自己分内的事，用信心赢得尊重和称赞。

所以，在难题面前要善于主动解围。不仅要主动出面，承担责任，还要主动为上司化解矛盾和危机，为他排忧解难。大部分的时候我们可以自己做选择。勇敢地为自己作决定，不要让别人承担你的成败，不要让别人决定你的一生。积极主动才是我们应该坚信的事实。

（3）做事灵活有眼色是生存的智慧

服从是天职，但是却只限于有限的服从，而且服从绝不等于盲从。下属虽然主管某个特定或某几项工作，但这并不是说下属必须事事都要向上司请示，不能过问全局性的工作。在上司考虑问题不周面，或不在场的情况下，下属不但要敢于直言，善于提出自己的补充、修正意见，帮助上司作出正确决策，而且要发挥替补作用，在应当的范围内自己作决定，积极主动地出面解决。

下属作为上司的助手，处处要为上司考虑。但是，按上司的意见办事，不能只能执行正确的意见，还要具体问题具体分析，灵活应对才能真正地办好事情。因此，在工作中，下属一定做好几个关键点：①在上司没有分配工作任务之前，下属要主动出击；②在上司决策有疏漏或失误时，要主动提出，寻求弥补方案，避免一损俱损；③具体问题具体分析，服从的前提下也要做出自己的能力和特色。

（4）独立自主踏上成功之路

当出现了问题，不是把问题推给上司，而应是自己接过来用自己的大脑多思考，自己解决自己的问题。

这个过程是你完全自由且可以独立自主的过程。你可以让自己的思路尽情地驰骋，让大脑飞转起来，也可以结合先前的积累，集思广益，博采众长，总之，此时一切都靠你了。

如果完成得好，那么离功成名就的日子就不远。如果你一开始就拿问题反问上司，这种期待上司帮你解决的行为不仅是可笑的，而且是愚蠢的。如果还要上司来解决，那么要我们来做什么呢？只是为了将问题推给上司，恐怕没有一个上司会愿意留下这样的下属。

所以，当你发现问题时，只有抛弃身边的每一根拐杖，破釜沉舟，依靠自己，才能赢得最后的胜利。我们活在这个世上，不能没有独立，而这一切又都只能靠你自己，因为我们自己就是我们自己的生存环境。

成功在望，就看我们是将它推开还是一举拿下。

【读心术】

下属可以解决的问题就不能让它与上司有交集。解决问题的能力不仅考验一个人的办事能力，也考验个人对于职场环境的透析程度，以及维护上下级关系的熟练程度。能力往往与关系的好坏和稳固程度相关，下属为上司办事，没有能力也就没有良好融洽的关系，那么一切就免谈。

9 放弃“我做不了”，选择主动请缨

能够办成大事的人，不仅能够做到公私分明，还会摒弃过多的个人消极因素在工作当中。所以即使他们刚开始起步时很艰难，他们也总是在自我肯定、自我激励中抓住机会，放弃任何“我做不了”的念头，选择主动请缨然后全力以赴，能者成，不成也收获经验。所以，注定他们早晚会走向成功。

当杰克刚刚大学毕业就加入了MAX公司，史密斯是他第一任老板。MAX是一家很小的IT公司，杰克在那里负责一些路由器的调试和维修。称其为IT公司实在是有些言过其实，实际上只不过是一个小得不能再小的电子元器件贸易商。

杰克上班的第一天就听到了一个关于史密斯的笑话。据说在公司刚刚开始运行时，史密斯想买几部笔记本电脑装装门面，但是，他又怕员工们会把笔记本带回家，做一些其他的用途。于是，这位老兄把笔记本都装上了螺丝钉拧在桌子上。听完这个笑话让杰克笑了一下午，这个老板可是真够戗；但是，杰克回头又感到自己很悲哀，难道自己真的要在这个蠢蛋的指手画脚下工作吗？！只为了一个月的几百块？！

一天，史密斯招呼杰克到他的办公室。他递给杰克一份招投标的合同，是为一个电网做智能化改造。这可不是一件小事，如果成功这将意味着近千万的进项。可是，电网不是他们的长项，智能化也不是他们的长项，这是NG公司的长项。看着这份招投标合同，杰克确信所有关于史密斯愚蠢的传言是对的。他想，他绝对是一个十足的笨蛋、一个十足的自大狂，想打击对手想疯了，竟然用我们的鸡蛋去碰别人的石头。

不过，在深思熟虑后杰克还是接受了这个“不可能的任务”，他觉得既然有机会就要去尝试，即使努力过后没有成功，那么老板也不会拿自己怎么样。所以，他主动找史密斯承担了这项任务。

在经过了一周的努力，差点把自己变成电力博士和智能化工业硕士前，杰克搞出了一份完美的投标方案。在这个方案里，既彰显了他们的优势，又对NG公司业务方面的漏洞给了重击。可是，当杰克把方案交给史密斯时，

他只是把它放在文件堆里，说了一句：“你干得不错。”

这以后就是艰难而漫长的商务谈判。尽管杰克努力说服电力公司的人，但是结果还是和预想的一致，NG 公司胜出。得到投标失败的那个下午实在是昏暗得不得了，杰克真想冲进史密斯的办公室在他脸上给一拳：“完全是因为你的愚蠢，导致了我的失败。”

这时，史密斯悄悄走到杰克的身后，拍了拍他的肩膀，说：“小伙子，你干得真的不错！”说完，他对在场的所有人大声宣布：“我们赢得了一单大合同，州交通管理局网络系统建设。”这个好消息让同事们激动不已，他们站起来鼓掌。史密斯把杰克从座位上拉了起来，“他是我们最好的战士，是他在电网改造的谈判上拖住了 NG 公司，并且他所做出的关于我们的优势分析和 NG 的劣势分析，帮了我们的大忙！把所有掌声都给他吧，我们干得真不错！”

杰克突然意识到，自己虽然没有把自己承担下来的任务完成，但是自己却完成了这次的选择和转机，这才是自己真正胜利的地方。

很多人在面临工作当中的任务时，都会有自己的主观判断。要么认为工作难，自己没有足够的能力和时间、精力等去完成，所以从一开始就出现了自我消极和退缩的心理，然后直接反映到行为上，犹豫不决却又不得不小心翼翼地对上司说“我做不了”。

要么就是觉得老板思想愚蠢、行动愚蠢、处理问题不公平、不实事求是……横竖看他不顺眼，甚至不乐意和老板合作。在这种情况下，不把工作当成是自己的，认为是在为老板工作，会很不屑又心带嘲弄地说“我做不了”。

无论哪一种情况，只要说出“我做不了”，就会让我们陷入尴尬和糟糕的境地。做不了，否定的不仅仅是老板的眼光，还有我们自己的能力。即使你很忙，当上司给了这样的任务，那么你就有责任合理地分配自己的时间，将工作分出个轻重缓急，再一一处理。合理规划自己的时间和工作进程，有新项目时能够积极应对，这是每一个职场中人办事必须具备的能力。

当手边的工作堆得像山一样高的时候，难免会让人喘不过气来。但换个角度想，若不是碰到特殊状况，就是上司认为你还做得来。能力不佳的人是不会有一大堆工作可做的。试想，如果下属没有任何办事能力，上司会交给他工作吗？当然不会。当上司给你任务时，那就说明这既是一种信任，更是一场考验。如果推脱不干，丧失的不仅是展现自我的时机，也是接受考验提升自己的机会。

所以，遇事先别急着否决，明白了这其中的因果利害，调整好心态，才可做出及时有效的应对。

（1）老板之于下属

老板存在的价值不仅仅是给下属发工资，更多的时候是体现在相处和工作的过程当中，知遇、信任、激励、提拔甚至是反面的刺激，都是不可缺少的个人价值催化剂。所以当有任务轮到你，那么你就不得不揣摩清楚老板的心思。

首先，老板作出一些愚蠢的决定是有可能的。但是，如果他每作出十个决定其中有一半是愚蠢错误的话，那么他就应该破产了。如果你真的感觉老板派给的大部分工作是愚蠢的工作，那么这就该认真考虑了。面临这样的情况，要么服从，要么沟通。

作为员工，一定要明白一件事，做老板讲究的是综合素质，而不是专能。或许老板在很多方面不如你，但毕竟也只是在某些方面而已。老板精通的是抓全局，何必做到样样精通。即使在一个部门中，你也不可能完全熟悉每一个流程和环节。再说，人家坐得比你高，自然有理由。尺有所短，寸有所长。你的功夫多半比不上他的一技之长，或者他的综合素质胜你一筹，至少你的经验阅历略逊他几分。

其次，如果老板是有意识要考察你的话，那么应该说，他对你的能力和水平是了解的，对你能否完成任务，也是心中有数的。上司最不喜欢听到属下在接受任务时说“No”，而只爱听他们说“Yes”。每当有工作要交给属下处理时，上司都希望属下愉快地接受，然后说一句“OK！我一定会尽快办好！”这时，你的上司心里就会有一种满意感、解脱感，进而还会因为你能为他分担重任对你产生谢意和更深的信任。

每一件工作都有难度，特别是重要的工作，难度更大。正因为如此，才需要人们去完成。如果一个人，在接受任务时支支吾吾，犹豫不决，或者认为此项工作难度太大连接受工作的勇气都没有，这样的人缺乏解决困难的信心，只会给老板留下没有上进心，怕负责任等印象。这样就不能赢得老板的信任。

（2）自我肯定与否定

了解了老板的心意和脾气，就应该知道如何应对，如何做才能令上司满意。有工作，就不要过多地去想完成这项任务会如何如何困难，更没有必要现在就担心我一旦完不成会如何等。你要牢记“事在人为”的道理和“有志者事竟成”的箴言，你还要明白你的上司不会无缘无故地将任务交给你。

不在肯定中成功，必在否定中失败。自我否定很可怕。因为，当你一开始说“做不到”或“不行”的时候，你就已经陷入了否定自己的旋涡，然后你会拒绝任何的工作机会而成为一个消极的人。而且，一旦你有了第一次拒绝上司的经验，第二次也会满不在乎地拒绝，然后这就变成了你的习惯。这才是一件很可怕的事。

因此，你可以直接避开任何多虑的问题，然后尽量用最短的时间，用明朗的态度回答:“好的,我一定完成任务！”或“我会尽最大努力去做！”等等。此时，即使任务艰巨，你也有可能在自我肯定中爆发出惊人的力量。当你放弃说“我做不了”而主动请缨时,你这个下属在老板眼中也正变得越来越有价值。

【读心术】

轻易的否定有可能是认知偏差导致，也有可能是沟通不到位引起。无论哪一种，对我们都极其有害。抓住老板的心之所想以及我们应负的责任，将个人情绪和主观想象分开，做一个理性的、理智的办事能手，成为在自我肯定中被上司肯定的职场达人。

10 请假理由再充足也是苍白无力的

老板有老板的派头和理由，员工有员工的职责和应遵守的制度。如果肆意的违背，规不成规，就会成为老板眼中制度的破坏者和始作俑者。首先这样的人就不具备成功所需要的坚守和毅力品质，老板自然不会看好这样的人。所以，在没有更好的机会的时候，一定不要错过现成的机会，随意的请假就是对机会的浪费和践踏。

一飞是公司老板，年轻有为，工作态度认真且很富亲和力，近日招来了新人小韩。但是不久之后，他就发现此人具有的一项缺点，那就是爱请假，而且每次的理由还很充分，让他没有不批准的理由。一次，他早上看到她半夜发来的短信，说是自己发高烧，需要休息一天。他一看同情心大发，不仅批准了，还叮嘱她好好休息，尽早康复。不过，他总觉得这其中有那么一点点的让人难以相信，不过他也没说什么。

下一次，还是这样。一飞不得不将第二天需要跟进的项目交给其他人。小韩病愈后上班，想要重新跟进这个项目，但是一飞直接否决了她的请求，让她转而负责一些次要的工作。因为一飞觉得，每次小韩的请假理由到自己这里都是那么的苍白无力，自己对这样的员工只有失望和轻视。

很多人进入职场后总还把职场当做学校，不舒服或是有事就请假，不管这会给上司留下什么印象，或是给自己带来什么后果。在学校期间，当我们的身体不舒服时，可以趴在桌子上休息甚至可以去请假，家中有事老师一般也都会批准。

但是，职场不是学校，上司不是家长或老师，不能保证总是能够设身处地地为你着想，也不会事事仔细询问，追着你走。当我们踏上工作后，就是工作第一，与上司和老板之间更多的是利益的联系，请假就意味着老板利益的缺失。如果你是老板，你也不会总是赞同员工请假的理由。

再说，每个公司都会有自己的制度和规范，其中必不可少的一条就是关于请假的约定。说是约定其实就像是单方面的条款。我们常常听说的是“公司规定……”，却不曾听过“员工规定……”，这是一种本质性的差别。

所以，每个公司都会很强调员工对于公司的忠诚。因此发展出一套企业文化，员工对公司忠诚是有文化的表现，而忠诚的表现就是对公司制度的严格遵守。制度是一个企业的灵魂，是老板对员工进行约束的最好帮手。因为制度已经被进入公司里的每个人接受，所以违背它们就相当于违背老板的意念和利益。即使你有很充足的请假理由，要知道，你还是缺少了用工作换取相应的报酬的前提。老板绝不喜欢只拿钱不工作还偷懒的员工，而请假最先给他们的就是这种印象。

很多人会抱怨公司请假制度不够人性化，不通情达理。请假制度过于严苛，反而会引起员工的抵触或者消极情绪。而且，人总会有急事或者生病时，这不可避免。但是，当公司请假制度呈现出人性化的时候，又会出现员工太随便请假的现象。这也正是上司头痛，不愿意相信员工的请假理由的所在。

因为，总有些员工会利用请假制度钻空子。“生活中到处都有请假的理由，只看你有没有发现的眼睛！”这是许多爱请假人士可轻松脱身的独特见解。他们懂得生病是最简单也最有效的请假理由。他们知道一种理由不能多次使用，必须学会推陈出新，出奇制胜。

相应的，当员工一招接一招地想出请假理由的时候，上司就会从应接不暇变得麻木不堪。他们很多时候都是被这些爱偷懒的员工逼得不愿意相信那些理由的真实性，即使大多是真实可信的。此时，作为下属和员工，如果不考虑请假后果，那么很容易给上司留下不好的印象。此时，请假理由再充足在老板那里也是苍白无力的。

当有人浑水摸鱼时，不可避免地会带动其他人的效仿，进而引起团队管理上的混乱，导致大多数人遭殃，说出的正当请假理由也苍白无力。此时，不是公司的请假制度太过苛刻，而是你的请假会直接触犯到老板的利益，即使没有什么实质性的影响，但是老板也会认为你是在偷懒，是在拿着他的薪水却不工作。这是一种资本家的本色，也是不可忽视、不得不承认的现实。

所以，我们首先要做到的就是自己绝不能因为可以在必要的时候请假，就滥用自己这种有限的权利。其次，学会请假的学问。请假也需要“投机”，投得准才会赢：

（1）没有十分必要的事情绝不请假。有病或是有急事，先思量一下是否值得牺牲自己的宝贵工作时间，如果稍微有那么点的犹豫，那么就不要请假。

（2）在工作的关键时刻绝不请假。有些事情你会认为值得请假，不过这是在工作不忙不闲的时候。如果你正在赶一个很重要的项目，而且它不仅关系到老板的很大利益，还与你的工作性命攸关，那么，请坚定地告诉自己绝不请假。

（3）请假一定挑好时机。老板心情好的时候，工作内容可暂缓的时候，对手没有空子可钻的时候，你很需要这个假期的时候，此时，你已经具备了请假的条件。

（4）不可用私情请假。你的请假一定要公事公办，即使表面功夫也必须做到遵守制度。尤其是你的上司正好是你深交不错的人，更不能让对方和他人觉得，你是在故意的利用交情偷懒，这样对你和对对方都不利。

职场中的为人处世，请假已经变成了一种分量日渐重要的较量方式。能否取得成功，把握好请假的分寸是其中的韬略之一。如果运用不当，只会适得其反，自食后果。

【读心术】

不必要的请假理由都是一种自己为自己找借口的表现。上司和老板都清楚这一点，以他们的阅历和经验，心态早就平稳、淡定甚至冷漠了，任何的理由都比不上他们的老道，他们可以一眼看穿你的伪装，也可以轻易地将你的请假视作无效。所以，只有做到不自作聪明，才能有效地避免悲剧的发生。

第七章
能力的边界
——靠本事吃饭没错，但并非任何时候都行

美国著名企业家戴尔·卡耐基说："在身处逆境时，适应环境的能力实在惊人。人可以忍受不幸，也可以战胜不幸，因为人有着惊人的潜力，只要立志发挥它，就一定能渡过难关。"人的能力是无极限的，这不仅是指工作的能力，也包括对能力的延伸，在能力的边界处找到并发挥出真本事以外的实力。

很多时候，我们要靠真本事吃饭，但绝不仅限于此。对于最有能力的人，他所经历的风浪总是格外的汹涌。想要对本事之外的目标更有把握，就必须重视对自我的不断挑战，把自我的价值同可以量化的结果联系在一起。确定明确的目标，推动自己不断努力，不断积累各种经验和技能，努力不费力，自信不自负。当能对变化的环境及时做出反应时，领导者的地位就更容易确立。

1 进入公司后，学历成为一张废纸

学历在这个社会看似很重要，在人人都想得到更好的学历的时候，也很容易进入一个死角，认为高学历、好学历就代表了一切。但是，也有越来越多的人，尤其是公司和企业，他们非常明白，学历并不能够代表全部。当你进入公司后，开始的工作是和在学校当中学习几乎完全不同的。没有老师的悉心指导，有的只是自己的学习和摸索。这个过程考验的是实打实的能力。此时，学历已经犹如一张废纸，早就被上司遗忘，而他主要看的绝对是你进入公司后的能力的展现。

堤义明，是个十分细心的企业管理者，他明白小小的人为错误，都可能成为拖垮大企业的祸源。这是他不用聪明人的第一个担忧。他不用聪明人的第二个担忧是，这一类人的欲望野心是常人的十倍甚至百倍。一旦掌握企业大权，很可能私心盖过了良心，他就会开始为自己的权力欲望找出路，不仅压制别人工作，还可能以权谋私。

堤义明敢开口讲明他对聪明人没有信心，这是他有勇气的表现，其他企业管理者，也有不少人对聪明人不信任，却不敢开口承认。堤义明说出了一个事实，很多聪明人以为自己永远聪明，便不再自我进步，成为了落伍者还以为自己胜人一筹。这种聪明人的毛病，在企业界到处可见。

因此，堤义明宁可从平凡人群中，启用自量诚实又肯不断努力充实自己的人出任高层职务。

堤义明的人才选用方法，曾经引起企业界的长期争论。他说："我在提升一名主管人员出任高级部门经理的时候，一定要见见他的太太。当我把一名高级经理擢升为公司董事时，除了他太太，我还要叫他把孩子带来，我要跟他的妻子儿女谈话，了解他的家庭状况。我坚持这是必要的程序，试想，一个不能让妻子儿女感到安心满足的人，怎么可能承担企业的重大责任，怎么能够让无数的职员安心地追随他？"

多少年来，堤义明根本不理会外界人士批评他这种做法是偏激的和猜疑他人的行为。他始终采用这样的手法，选用适当的人，出任西武集团的数以千计的重要职位。

通过这样挑选出来的人，就被委任掌握西武集团的各个部门。多少年来，事业的经营依照计划顺利发展，堤义明守业 10 年，然后全面出击 10 多年，已经把西武这个集团，扩大到成为日本三大集团企业之一的规模。不过还是有人批评，说堤义明是个对别人带有很深的怀疑态度的人，说他是个企业界的暴君。

但是，跟随他做事的人，个个忠于职守，而且表现出了对公司的忠诚，奉献出自己的才干力量，使西武事业壮大成为健全稳定的巨型企业。这就足以证明，就企业的总体利益来看，堤义明选用人才的方法是没有错的。

今天的堤义明是荀子思想的实践者，他要求一个出任重要职位的人具备实用的才学、谦虚的做人态度和高尚的品德。

“我并不需要天才人物为我做事，天才，是不会为职业尽责的，我要用的是有责任感的诚恳的人，他们会在自己的工作岗位上感到满足，从职业中获得快乐，这样的人，才是企业界最需要的才。”

堤义明没有介意外来的批评，他每年都招聘数以千计的年轻人，进入他的集团做事，仍然采取一贯的平等政策，不管你是一流大学、二三流大学或高中程度，只要通过他特定的测验，就可以成为西武的一分子。

这种作风，使西武集团内部出现一个很特殊的现象，就是没有人会拿自己读过什么大学来炫耀，甚至谁也不提自己的学历。至于谁的能力最好或是普通，就凭进入公司之后的工作表现决定。

当然学历高，学历好，一定程度上还是能说明接受教育水平高，或者相应的教育水平更好一点。但是，进入公司和职场，考验的则是业务水平、人际关系能力、工作能力、实战能力。只有把这些综合能力做好了，才算是一个真正合格的职场人。如果不能适应新的环境，学习与以往不同的处世能力，还抱着学历这块敲门砖不放，自我陶醉，那么等翻然醒悟的时候恐怕已晚矣。

所以，必须清醒地认识到，高学历不代表高能力，低学历不代表你知识少。我们的人生就像是一场赌博，职场更是一场赌博，你可以选择你出的牌,从而决定自己的输赢。在职场中无望的等待天上掉馅饼不是明智之举，你应该积极地占据主动位置，学会“赌博”，学会扭转局势，因为赢才是硬道理。

高学历最忌讳的是骄傲自满，不思进取；低学历切莫自卑消极，悲观自轻。对于任何一者而言，最重要的就是放平心态，不卑不亢，完美自信地走出自己职场中的第一步，多向前辈同事学习，多充实自己、提升自己。用自己的聪明提前准备好能保护自己的武器——知识和能力，并充分发挥才能，让它们给自己打开一扇机会之门。

【读心术】

职场不是否认学历的真实价值，也不是对拥有学历的人一竿子打死。职场是一个更加务实的地方，需要的是真才实学的本事，以及在此基础上对工作的心态、认识和行动。只有靠自己的努力和本事，才能施展才能，还能不断地积累沉淀，让能力逐渐增长。这是一个人生存的过程，也是实现人生价值的过程。所以，不是一时的努力就能够全部代表了的，学历在跨入职场的那一刻也就失效了。

a 任何时候都别忘了靠本事吃饭

在任何一种场合当中，都有相应的法则和规则在运转着，当然其中的参与者也必须遵守才能够继续下去。职场就是一个看似独立却又与众多其他场合相交融的场所，既笼统又抽象。但不变的规则就是任何一个参与者都要有自己的真本事，才能够适应职场的规则，求得生存。

李一明毕业于一所职校，作为设计人员进入公司，业务水平真是不敢恭维，连最简单的平面设计都做不了，设计软件用的也不熟练，真不知道老总怎么聘用了他。也许李一明知道自己的不足，天天早来晚走，每天早上都把办公室打扫得整洁干净，烧好开水，等公司员工争分夺秒地跑进公司打卡，李一明稳稳地坐在电脑前，神情专注地看着各种设计作品。下班后，李一明也是最晚一个离开办公室，练习设计各种图案，尽管这样勤奋，可李一明的设计水平提高地并不快，似乎没有什么长进，同事们都认为，他是公司里最笨、最平庸的一个人。

由于公司规模小，效益也不太好，同事们都陆续地离开了，老员工纷纷跳槽，此时已“晋升”为老职员的李一明没有受到任何影响，仍然勤勤恳恳地工作着，无论公司发生什么变化，他自岿然不动。让人意想不到的是，这家小广告公司发展速度奇快，从原来的十几人，壮大到六七十人，原来平庸的职场菜鸟李一明也成为了公司的元老。就在前几天的一个竞标会议上，李一明作为公司的副总发表了竞标演讲，李一明成熟稳重，业务娴熟，颇具风度，让人刮目相看。

会后，有一位已多次跳槽仍是一名职员的老同事、旧相识，和李一明坐在一起聊天：“想不到你的潜力这样大，发展得这样好！”

李一明笑笑说：“其实当时我是公司最平庸的一个员工，你们当中的任何一个人坚持到现在,都能做到我这个位置。我不像你们有更多更好的选择，我只能把握住当前的机会,不断的积累经验来提高自己的能力。因为我知道，任何时候都不能忘了靠本事吃饭。如果我在还没有真正的本事的时候就急着跳槽，那么我永远都不可能有好的机会。”

追求靠真本事吃饭，可以让平庸变得卓越，可以让平凡变得非凡。身在职场，胜出的未必都是聪明人，即使是看似平凡的职场人，只要勤奋、执著、坚持不懈，同样可以成为职场当中最可用的人才。

李小龙以一个东方人的身份能够在美国闯出一番天地，不仅赢得东方人的敬重，也赢得西方人的推崇，这当中李小龙的真功夫、真本事起到了决定性的作用。他的一拳一脚，都让人生畏。很多时候，镜头里的他，都要因为照顾对手而放慢自己出拳出脚的速度和力道，正因为如此，这背后真正的功夫才赢得了更多熟悉他的人的敬重和纪念。

踏破铁鞋无觅处，得来全不费工夫。如果只看后半句，似乎充满了幸运的色彩，但是，不可断章取义、管中窥豹的道理我们都懂。所以，加上前半句，我们才知道，后来的“得来”是在“踏破铁鞋”的不懈努力之后才实现的。试想，没有经过尝试和努力，怎么能够发现并确信要找的就是它呢?

职场当中几乎残酷的竞争已经让众多的职场人士认识到了真本事的重要性。因为只有竞争，人们才能意识到自己的不足，意识到差距，嗅出潜伏的危机。有人被这样紧张的环境吓怕，进而开始懊恼、厌烦、逃避、沮丧，直至妄自菲薄，失去信心。这是我们都不愿意看到，或者不希望降临到自己身上的，但是却是实际存在着的职场现象。

这其中的关键一点就是一开始没有摆正心态，去认识到改变的重要性。正所谓适者生存，强者淘汰弱者。我们如果不去改变，停止进步就会被淘汰，生存就会有危机。在职场当中任何时候都是靠真本事吃饭，如果想滥竽充数是根本行不通的，只有随时不断地提高自己的本事，才能立足，否则根本谈不上实现理想抱负，连最基本的生活都会成问题。正确的心态能帮我们树立正确的价值观和行动观，是个人良好能力在心理方面的集中体现。

没有真本事就不会有成功，就如没有调查就没有发言权，没有发言权也就没有成果一样。能力不仅局限于职场上的专业技能，它还涉及很多复杂的人、事和物。不仅要实干、苦干，更要巧干，一定要靠本事吃饭。

只有拥有了真本事，才能办成事，做出成绩，这样，上司欣赏你、想提拔你才会成为可能。如果没有这个先决条件,那么一切都是枉然。任何时候，都不可忘记了让自己变强、变得有本事，即使八面玲珑，这在职场中也是一种吃饭的本事，有能力者才为之，没能力者也无可厚非。

【读心术】

吃饭的本事从小到大我们会自然而然地接触到，耳闻目染都能明白不少。但是真正的比较系统、比较有针对性的还是在职场里。任何人都可以适应职场，只要做个有心人，乐观向前，注重积累和学习，那么就不愁没有机会和施展抱负的平台。

3 比靠山还可靠的，是让自己有价值

在职场中，和上司们搞好关系是一门必修的功课，为自己找好靠山很重要。有了靠山，做起事来就可以顺风顺水，更加容易。但是，只有靠山，自己没有真材实料，很难让上司保持对自己持续的信赖和重用。因此，比靠山更重要更可靠的，是让自己有足够的价值，以至于每个上司都争相拉拢你。

深圳某公司人力资源部一位女主管，初中学历，但非常世故，对部门经理、董事卖力讨好，做事表现得非常干练，因此也比较受上司欢迎，后来一

路被提拔为董事助理。但对同事，尤其是工人，态度就完全不一样了。别的同事找她办点事，她会摆着一副架子；如果是工人来找她签个字，她会让对方在门外等上几个小时。由此她也被大家称做“一把刀子”。她以为自己靠山强大，对别人的意见根本不放在心上。

但接下来的一件事彻底改变了她的前程：2008 年新《劳动法》出台之前，公司兴起了裁老工人风波，为了讨好董事，她提议如果辞职走人的，每个月按最低工资 750 元 / 月一次性赔偿，而且不含加班费。她以为工人很无知，其实工人也很关注《劳动法》，他们知道必须按一个月的实得工资赔，于是就兴起大罢工运动。她的一个馊主意让公司损失无数，当然她也被立即开除。

这位女主管有靠山不错，但是她过分地高估了靠山的作用忽略了自身的价值，导致行为偏颇，最后反而搬起石头砸自己的脚，不仅没了靠山还害了自己。这种善于与上司搞好关系，却不懂得提升自己价值的人，不会在职场中有大的作为。

其实，能力是一个人安身立命的资本，你可以借此找到靠山，也可以凭借能力让靠山恒久的支持你，做你的保护伞。

红极一时的电视剧《潜伏》的男主人公余则成，在环境复杂、险象环生的军统、保密局中能够屡屡化险为夷，就得益于他善于为自己寻找有力的靠山。一开始的吕宗芳，后来的站长，甚至是死去的戴笠，都成为了他的靠山。正是这些靠山的存在，才让余则成多次转危为安，不引人怀疑。但是，比靠山更重要的，是余则成本身的价值。如果没有军统背景，吕宗芳绝不会拉拢他。如果没有立下大功，戴笠也不会青眼相加。如果他不能帮站长弄钱，也不可能获得庇护。

所以，在职场中一定要认清自己的位置和价值。在极力争取、维护自己靠山的同时，一定要注重加强自身的素养，完善自己的技能，提升个人价值，让自己的靠山更加的可靠。这是一种双向选择、双赢的局面。靠山给你的庇护和你的价值之间是同消同长的关系。你更有价值，靠山会为你提供更加有力的依靠；你价值不足，那么靠山再强大也不能长久地凸显你的位置。况且，如果只会溜须拍马，只能是奴才的命。

认清自我，认清现实，提升自己的能力和价值，是最可靠的保障。

（1）自我存在，就有存在的价值

很多人妄自菲薄，觉得自己不过是职场上的小人物，对上司而言毫无价值。其实不然，每个人都是有价值的，你的存在就是一种价值。就好比任何形式、任何时候的存在都有他存在的道理一样，自我存在，就有存在的价值，关键是看你能不能发现自己存在的价值，并有效的加以利用，进行充分发挥。

首先完成分内的事情，这就是最基本的价值体现。不在其位，不谋其政。既然在其位，就要谋其职。这是本职体现，是存在的价值的实现。如果一个人，没有认识到自己在其位要实现的价值，或者不足以完全实现，那么，他也就不可能有更进一步发展的机会。

（2）完成工作，是典型的属下价值

完成上司分配的工作，并不是指办公室里的公事。公事对于每个人来说，都是必须完成的基本作业，而要让上司觉得你有价值，就必须做一些公事之外的。每个上司都会有额外的事情，或者家事，或者私事。当他愿意把这些事情派给你做时，说明对你有了相当的信任度。一个真正的职场高手，在遇到上司派给私事时，从不会推脱，反而会加倍用心做好。

你完成一件上司的私事，抵得上做好十件公事。千万不要以为，公司付给你工资就是让你只做工作的。如果你真的需要上司的信任，真的还有大志的话，就应该把上司的私事当作正事来办。而一个铁杆亲信的价值在哪里呢？那就是不管上司说什么，想要什么，都有人为他办得妥妥帖帖，再也不用多操心。如果能做到一步，你就将是上司身边不可取代的一部分。

（3）独当一面，是最有力的价值

在职场上，做好一切工作，有加薪、晋升等好机会的前提就是，你能够独当一面，让自己变得更有价值。如果你可以独当一面的完成工作，如果你有足够的资源完成项目，如果你可以把上司安排的事情完成得妥妥帖帖，那你的价值就体现出来了。

但是，不要以为靠自己的本事吃饭就完事了。一个有能力的人，并不一定是有价值的人。有能力对你而言并非价值，而是用处。如果只有才能却发挥不出来相应的价值，比如恃才傲物，对上司做不到服从，与同事无法团结，那么，没人用你再有能耐也是白费。只有有能力并且能够独当一面，在职场中游刃有余的人，才可以成就最有力的价值，在职场中屹立不倒。

【读心术】

靠人不如靠己，揭示出自身价值的重要性，往往自身是成就一切的根本。但是时代处境不同，关系和能力的边界也会发生变化。靠人还是很重要的，靠山是一层保护伞，但是不变的是自身价值的体现，否则，舍本逐末，只会搬起石头砸自己的脚，得不偿失。

4 让自己成为公司不可或缺的人

想要在公司中有一席之地，在职场中立于不败之地，就要让自己变成不可或缺的人才。不仅要及时掌握足够的技能和本事保证自己的生存，还要变成紧俏的职场达人，为自己在公司当中谋得受重视的机会。

夏敏从学校毕业后，进入一家公司实习。同来的有 4 个实习生，每天就是干些打扫卫生、复印、装订、接电话之类的简单工作。

这是家大公司，公司老总做事情比较人性化，虽然实习生可以不给薪酬，但是，他依然给这几个实习生开了每月 1200 元的工资，另外，恰逢中秋节，还给每个人 500 元的购物卡。领到卡以后，这几个女孩子都兴冲冲地去超市购物了，但是，夏敏却不是很开心，她在想她的工作：包括自己在内的这几个实习生都希望以后能留在这个公司工作，可是，她们几个每天干那些没有任何技术含量的杂活，那是学不到真本事的。于是，夏敏开始用心学习真本事。

公司的销售人员口才都比较好，和客户谈话的技巧比较高，另外，销售员一般都有个特点，都是大着嗓门打电话。平时在公司，夏敏人坐在电脑前，她的耳朵却是在听销售高手是怎么和客户谈判，他们的语气和技巧，她都仔细地听，认真地在心中揣摩。

为了分清楚公司各个产品的型号以及功能的区别，夏敏经常主动到公司的生产基地去干活。放着轻松的写字楼工作不干，而去生产基地干力气活，其他几个实习生觉得夏敏真是傻透了。

在生产基地，夏敏勤学好问，很快就弄懂了这些产品的基本原理。公司的研发部是和生产基地连在一起的，为的就是方便研发部的技术人员能够及时指导工人生产。很多时候，研发部的技术人员对于返回的仪器进行修理的时候，夏敏都在一边默默地看着。不明白的地方，夏敏就虚心地请教。研发部的技术人员大多都是年轻人，夏敏和他们沟通地很好，他们也乐意传授维修技术。

一次，一家钢铁厂买的仪器，用了半年后不能正常运转，于是就派专人送到公司进行免费维修，客户住在宾馆，一天几个电话地催促公司赶紧修理，说他们钢铁厂还等着使用这台仪器呢。但是，技术人员都出差去了，售后服务部经理很是发愁。这个时候，夏敏主动请缨，要求试试看。经理瞪大眼睛："你会修理？"夏敏谦虚地说："我也不敢担保能修好，反正技术人员都出差了，咱就死马当活马医吧，如果真医治不好，等技术人员回来后，再由他们去维修就是。"经理一听，也是这个道理，于是放手让夏敏"折腾"去了。

夏敏仔细检查后，发现这台仪器和公司技术人员半月前维修的一台仪器的"症状"是一样的，于是，她就靠着记忆，在脑海中比着半个月前的"葫芦"去画现在手中的"瓢"，半个小时后，这台仪器居然被夏敏修理好了。售后服务部经理非常高兴，立即通知客户来领仪器，客户来后，经理指着夏敏开玩笑说："这个是我们公司的女工程师，就是她亲自动手，把这仪器修理好的。"客户非常佩服地说："你们公司技术人员真厉害，女工程师这么年轻，水平却很高！说实话，这台仪器在我们厂，几个老工程师一起会诊，最后也没有会诊明白，只得送你们这儿维修了。"说完，客户带着仪器满意地走了。

客户走后，经理禁不住哈哈大笑，他对夏敏竖起了大拇指，夏敏心里很是自豪。很快，夏敏"女工程师"的逸事就在公司传开了，老总听了很高兴，暗想：夏敏这个女孩真不错，能吃苦，到公司后，口才也进步得很快，更重要的是知道学习新知识，是个可以塑造的人才。

三个月的实习期过完，几个实习生纷纷写申请，想留在公司工作。申请到了老总那里，老总毫不犹豫地把其他几个实习生的申请否决了，同时果断地批准了夏敏的申请。

按照公司的规定，实习生留用后，还需要三个月的试用期，但是，老总直接指示公司人力资源部和夏敏签订了正式的劳动合同，也就是说，夏敏不需要试用，直接被公司正式聘用了。被分到售后服务部工作。

夏敏对公司的各种产品的性能比较熟悉，口才又好，很有谈话技巧，并且还有单人维修好一台仪器的水平，老总相信，夏敏接听公司的售后服务热线，肯定能很好地为客户答疑解惑，肯定能出色地做好自己的本职工作。

坐在办公室里一直抱怨不公的人，永远不会有计划升到让人艳羡的那一步。只有不可或缺的人才，才能站稳自己的位置，收获更多的成长和回报。怨天尤人的人只会让自己与他人的差别越来越大,让自己的境地越来越糟糕。

《清明上河图》只有一幅，所以成为国之瑰宝，价值连城。长城象征着一个民族的脊梁，被亿万人敬仰，那是它的不可复制。因为独一无二，因为价值不凡，所以不可或缺。也正因为不可或缺，所以它们成了永恒的存在。

大多数人不可能实现永恒的存在，无论是肉体上的还是影响上的。但是在人短短的职场生涯中，想要让自己不可或缺，还是大有可能的。依次做到下面几点，相信我们一定能够有全新的发现。

（1）认清现实

人每到一个阶段，都需要认真的重新审视自己和他人，以及彼此间的差距，并清楚的意识到差距在哪里。知己知彼，才能让我们看清我们现在令人不满意或者是糟糕的境地的原因，还有为了改变这种情况我们需要前进的方向。知识、技能的不足，根本性地制约着我们的步伐和理想。所以，一切都从认清自己、认清现实开始。

（2）摒弃抱怨

差距不应该是抱怨的源泉，而应是促使我们行动的动力。毕竟，抱怨不能为我们带来出路，只会让人自甘堕落。真正的出路在脚下，在行动当中，在智慧当中。不要认为差距是对我们的不公，因为差距只是衡量过程中需要添加上去的砝码,而进行这一操作的将会是我们自己。至于添加砝码的多少，也是由我们自己来决定。我们可以让天平继续向别人倾斜，也可以平衡，更可以让天平向我们倾斜。一切都是由我们自己做主。所以，主动权在我们自己手中，我们无权抱怨，否则只会浪费时间和生命。

（3）勇敢行动

我们想要在职场中获得胜利，我们想要成为公司当中不可替代的人。那么，我们就要付出行动，勇敢无畏大步向前走，努力地充实自己的知识，拓展自己的能力，练就一身属于自己的技能，迎接属于我们的光明。

【读心术】

企业间的竞争，就是让自己的产品替代别人的产品，让自己的产品更加超前，不被别的企业产品所替代。员工也是如此，停步不前，不能为公司带来适应竞争的技术，那么公司就同样容易被替代掉。所以，更新换代是不变的时代规律。职场中人也如此。只有不断地学习“充电”，保证自己不可替代才是硬道理。

5 技能与才干也有帮不了你的时候

职场当中总是充满着较多的利益往来。因此，大家对待工作都会小心谨慎，很多时候都不能够短时间内作出决定。但是别急，这并不代表没有机会。因为只要付出了努力，展示了能力，那么就会有收到成效的那一天。即使不能立竿见影，但是耐心的等待，后面的收获会更大。

任重原本是公司技术部的一名骨干，凡他经手的项目都是立竿见影出成效，因为他一贯的作风就是雷厉风行，速战速决。因为表现好，上司也是多次称赞。但是让他很意想不到的是，上司居然把他从技术部调到了销售部，而且还是从一线开始做。虽然上司很明确的对自己说，以他的能力，只要努力，就很有可能从一线员工升到管理层。

别提任重对于上司的决定有多么的不认同，他觉得上司很明显是抛弃了自己，对自己采取了彻底的降职和惩罚。虽然不知道自己的问题出在了哪里，但是任重也不会自暴自弃，他告诉自己一定要用自己的才干和能力作出最好的业绩给上司看看。

调整好了心态后，任重马上投入到了销售一线的工作。他除了做好分内工作，休息时间还用来进行市场调查，作工作总结。还有关于销售部的若干问题建议他都充分发挥做技术工作时候的作风，立马送到上司办公室，让上司看到自己不仅在工作，而且还是在积极努力的工作。

可是，就在任重以为自己前期的准备已经够充分，对待客户的态度已经够良好，客户完全应该有理由签下合同的时候，他发现客户都是拒绝签字。即使他态度再怎么诚恳，客户也没能点头。如此两个月下来，任重开始有点怀疑自己当初说服自己的理由现在是否还够充分。没有做出业绩，光有技能和才干有什么用呢。每次的业绩评比，别人都可以遥遥领先，而自己总是没有进步。

如此耗费时间完全是在做无用功，最后任重想到了一个方法，就是向那些业绩突出的人取经。最后一位前辈同意让任重跟着自己去跑单子，但是只能看不能说。前辈这次跑的是半个月前见过面的客户。一见面大家就嘘寒问暖的，谈话间隙，前辈才很云淡风轻地询问客户对于自己的单子考虑得如何。任重完全没有在意这样的气氛能促成什么单子，但是没想到客户居然很爽快地答应了。

事后，任重想要问个明白，但是前辈只笑不说，只告诉任重现在应该去追自己的单子，而且是至少半个月以前的。将信将疑的任重按照前辈的话做，没想到果然有几个客户签了合同。同时，还向自己抱怨有些销售员就像轰炸机似地对他们狂轰滥炸，根本不给他们考察和思考的时间，这样哪有谁会轻易的签合同。这时任重才明白，自己发挥技术上的严谨态度没错，但是太急功近利，不给与自己打交道的客户主动思考的时间。相信这也是上司的良苦用心。很多时候，学会等待，不仅是前辈和上司让自己学会的，也是职场的一门必修课。

从抱怨到疑惑，从解惑到成功，这是一个对自己进行重新认知和思考的过程，也是发现问题解决问题进而走向成功的过程。从这个过程中我们发现，职场中真的是有不管多么强的本事，多么好的技能和才干也可能帮不上忙的时候。这种时刻，相当于人生和事业的一个转折点。如果领悟的话，就可以实现突破和飞跃。如果不能领悟，死钻牛角尖，只会抱怨，不找方法改变，那么就会逐渐脱离正轨，技能和才干也帮不了。

因此，当你的能力在职场中也不能确保你的安全的时候，你就要向其他方向寻找出路。

最重要的一点就是对自己特定岗位必须有充分的理解和诠释，以及在此基础上的觉悟，学会灵活应对，有耐心，给人留下回旋的空间。有时候，这种觉悟甚至比自身的技能和才干还重要。

秦始皇统一六国前，他是最有远见和魄力的君主，他的军队是各个国家当中最强的，而且他还有善谋断的丞相李斯，有众多的将领和谋士。但是，他仍然不能够一下子灭掉六国直接实现统一。此时，他选择了让姚贾去破坏六国的合纵连横。姚贾开始拿着他给的大笔活动经费在六国间周旋。最后用几年的时间终于破了六国间的联盟，为秦国吞并六国铺平了道路。

秦国有很多其他国所不具备的优势，但是秦始皇却不能够贸然行事，否则容易促成六国坚实的联盟，那么他的统一计划将会遥遥无期。所以他选择等待，花费重金，花费时间，赢得更好的时机。

一个人工作的技能和才干可以在工作当中逐渐的积累，欠缺的时候还可以借助他人的力量得到满足，同样可以成事。但是，倘若忽视了这种觉悟，就很可能直接丧失掉成功的机会。这是一种超能力的能力，是职场人必须要学会的灵活应对方式。因地制宜，因势利导，因人而异，都可以成为我们思考行事的技巧和指导。这点我们可以从秦始皇身上深深的领悟到。

所以，有一个提法是能力只是能耐的二分之一。这句话是有一定的道理的。能力如果是一种硬实力的话，那么必须有软实力的辅佐，才能够形成巨大的能耐，做成更多的事情，使我们的职场之路更加顺利。因此，有耐心，学会等待，让自己的努力和能力在等待当中发酵、酝酿，得到的结果也就会更加甘甜可口。

【读心术】

事情往往在我们将事情看得更清楚的时候出现了转机。不是巧合，不是幸运，而是我们的努力已经真正的付出了，我们的耐心等待给了彼此时间和余地，进而用我们的坦然和自信为自己赢得了机会。靠本事吃饭，更要靠自信和耐心加分。

6 不要表现得你比别人更聪明

我们处在一个越来越开放、越来越急功近利的时代，人类的才智得到空前的解放和开发。尤其是在职场中，个人的表现和业绩直接与个人的利益挂钩，甚至决定着一个人的生活质量和前途。所以，为了更好地生活，人们争先恐后地显才露己，想要表现得更积极、更聪明，让上司看到更加有能力的自己，从而给予更多的嘉奖。

职场中人这种积极进取的精神固然没错，而且这样还能提高人们的精神面貌和工作效率。但是，凡事都有两面性，物极必反。既然人人都想要表现出自己的优秀，而人与人之间的能力的差别又确实存在的。所以，当一些人表现的更优秀更聪明使得另一些人相形见绌的时候，也就是工作环境中的矛盾开始出现的时候。

宋帅所在的报社很讲求务实和实干，成绩是说服人的最好方式。而宋帅恰是一个非常有能力的记者，敏锐的洞察力，良好的口才，优秀的文笔常常使他的报道趋于完美。他策划的选题虽然并非次次都是头条新闻，但是引起的轰动效应却不可小觑。

鉴于此，主编一旦有什么重大选题都交给宋帅，宋帅也从不推辞，认为能者多劳。起初一两次也没什么，次数多了，有些同事就开始出现不满的情绪，认为他太嚣张，好的选题老是他霸占，从不给别人一个证明自己、表现自己的机会。渐渐地，同事都开始疏远宋帅。但宋帅很不以为然，他觉得一个有能力的人，就应该而且注定会与众不同。

当记者部主任辞职的时候，报社需要挑选出一个新的主任。高层决定采用民主选举的方法，让所有员工投票选出自己心目中有能力且能够胜任的主任。宋帅当时非常有信心，自己的能力和业绩大家有目共睹，主任肯定非他莫属。然而，让宋帅想不到的是，非但没有人选他，大多数人反而还把票投给了一个平庸的人。

更惨的是，新上任的主任仿佛真的是众望所归，很好的“发扬”了大家对于宋帅的认同，再也没有把重点选题交给宋帅负责，而只让他跟进一些可有可无的小事。此时，宋帅才知道，当自己表现的比别人聪明的时候，也是大家对自己开始疏远和孤立的时候，而这对于职场中人来说是多么的可怕，如今的自己一点施展能力的空间都没有，空留下懊悔。

无论从哪一点上讲，人发挥自己的聪明才智和办事能力绝对没有错。但是时代和环境的变迁使得这些道理也不可避免的出现了变化，只有顺应了时代才能适者生存。人的聪明不可被替代，它也是人成功的基础。但是，大环境下，必须懂得养精蓄锐，适当地收敛自己的锋芒，才不至于招来更多的敌人和对手。这样，和同事间可以保持相对愉快轻松的工作环境，对自己工作的进步也是相当有好处的。

法国哲学家罗西法古有句名言：“如果你要得到仇人，就表现得比你的朋友优越；如果你要得到朋友，就让你的朋友表现得比你优越。”虽然后者的做法对于职场中人已经不再完全适用，但是前者的做法却是不变的真理。

过分的表现聪明智慧会让自己树敌更多。不是不允许聪明，而是忌讳故意表现聪明，或是无意识的傻傻展示聪明却不知周围已经羡慕嫉妒恨的眼睛可以把人盯死。前者聪明反被聪明误，迟早被排斥；后者浑然不知，不能否认在一些地方的聪明，但是也不得不说此时的警觉性不高导致后果很严重。这两者都容易把自己带入不利的境地，这并不是自己的本事和能力能够简单解决的情况。

真正聪明的人对自己的聪明总是轻描淡写、谦虚、不张狂，从而赢得别人的敬重和拥护；有点小聪明的人则对自己的小聪明大声喧哗，哗众取宠，结果众叛亲离。这不仅仅是只会出现在书面上的言论，现实中也切切实实的在上演着，哭与笑总在是否真的够聪明上进行着徘徊。

所以，为了不重蹈覆辙，让自己有更好的成长环境，更加充分的发挥自己的能力，我们应该让自己学会在必要的时候表现得谦逊和深沉，甚至是有“城府”一点儿。

（1）能力用在刀刃上

尽可能把能力和本事多用在工作上，而且是关键性的时刻。所以在平常就要注意自己的方式，注意是否自己的太过积极没有给同事留下任何空间。如果是这样，那么就要稍微让自己放松下了，缓和一下和同事们之间的气氛，多与同事交流沟通，让他们明白自己的努力和别无他意，在彼此信任的基础上开展自己的工作。

（2）不对别人指手画脚

别总想比别人看上去更聪明，进而去指责他人的过错。如果别人有过错，无论你采取什么方式指出别人的错误，都会为自己带来难堪的后果。

人都有自己的尊严和面子，尤其是对职场中人。谁也不想自己的自尊心被伤害和威胁到。所以，当你指出他的错误时，他会很小心，而且绝对会多想。任何不经意的甚至是善意的言行举止，一个眼神，一种腔调，一个手势，都可能被别人误解。一些本没有的成分，比如，蔑视、取笑都能够被他人联想到。他此时需要的不是你指出错误，而是自己的冷静和思考，以及需要的时候才会寻求的帮助。对于不需要你的此刻来说，保持应有的缄默，收起自己的聪明，才是真正的聪明之举。

（3）不为了表现自己而高谈阔论

说话、谈论的确是一个表现人的才智和见识的好方式。但是职场中人不需要在高谈阔论中被赏识，而是要在工作能力和业绩上表现。在同事面前高谈阔论对自己没有多少好处。即使你一时逞了口舌之快，得到了表现自我的满足，但是你相当于把别人都看成是一无所知的人。大家都是有主张的，没有谁心甘情愿的被别人看成是庸才。

所以，这样招来的只会是人们在心中更多的鄙视、抵触甚至是以敌视之。这是很不妙的事情。因为一般这种情况下当事人都不自知，也就毫无防备，吃亏则是注定的。所以一定要注意言行，适当的交流沟通是必要的，但是切忌过分高谈阔论。

总之，我们提倡人们更聪明，越聪明说明我们的社会越进步，人民的素质越高，国家也就越繁荣。但是，聪明人争奇斗艳只会增加内耗，伤人伤己。只有保持谦逊，不表现的比别人更聪明，那么，个人的聪明才智才能够更好的发挥。

【读心术】

人人梦想着出人头地，扬名立万。但如果你处处显山露水，争着炫耀自己，想尽办法成为别人妒羡的目标，那么，在你的虚荣心不断得到满足的时候，你就离失败越来越近了。一位哲人说："要比别人聪明，但不要告诉人家你比他更聪明。"也就是说，你即便真有两下子，也不要太出风头，要藏而不露，深有城府，适当时机才能一发制胜。

7 让别人成为你的"嫁衣"

走向职场的成功，聪明人不仅会积极发挥自己的聪明，在自己的力量还没有足够强大的时候，还会借助他人的力量，当做走向成功的捷径。即使有了一定的成绩，这也会带来更大的成功。这是一个聪明人绝对会选择的途径。对于一个人来说，要获得进一步发展，免不了借助他人的力量，让别人成为前进路上的"嫁衣"。

聪明人不分阶层高低，不分贫富贵贱，不分职位工种，只要将自己的工作做得好做得出色，那么他就是一个聪明的人。王智是一家小保健品公司的推销员，他一直兢兢业业，并充分发挥自己的能力，因此在公司也小有成绩。一天，令他万万没想到的是他乘坐的飞机遭遇到了劫机事件。在惊心动魄的几个小时后，幸好危机得以解除，飞机和全体乘客才都安然无恙。

因此，这次劫机事件很快成为一条重大新闻，当飞机最终安然无恙地降落、乘客们有序地步出机舱时，已有多家新闻媒体在等着进行采访报道。走在后面的王智看到这种阵势，虽然觉得是在意料之中，但是还是有点惊魂甫定。他觉得对于自己的人生来说，这是很重大令人难忘的事情。也许不该如同大多的新闻报道后这样匆匆就结束，必须为自己留下点什么才不枉此番遭遇。

想到新闻报道，想到劫机后又成功脱险全体安然无恙等这些必将成为媒体大肆报道的内容，而人们对大家的关心也必定有更多的人关注。他在想自己究竟要以什么样的姿态和表情来迎接着属于自己的一瞬间呢?

要刻骨铭心，要让大家记住有代表性的自己。在走出舱门的瞬间，他突然间想到了什么，于是做出了一个常人难以预料的举动——从箱子里找出一张大纸，写下一行大字："我是 ×× 公司的推销员，我和我公司的 ×× 牌保健品安然无恙。非常感谢营救我们的人！"

一出机舱，他和这块牌子很快被各大媒体的摄影、摄像镜头捕捉到了。记者的镜头当中出现了一个乐观镇定的人，出现了一个懂得感恩的人，这是对这次事件很好的影响力和渲染力的肯定。一时间，王智成为了这次劫机事件的明星。

王智这一别出心裁的举动，令他的公司和产品变得家喻户晓，客户的订单一个接着一个。当王智回公司时，公司老板带着所有的中层主管，在公司门口夹道欢迎他。老板当场宣读了对他的任命：主管营销和公关的副总经理。

王智在下飞机的瞬间，和所有的乘客一样，肯定也在回味自己的遭遇，考虑自己生命的安危，但他同时也抓住了整个事件的良好的影响力，并把自己的企业和工作放在心上，将两者巧合的运用在一起，作出了一个简单而难能可贵的决定。从而成就了他这个极为优秀的推销员。

在我们的周围，总有这样一群人，他们对生活和工作牢骚满腹，却在现实工作中委曲求全；他们耗尽几年时间考得各种证书，却在工作岗位上平平庸庸；更有甚者，他们在自己从事的行业里奋斗多年，最后却失去了职场竞争力。

其实，在职场中，不是我们不聪明，也不是我们不努力，而是很多时候都需要转换思路去思考问题，转换方法去执行任务。善于借用他人的力量，不管是有形的还是无形的，只要能够帮助我们做好自己，那么就可以拿来用。

荀子在《劝学》中说：假舆马者，非利足也，而至千里。假舟楫者，非能水也，而决江河。君子生非异也，善假于物也。很多事情单靠个人自己的力量是很难完成的，为了在职场中取得成功，不仅要靠自己的能力和本事，还必须学会借助外界的力量，在有利的情势下让别人成为我们进阶的“嫁衣”。

比尔·盖茨说：一个善于借助他人力量的企业家，应该说是一个聪明的企业家。在办事的过程中善于借助他人力量的人也是一个聪明的人。所以聪明人大都是通过别人的力量，去达成自己的目标。

即使先天有很多的不足，后天的努力还是可以弥补的。借助学习，利用和借助外界条件，在充分发挥自己长处的同时也能弥补自己的不足，取得更显著的成效。君子之所以能超越常人，并非先天素质与一般人有差异，更多的是依靠后天的学习，并善于抓住有利形势，把握住好时机加以运用。

什么样的选择，决定什么样的人生；什么样的头脑和能力决定什么样的职场选择。什么样的职业选择，成就什么样的职业之路。你今天的现状是你几年前选择的结果，而你今天的选择将决定今后的生活品质。现在的社会，离不开人与人的合作，单兵作战已经成为历史。只有善借外力，学会将他人创造的有利时机与自己的能力嫁接在一起，起到为自己的工作带来成绩的效果，才能更容易赢得别人的支持，才能求得发展。

同时，在我们这样花费时间和精力经营我们的事业的时候，千万要记住，不能够让我们的付出反倒成了别人的嫁衣。这不仅是我们巧用自己的智慧的时候，也是对我们工作进行考验的时候。只有工作做的到位，机会抓的准确，那么我们就不会做无用功。

【读心术】

一切能力的发挥都要先从透彻的了解自己开始。正确了解自己、了解职场，一步一个脚印，进而了解他人，然后看到自己的优点和不足，看到他人的长处能弥补我们的不足，然后在天时地利的时候将他们的长处转化到我们的努力当中，那么自然可以达到人和的效果。而这就是我们在自己的聪明之上更上一层的诀窍。

第八章

责任的划分

——这些事情不用交代就应该办好

《犹太法典》说："原以为一定会有人带蜡烛进去，可是一走进房间里，发觉整个房间都是黑漆漆的，没有半个人拿着蜡烛。其实只要每个人都拿一根小蜡烛进去，这个房间就会像白天那般的明亮。"责任是对人生义务的勇敢担当；责任也是对自己工作的出色完成；责任还是对自己所负使命的忠诚和信守。做事，一定要有责任感，一个没有责任感的人想把工作做好，几乎是不可能的。

我们随处可见这样的人，出现问题不是积极、主动地加以解决，而是千方百计地寻找借口，致使工作无绩效，业务荒废。其实，面对责任的划分，很多事情都是不用交代就应该办好的。做领导要运筹帷幄，要会合理的放权，善于管人用人；做下属要耐得住考验，能放下自己的抱怨和不满，想方设法争取成功。同时不管是领导还是下属，有一点不会因职位而存在区分的就是，要敢于承担责任，敢于在关键时刻处理关键问题。如果我们都去做自己能力做得到的事，那么结果往往会好得让我们大吃一惊。

1 下属做得不够好，责任在你

作为领导人，对于自己分内的事情有不可推卸的责任。要想实现团队的高效和领导的尽责，领导人不仅要对自己负责，更要对自己的下属负责。下属们做的好与不好，很多时候都直接与领导有关系。领导人一方面要负责决策、用人和检查、落实，另一方面在下属做的不够好时能否及时地发挥积极作用更是关键。

20世纪60年代，金刚砂空中货物公司敢为天下先，最先使用了坚固耐用、规格统一且可重复使用的集装箱运输货物，开创了集装箱货运的先河。由于统一使用集装箱运输货物，比以前散装运输更经济、更有效，所以世界各国的运输业竞相效仿。

然而，当时负责金刚砂空中货物公司集装箱运输业务的副总裁爱德华·费尼发现，只有45%的集装箱是完全填满的，其余的往往没有被完全填满就被密封运走了。

为了保证装货质量，爱德华·费尼开始组织工人接受关于装满集装箱的专业培训，并经常派人实地督促检查集装箱是否装满。但是，事与愿违，收效甚微。正当爱德华·费尼费尽心机一筹莫展之际，一位管理学专家向他提出了建议：在每个集装箱内部画上一条“填满至此处”的横线。

尽管这个建议看似微不足道，但爱德华·费尼还是采纳了。令他兴奋的是，此后完全填满集装箱的比例竟然由45%上升到了95%。这就是责任的作用。

责任，顾名思义，是指领导者对某项工作或某一事件所担负的责任。领导者不仅要能够发现工作当中的疏忽，还要能充分发挥自己的宏观调配作用，通过采取相应的措施来改善下属的工作状态和效果。

比尔·盖茨的成就早就让所有职场人望洋兴叹了，他与微软互相成就，在这个过程中，并不是人人都能成为比尔·盖茨，但是每一个人都可以从他身上学习到我们所缺乏的品质，在自己的职场道路上走到更好。

位于西雅图的微软研发中心，拥有40多名全球顶级的IT精英。这些精英每年为微软创造了大量的财富，公司也为他们提供十分优厚的福利待遇。为了激发员工的创造力，微软公司给予这些员工充分的自由。在这里工作，兴致来了，你完全可以去打篮球、去健身房、去游泳池、喝咖啡，甚至会有专门的按摩师给你按摩。只要你愿意，你完全可以像在家里一样，惬意极了。如果是特殊人才，还有更多的优待。公司只有一条规定：按时上下班，哪怕是喝咖啡，你也要坐在公司里喝。可是，员工们自由散漫惯了，而且美国人喜欢过夜生活，所以上班老是迟到，部门经理为此伤透了脑筋。

为此，部门经理制定了严格的考勤奖惩制度。可是根本没人当回事。迟到了，客气的员工还会朝部门经理耸耸肩笑一笑，不客气的员工干脆就若无其事。有一回，部门经理扣了一名叫莱特的软件工程师两百美元的考勤奖。莱特大发雷霆，直接就交了辞呈。事情闹大了，连比尔·盖茨本人都被惊动了。部门经理做得没错，然而莱特又是办公自动化方面公司引进的特殊人才，比尔·盖茨只好亲自调解。最后返还了莱特两百美元，这事才算了结。

莱特是留住了，但是迟到现象却更严重了，大有变本加厉之势。怎么办呢？

有一天，比尔·盖茨在草坪上散步时，无意中看到了公司的停车场。50个车位上停了四十几辆车。而旁边，某些小公司的员工，因为停车位的不足，一些车子一直停到了远处的马路上。看到这里，比尔·盖茨灵光一闪，一个绝妙的好主意产生了。

第二天，比尔·盖茨就让部门经理将公司的停车位卖掉了10个，只剩下40个停车位。上午10点，就有员工不满地向部门经理反映没有停车位，车往哪儿停？部门经理抱歉地说：停车位是租的，到期了，业主不愿续租，公司也没办法。

一个星期后，奇怪的事情发生了。研发中心的40多名员工再也没有迟到的了。因为一旦迟到就意味着要把车停到马路上。如果迟到得厉害了，就连附近的马路也没处停。有一回，一个拖沓的员工居然把车停在了1英里外的马路上。

爱德华的一条横线的激励和盖茨的微软考勤智慧，都向我们揭示了领导者在管理下属的过程中所能发挥的举足轻重的作用。领导者一向不需要事无巨细，但是也不可否认小事的重要性。如果领导者能够担负起自己应负的责任，用小事实现公司内部大的宏观调控，发挥出了自己本就应该具备的决策作用，那么，任何事都能成为不可忽略的一部分，这也正是爱德华和比尔·盖茨成功的秘诀。

俗话说的好，“没有规矩不成方圆”。为了保证公司的各部门按计划、有组织地高效运转起来，领导必须善于使用自己的指挥权力，遵循统一有效指挥的基本原理，进行正确的指挥。因此，在统管下属的过程中，领导人要能够发挥出自己的指挥协调作用。尤其是在下属不能有效地施展自己的主观能动性的时候，领导人及时的管理和约束就要到位，才能见成效。此时，做到以下几点是关键：

（1）明确员工下属的功过是非都与自己息息相关。管好他们,带好他们，是领导者的责任。当他们做的不好时，你就要负起这个责任，纠正这个错误，提高整体的效率。

（2）严格要求，树立自己的权威。言必信行必果，是领导人有效管理下属必须要做到的。因此，在此之前一定要树立自己的权威，严格要求他们，无论是时间观念还是工作态度，都要做到最有利于工作，如此，才是尽到自己应尽的责任。

（3）灵活应对，以巧制胜。严师出高徒，对待下属虽然也很奏效，但是懂得适可而止才能避免反效应。适时的变化策略，从小事入手，直指问题的关键，引领下属不知不觉间向自己制定的方向迈进，这样不仅让下属感到自在，还能收到意想不到的好效果。

【读心术】

公司的生产经营活动，各种生产要素的合理使用，需要领导的正确指挥。只有领导指挥的正确，下属再结合自己的主观能动性，二者才能发挥出理想的威力。更多的时候，领导人不仅要纠正下属的过失，还要能够诱发下属的工作积极性，这是你的责任，更是你成功不可缺少的一步。

绝不允许下级越权

下级出现越权行为，不能简单的认为完全是下属的问题和过失。试想，如果领导管理得当，没有出现漏洞，那么下级怎么可能有机会越权。防止下级越权，不仅是管理当中能力的体现，也是管理的内在责任之一。领导人有效的管理和积极的引导，不仅能杜绝下级越权的现象，还能提高整体的作战水平。

能进华尔街的中国人几乎个个是高学历、高智商，一向自视甚高。遇到难题想尽办法自己解决，最怕被别人说自己不行。如果进度已经滞后，便更想靠自己的努力暗暗地迎头赶上。

作为自小就能力超强的屠林，向来就坚持能力可以尽情的发挥，但决不允许浪费的策略。而且能进华尔街就是一件值得自豪的事情，如果能露一手不知道可以征服多少人。所以，屠林一直都在找机会充分发挥自己的能力，决不允许浪费。

正好一次屠林所在的项目组接了一个项目，四个成员各有分工，各司其职，协作完成。屠林仔细核查了客户的要求之后，每天早出晚归，独自一人卖力地闷头干，他的上司以为他刚进公司，各方面需要适应，给了他宽裕的时间，并时常问他的进度。屠林想要给上司一个惊喜，让上司对自己更加刮目相看，所以只是大概地回答快了快了。离项目的最后期限没几天的时候，他的上司又去问他进度，想不到他报告上司说，“我全部完成了”。上司很不解他的回答，连忙接过了屠林手中的项目报告。发现屠林非但完成了他自己的那部分，而且连带着测试的工作也都完成了，还纠正了当中的几个错误。

看着上司认真地看自己的工作成果，屠林已经能够想象到上司眼中流露出的欣赏目光和口中对自己的夸奖之词了。但是，上司只是严肃地合上项目报告，然后说自己了解了。而且后来，也只是在小组讨论会上整合了大家的工作成果后，简单地指出了其中的纰漏，其他的没有再多加评论。

屠林没有得到理想中的夸奖的原因就是在华尔街这高度分工之地，他却犯了职场大忌。在华尔街，最重要的能力就是在协同分工中坚守自己的责任，绝不越权。小到一个组，一个部门，大到一个公司，每一个人虽然都只是其中的一颗螺丝钉，但是每个人的能力和工作都是整体当中不可缺少的一部分，彼此之间都是建立在合作的基础上的。如果不了解自己、同事和上下级的职责，那么盲目的工作，即使超额完成，最后会发现反而影响整个团队的战斗力。这是激烈竞争下尤其是高素质群体当中最忌讳的事情。对于上司来说，这种越权的事情是不欣赏也不会允许发生的，否则贻害的就是自己的团队。

其实，不是说多做多了有什么不好。但是，放到集体、团队的大环境中，就很容易打破领导的整体部署和规划，造成分工不明、效率较低的效果。任何形式的越权都能造成对权威的蔑视，对权威的蔑视就是对权力的削弱，权力的削弱也就意味着领导的不力和领导人能力的缺失。所以，为了自己的利益，明智的领导人是绝不允许自己的下级越权的。

下属的越权现象因人因事而不同，大致可分为三种情况：一是由于职责范围不甚明了，或是口头交代得清楚，但在具体做事时却糊涂了，出现了有意、无意的越权；二是有的下属对领导有成见，或是为了显示个人才能而不正当地越权；三是在非常情况下的越权，这样的行为多少还是可以原谅的。领导要根据不同的越权情况，采取不同的防止下属越权的方法。

（1）明确下属的职责范围

明确职责范围，每个人专司其职，完成工作的效率才更高。因此，在分配具体的任务时，无论被分配的对象是下级领导还是员工，都要做到明确分工，不能用自己的思维认为他们会听懂、会明白、会领悟等，因为不同的人，思考问题的方法和角度也不同。这就导致了同样的事情可能出现不同的理解。因此，一定要保证权责分明，各司其职，各负其责。必要的时候，还要用制度和规范加以强化。

（2）对下属进行分层多级的管理

领导分级，权力和责任也就相应的有大小和高低之分。有效的管理就是高级领导直接对下级领导负责，下级领导直接对员工负责。而高级领导如果过多的直接对员工进行管理教育，就相当于削弱了下级领导对权力行使的力度，这样势必会造成下级领导力的薄弱和低效率，甚至出现员工越权的现象。

这些是管理不应当出现的问题。有效的规避手段当是分层多级的管理，不让下级越权，那么自己也不要越过下级，忽视下级的职责和权力。必要时候，对下级领导力进行加强，不仅节省自己的精力去谋划更大的事情，还能收到更好的管理成效。

（3）有则改之，无则加勉

对下属的越权，要作具体分析，不能简单地批评和指责。首先从自己的领导上查找问题的原因，然后根据员工的具体情况判断事情的轻重缓急。对于那种居心叵测，完全的“侵权”行为，很容易造成不可挽回的损失，这种行为决不能姑息，一定要果断地处理相关的人。对于善意的越权，比如做了应由上级主管领导决定的事，但与他有较强的事业心、责任感，敢于承担责任等优点相联系的，这样的是可以暂时放下的。如果确实能够从下级身上看到可贵的闪光点，那么加以重用也未尝不可。

【读心术】

领导人就要有领导人的风范、魄力和威严。这绝不是在进行个人崇拜主义，而是为了更加有效的管理，是身为领导人不用说也要担起的责任。而决不允许下级越权就是一份树立领导威严行之有效又必不可少的责任，不过也是一种发挥领导力的手腕。

3 职位越高的人，给他越多的事

企业和个人的发展有赖于优秀的人才，只有集合众人，发挥他们的才能，才更容易在激烈的职场竞争中取得胜利。明确不同岗位和职位上人的责任，将责任进行合理的划分。职位越高的人给他越多的事，即使领导者分内的事，这是如今建立非凡功业的必经之路。

美国通用汽车公司历史上最伟大的领导者斯隆，在其管理实践中，对人事的有效把握和极度重视决定了他的成功。在公司的高级主管会议中，斯隆大多把时间花在人事的讨论中。他让大家积极参与策略的讨论，甚至把话语主导权交给会议上的专家。其他的事情他很少过问，但是一谈到人事的重大议题，斯隆本人则必须掌握最终决定权。

斯隆认为，中层管理人员是实践组织决策的推手，自己的治理理念必须通过他们才能得到贯彻实施，因此治理好中层管理人员，才能使企业安定有序地发展。所以，必须重视高层中层管理人员，在对他们的决策问题上要避免失误。在人事安排上，领导人扮演着裁判的角色。只有通过他们落实决策的任务，才能保证管理的有效，任务的实现。正因为斯隆重视人才尤其是高层中层人才，善于通过他们落实任务，才实现了自己领导期间的巨大成功。

许多领导人在实际运作中，往往容易陷入日常事务管理的泥潭不能自拔,管理绩效也不能达到理想的预期目标。秦始皇每天批阅奏折一百五十斤，就连妇人吵架争执的事情他也管理，可谓日理万机，但最后却因劳体伤神，劳累过度而亡。

兢兢业业、日理万机却收不到理想的成效，不是不够努力，而是没有找对方法。事实上，每一位领导人都追求卓越的管理，最高明的策略不是跟随表面的变化采取行动，而是把握管理的一般原则，只做自己该做的事，不做部属该做的事。

唐代诗人张九龄在《选卫将第八章》中提到：“欲治兵者，必先选将。”松下幸之助总结自己七十多年的经营管理经验也指出：“集合众智，无往不利”。在一个企业中,最重要的就是会用人。领导人的本领再大,也是有限的,善于使用人才则可以延伸自己的智慧和才能，实现战无不胜。

既然有能力强、职位高的人等待着发挥,那么就给他们机会尽情的发挥。在实际的操作中，领导者和管理者要做到以下三点：

（1）手握权杖为先

领导的本领高低，其实就是他们运用权利能力的高下。一朝权在手，便把令来行。如果没有权，那么领导就不能被称之为领导。如果有了权却不会用抓不牢，那也不值得让人兴奋。领导人手握权杖并不是要像始皇嬴政一样大权独揽，而是要通过自己手中的权力，不断的招贤纳士，为自己所用，在不断巩固自己权势的同时，创造出更大的价值。

所以，在平时的工作当中，领导人要善于提拔下属。一个人的能力再强也抵不上多个人的能力之和，通过提拔下属，培养他们对自己的忠诚，有效地执行自己的命令，从而巩固自己的权力，维持上下级之间的关系。

下属需要依靠领导获得进步，领导则需要下属的服从和服务来增强实力。这是相互服务、相互利用、相互获益的过程。而领导者从中得到的回报远远大于他所付出的成本，是巩固实权的明智之举。

（2）适当放权其次

掌权虽然令人兴奋，但也要懂得合理妙用才好。适当的放权既能有效的发挥下属的积极性，保证人尽其责，事有所为。尤其是对高职位的人，一般职位越高所管理的事情和带领的下属越多。如果领导人自己都把事情做了，就相当于把他们晾在一边，无法发挥其能力和价值，那么就没有人再愿意为你效劳。

适当放权，合理授权，就是职位越高的人给他越多的事，他才能将事情分配给更多的下属。一件庞大的事情，当被分成若干份的时候，不仅各有专攻，保证质量，还能保证效率。

通过授权给职位高的人，其实也是一种责任的授予。当每个人获得了一件事情的主宰权的时候，也就意味着责任的分割和递接。有效的责任划分也是积极主动性的调动，领导者不需要面面俱到，只需要集合众人的智慧，碰撞出强大的火花，带来更多的收益。

（3）合理调控在后

古人讲“明主治吏不治民”。大臣和官吏只对自己的上一级负责，他们的任务则是具体的管民。皇帝的任务和角色是就对整体进行合理调控，对官吏进行直接管理，保证整个国家的平衡和稳定。官场如此，职场也如此。

领导人授权后还要合理的调控，才能避免不利的后果发生。而他们调控的对象就是那些高职位，直接对他负责的人。具体的管理细节和事务交给下一级下属，那么这些下属的工作能力和成效就要受到自己的调控。其中两点需要注意，那就是既要避免高职位的人骄奢安逸，不做实事，又要避免他们自恃权势，笼络下属结成帮派，架空自己的权力。这些对领导人的权势和利益都不利，也是要调控的重点。

所以，也就明确了领导者的基本职责，也就是无为而治。在企业管理系统与组织架构中，构筑起良好的治理体系，给职位高的人尽可能多的事，然后只对他们进行有效的监督和管理，实行自上而下、系统的管理。不放任不管，也不代行职权，扰乱规则，在明确各自职责的基础上实现高效的管理。

无论是国家治理，还是职场管理，都有它固定不变的哲理，那就是领导人要以包容的精神适当给下属权力和职责认同的自由，这会调动他们的积极性。没有人喜欢时刻被他人盯着、管着，即使是领导对下属，也需要适当的行动自由和决定自由，人才能主动发挥自己的聪明才智，主动有效的完成任务。

【读心术】

其实，此处的责任划分说的就是人力资源的重要性。人力既然是一种资源，就要好好的用。越是职位高的人，越说明他有足够的能力担当重任，替上司分忧解难，为公司创造更大的价值。所以，领导者要善于利用这一点，而且要乐于放权给他们。只有对自己有了信心，才对自己的管理和下属充满信心。敢用人、善用人、会放权的领导者，才是领导人魄力和实力的体现。

4 成功了是大家的，失败了要个人承担

一荣俱荣，一损俱损，是一个团队集体的命运。成功时，每个人都有功劳和苦劳，每个人都是作出贡献的人，成功是属于大家的。但是，在失败时个人就要勇于承担责任，不推脱，用自己的行动证明自己担大任的能力，如此才能赢得大家的拥护。

李亮在一家杂志社工作。凭借出色的才华，有一年他编辑的杂志获了大奖。起初，李亮沉浸在喜悦中，但是过了一个多月，却高兴不起来了。他发现，社里的同事，包括上司，都在有意无意和他作对。

原来，得了大奖以后，老板给他发了一个红包，并且当众提出了表扬。最后，还点拨他“表示表示”。实际上，这本是件可以讨巧、有人情可做的事，李亮完全可以借助这次机会“笼络”一下人心。但是，他把事情搞砸了，不

但没有现场感谢上司和属下们的协助，也没有把奖金拿出一部分请客。这样一来，大家都不买账了，众人虽然表面上不便说什么，但心里却感到不舒服，和他产生了隔阂，自然就和他作对了。

上司也是觉得李亮是可造之材，所以想多帮帮他，不时的给他机会在大家心中树立良好形象。想不到他不知道利用这个机会，结果让大家觉得他将成功据为己有，不懂得与大家分享，错失了赢得好人缘的时机。最后，同事间的关系越来越冷漠，两个月后，李亮就感到再也待下去了，最后不得不辞职。

在职场中，个人的任何行为和成就都不可能离开团队的作用和影响。不管个人承认与否，规则就是成功的果实是属于大家的。即使荣耀归于你，你也要大方的与大家一起分享。只有分享到了你的成功的人才会喜悦，才会觉得你是一个可以值得交往的人。否则，就很容易被认为是忽视他们的存在和价值的人。

失败也有着相似却相反的道理。它不是要你拿出来分享，而是要个人承担。对于个人的过失造成的失败，勇于承担是义不容辞的责任。而当是集体出现的过失时，你也要用自己有力的肩膀尽可能多的承担，彰显应有的气度和胸襟，以及能担重任的魄力。

马云在谈到他和他的团队的时候，他教给了我们成功与失败的区别定位。他说，“2001 年的时候，我犯了一个错误，我告诉我的 18 位共同创业的同人，他们只能做小组经理，而所有的副总裁都得从外面聘请。现在 10 年过去了，我从外面聘请的人才都走了，而我之前曾怀疑过其能力的人都成了副总裁或董事。他们现在都非常出色，因为他们相信自己的能力。而我的错误就是没能够充分地相信他们，没有带他们一同享受走向成功的喜悦”。

庆幸的是，马云醒悟的比较早，比较及时。所以，在他最困难的时候，有一小部分人同他并肩作战，而他们就是马云生死与共的同事。他们说：“马云，未来两年你不用给我发工资，我会和公司一起坚持到最后，因为你尊重我们，因为客户需要我们。”

看似简单的话语却道出了惊心动魄的历程和这之间的种种波澜。但是，马云对员工的依赖和关心，终换来了他的团队对他的支持，成为唯一能够改变一切的力量，帮助他实现了他们的梦想。

老子说："有所作为而不自恃，成就功业而不居功。只因不功劳自居，而其荣耀永不消退。"当人人都意识到荣耀与他同在的时候，那么每个人都是可以信赖和依靠的。当你将责任都推卸到他们身上的时候，他们就会觉得你是不值得信赖和依靠的。成功时对下属不离不弃，那么失败时下属就会对你不离不弃。

所以，要想真正的实现职场质的飞跃，不仅要坚守自己的责任，还要注意遵守相应的规则：

（1）与大家共享成果

作为一名成功的职场人士，不管是领导还是普通的员工，不仅应学会欣赏成功的美妙，还应设法让你的同人分享你现有的成果，别忘了，分享是让大家亲近你、拥护你的最大激励。

当你加官晋级时，同时把你的成果与手下的员工分享，可以想象下属会是何等地忠诚，这样的部门也必然是上下一心、齐心协力、谋求更大进步的部门，动力十足，也就必然充满活力，效益也会不断上升。

（2）主动承担责任

大胆地放手让下属独立工作，尤其是在下属工作有失误时，要及时帮助他进行分析判断，积极寻找解决问题的方案，并为下属工作的失误承担责任，鼓励他吸取教训，继续做好工作。日本管理学家士光敏夫在《经营管理之道》中说过："人越早负重任，进步也就越大，在工作安排上，要实行重任主义。"所以，主动承担责任对自己来说也是一种进步。

（3）重视他人的建议或意见

允许他人有参与决策的机会，并努力创造一种民主决策的氛围。平时要经常启发下属发表意见，调动他们主动参与的热情，培养他们创造性思考问题的习惯。搞"群言堂"，不搞"一言堂"。

（4）尊重人才，充分信任

尊重和信任是归属感产生的基础。如果不尊重下属，就会产生心理上的疏远，也不可能调动他们的积极性。充分信任，就是要做到"用人不疑"，只有对下属充分信任，才能激发他们的创造潜力。

【读心术】

成功的人不在少数，可以说是比比皆是。但是，绝对没有永远的成功者。存留下来的和逝去的成功者的最大区别就是前者懂得分享成功，而后者似乎认为成功只属于自己。同理，失败者也没有谁天生或是一生都是失败者，即使失败了，勇于承担责任，照样能够转败为胜。这其中的道理和滋味只有深切的践行和体会才能更有说服力。

5 环境差不是你的错，抱怨却是你不对

工作的环境不可能让每个人满意，因为单纯的环境，或是同事，或是领导等，磨合的过程磕磕绊绊也难免。这些也不是我们个人可以左右的，但是可以左右和改变的是我们自己的态度。如果将注意力放在这些无足轻重的事情上，从而抱怨不止，那么耽误的只会是我们自己。要想在职场中做出一番成就，就要停止抱怨，做好分内的事，才能把握机会实现进步。

那年夏天，甲乙两人同时毕业，进了同一家小机关，住进同一间宿舍。环境闲来无事时，二人总喜欢畅谈彼此未知的前程。

他们都不甘于平庸，都自认为还算有才干，正所谓“万事俱备，只欠东风”。这个“东风”，自然是机会。很快机会就来了。

市局准备成立信息采集管理中心，招募本系统内既精通业务又懂得软件制作的人才。起初，甲和乙都动了心，填了报名表，也都通过了资格审查。在前去报到的关键时刻，乙退缩了。他对甲说：“你我都很清楚，我们业务上没得说，但在软件的研发方面确实不在行，此去是试用3个月，到时如果不合格被退了回来，脸面何在？”甲答道：“机会来了就要抓住，大不了边干边学，比别人勤奋10倍，努力10倍。”乙笑着摇头：“没那么容易，只怕最后机会没抓住，反成众人笑柄。”

甲没有被退回来，一年后正式调入市局。正如他所言，最初的那段时间，

他是全单位最底层但也是最低调、最勤奋的人。他尊重同事，勤学好问，乐于吃苦，为了弥补软件研发方面的缺陷，硬是拿出了当年考大学的劲头去学去钻研。甲亲口告诉我，他之所以被留下，并非因为计算机水平提高得有多么快，而是他在工作中体现出的拼搏精神、处理人际关系的妥帖周全打动了领导。现在，他成了市局信息采集管理中心的副主任，专门负责协调、保障工作。

乙依然在抱怨环境的不尽如人意，但是也依然没有等到机会的青睐，在失落与迷茫交织的日子里，乙经过反思，认识到再这样抱怨下去，恐怕再多的机会也要离自己而去。所以他变得沉着，更多的时候是在思考和行动而不是抱怨。

再一次，单位里来了个上级要来检查的任务。主任找到乙，嘱咐其把情况梳理好，准备一份汇报提纲。乙不仅文字材料准备的充分，而且还借用多媒体的形式进行了形象生动又全面的介绍，让前来的领导眼前一亮。最后，乙成了整个地区的宣传人员。不久后,他也因这次的突出表现被调往了市区。

人在职场中什么样的环境都可能遇到，想要更好的，关键是能够自己努力把握。有的人非常幸运。可以一开始就拥有机会。有的人虽然普通，但是会把握机会。有的人则是抓不住机会，但是也可以自己给自己创造机会。

无论是哪一种，都要首先做好自己的本职工作，做到不抱怨、多做事。如果连自己的职责都不能做好，那么，再多的抱怨，磨破了嘴皮也没有用，说不定还会为自己带来灾祸。

只需要一个小铁钉便能使一个轮胎破裂；一个小零件的失灵能使一架巨无霸客机坠毁；误会能引起双方的战争；一句愤怒的话能引起互相中伤。事虽小但影响却大，因为这一切都在我们生活的层面里，它能影响我们吃早饭时的心情，也能影响我们在超市排队结账时的态度，更容易影响我们上班的心情和职场的前途。

我们很容易抱怨，以至于有时我们都不察觉。抱怨与感恩背道而驰；抱怨与信赖互不相容。对于那些经常抱怨老板对自己不公，同事对自己不平，时刻存有抱怨情绪的员工，即使其业绩显著，也不会被老板看重的。老板之所以为老板，自有他的优势，年纪大、资历深、经验足等。同事也是，他们肯定都有他们的职场生存之道。不要将他人的努力和能力当成是对自己的迫害和不公。我们没有权力无端的将他人列入我们的不利环境当中，肆意的不断抱怨。

不可否认，适度的抱怨是很好的心理调节方法，而积极的应对才是关键。或许你的优点会远多于老板，但优势并不等于优点。老板有的是优势，你处在弱势，所以将优点变成优势，才是在办公室里应该积极做的事情。

（1）认清抱怨的消极作用

戴尔·卡耐基说："任何愚蠢的人都能批评、谴责和抱怨别人，但宽容与理解却需要修养与自控。"抱怨是最消耗能量的无益举动。当我们抱怨环境不尽如人意的时候，我们其实也在抱怨我们自己。但是，抱怨一大堆后，我们会发现抱怨并没有用，原本的状况也并没有改观。他人更不会因为我们的抱怨而迁就我们，只有我们在抱怨中自怨自艾。

（2）不可因抱怨误人误己

抱怨是一种逃避，通过逃避关键性的问题和症结，将责任推卸到外界和他人的身上，将注意力集中到了自己的嘴巴上，不仅自己认识不到自己的错误，不能明确应该采取的改变现状策略，还容易分散人做事的精力，从而变的越来越容易抱怨，越来越懒散和丧失进取心。要知道，很多时候我们抱怨的对象都是我们分内的事情，如果我们摒弃抱怨，担负起自己的责任，那么，抱怨的因子也就会随着问题的解决而消逝。千万不要一味抱怨，断送了上班的大好时光。

（3）眼睛盯着别人的长处

当我们抱怨环境时，抱怨处于我们周围的人和事时，不妨先冷静下来好好地分析下我们为什么要抱怨他们。或者是他们做事邋遢，或者是他们太小人，或者是他们权力比我们大，更或者是我们嫉妒他们等。

诸如前两项的原因，对于我们是很好的鞭策作用，看到他人的缺点就要提醒我们绝对不能像他们一样。而诸如后面的情况也是不可否认的，毕竟比我们优秀的人其实很多，嫉妒说明他们身上有需要我们学习的优点和长处。换一个角度看，就能获得更轻松的心情。正如嫉妒也可以成为我们进步的动力，多多向他人学习，我们也能更成功。

（4）一日三省吾身

抱怨使人上瘾，是非常难改的恶习。改掉它当然需要花费一些时间。但是，为了不使抱怨遮住我们发现快乐、走向成功的捷径，我们必须立即停止抱怨，管好自己的嘴巴，多将心思放到自己的责任上，不能等领导来催促的时候才知道自己的真正责任是什么。

另外，当别人抱怨的时候，你一定要敬而远之，远离是非的旋涡，避免染上或者被染上这样的恶习。为了彻底的改变爱抱怨的习惯，最好的方法莫过于每日进行自我反思，总结每天自己是否抱怨了，是否加入了别人抱怨的圈子了。如果你发现自己在逐渐的进步，那么恭喜你正在离成功越来越近。

【读心术】

任何职位都有特定的责任，大家很多时候都习惯于将责任当做压力，通过抱怨来缓解。但是抱怨多是无用功，甚至成为职场中对自己不利事情的导火索。做一个聪明人，就应该不要关注这些责任和工作之外的事情，任它云卷云舒，我们只当云淡风轻地看，做好自己的，既简单又充实，还能实现最有效地成果。

6 用耐心把冷板凳坐热

职场中处处是机会，但也时时隐藏着考验。所以，英雄和成功者不是没有用武之地，而是用武之地不愿意让那些没有足够耐心的人停留。所以，机会可以自己创造，要自己把握。这都需要有耐心，负责任，用将冷板凳坐热的努力经受住考验，才能够真正在职场中得到长久的立足和更好的发展。

多年前，初出校门的王芳和李红是同一批走进那家保险公司的。刚开始，她们社会阅历浅，人际关系网也没有形成，只能靠着自己的一张稚嫩的嘴皮子，还有一双不怕跑断的腿，一次又一次地敲开陌生顾客的门。遭冷眼甚至不客气的谩骂，成了她们的家常便饭。有好多次，王芳拖着沉重的腿回到住处，她不止一次地想放弃。是李红，一次又一次地劝她，再坚持一下看看，总会好起来的。

但是，王芳终究没有撑到云开日出的那一天。她在给了一位客户名片后的3个月内，曾7次拜访这位客户。第一次拜访时，客户说，对不起，本人对保险没有兴趣，然后冷若冰霜地将她打发出门外。第二次拜访时，那位客户正为工作的事忙得焦头烂额，根本连理都不理她。第三次四次五次拜访时，客户向她发了火，骂她简直是一个无赖。她顶着这个骂名，却要一如既往地微笑着退出。在客户的办公室门外，王芳的眼泪疯狂而下。她对自己说，就是跑去扫大街，也不再做保险业务了。那一年，是王芳做保险的第三年。她决心退出这一行，尽管此前王芳已为此付出了那么多的努力。那一次，李红没有再劝王芳。因为李红知道，再说什么也无用了。此后，王芳离开了那家公司，而李红留了下来。

后来，王芳在那个城市，频频更换着工作，工作经历倒是蛮丰富的，却没能够在一个领域里做出成就来。而李红已是当初那家保险公司的业务经理了，她再不必为寻找客户而费尽口舌、跑断腿，她已拥有一大批固定的老客户。每天只是坐在办公室里，发发传真打打电话，每个月的业绩就让人羡慕。在一起聊起最初跑保险的那些日子，彼此间似有无限感慨。

李红告诉王芳："其实，当初你再坚持一下，也许就挺过来了。你知道么，就是你3个月跑了7次的那位客户，在你走后不到两个月就打电话到公司来找你，说是要办理保险业务。可惜你那时已走了，我就接过来了，现在，他是我非常要好的一位老客户了。其实，像做我们这一行的，莫说三次五次被拒，十次八次甚至几十次冷遇都可能遇上的。我们要有耐心把冷板凳坐热，等待自己的黄金时间到来才是。"

是的，当有耐心把冷板凳坐热的时候，也就是我们的黄金时间到来的时候。有些人虽然付出了很多的努力，但是终究没有等到把冷板凳坐热的那一天，最后导致半途而废，本来属于自己的黄金时间也没有降临到自己身上。

相关统计结果表明，无论在哪个领域，如果想要出人头地的话，大概都需要将近 7 年的时间。7 年过后，你的黄金时间也就来了。等待自己的黄金时间，不知有多少人想过这个问题。但主宰自己的黄金时间，需要的却不仅仅是运气和机会，更需要的是那个黄金时间来临之前的耐心和积蓄的努力。只有用耐心将责任转化成更多的努力，才能在等待的那段日子里积蓄了足够的能量，做到厚积薄发。

这是一个需要将冷板凳坐热的过程，通过明确自己的责任，用耐心去等待，去努力，去奋斗，去收获。坐冷板凳，这个词最初起源于篮球场上，因为不上场的球员都坐在场边的矮凳子上，那些经常不上场打球的运动员就被称为板凳球员。他们的等待不是毫无目的和意义，既可以一边休息，又可以一边观察对手和己方的战术和形势，并想出下面的应对策略。然后，在教练觉得需要他们上场的时候，他们才可以做出应对。

不管上场还是下场，对他们来说都是整体安排的需要，服从任何时候的任何安排是他们的责任。这和职场上的情形有诸多相似之处，不同点就在于职场中没有教练时刻为我们安排进度和责任，更多的是需要我们的自我安排和调节。明确责任，不断的去完成，不管过程多么的艰辛，结果才是最重要的，所以只有这期间有耐心，才能争取到最后的成效。

每个人来到这个大千世界，都不甘平庸和寂寞，都想有一番惊天动地的作为。当你没有获得成功的时候，不是机会没有光顾你，而是你还没有付出足够的努力，没有用耐心等到机会来临，然后紧紧抓住。所以，要学习一些策略，有耐心将冷板凳坐热，成功才会在前方等着我们。

（1）用心对待

没有人愿意坐冷板凳，但是当这是个人必须承担、完成的责任的时候，就不得不接受这个冷板凳。但是，有的人将冷板凳看作一成不变，所以甘愿永远这么冷下去。有人不甘长久的坐这样的冷板凳，所以一气之下挥手走人。这两种或多或少都有些不负责任，因为置之不理或是弃而不管都是承担不起责任的表现。

你将冷板凳看做敌人，它就会跟你过不去。你将它看做朋友，它就会慢慢的和你热络起来，迟早可以帮助到你。其中的关键是我们要懂得用心去对待我们的责任。

（2）小不忍则乱大谋

板凳既硬又凉，坐得时间长当然会感到不舒服，但这也正是考验一个人耐心和意志力的时候。坐不了多长时间就受不了，于是就离开板凳离开送他板凳坐的人，注定无法等到板凳热的时候所给予你的回报。不仅之前的努力全部白费，到了其他岗位照样会遇到相似的情况，如果次次都没有耐心，不能忍受一时的考验，那么这样的人也不会有大的成就。要学会享受忍耐的过程，因为只有学会了享受忍耐才能忘却浮躁，把握住世界的脉动。

（3）人生需要沉稳与忍耐

爱因斯坦认为自己与普通人最大的区别，就是能够把散落在草垛里的针全部找出来，这是一种何等的耐性！坐冷板凳不仅仅考验的是我们屁股的承受力，更重要的是在考验我们的心，一颗在孤独和寂寞的煎熬下依然奋勇拼搏的雄心。面对坐冷板凳，能够经得住一路艰辛的考验的人，即使是临危受命、大器晚成，但是最终取得的成就更大，并且更容易受到人们的尊敬。

【读心术】

冷板凳是块磨刀石，磨砺时间愈长愈加锋利。只要具备把冷板凳坐穿的勇气，我们的眼前就会是一马平川。忍耐的人生有时不免要甘于寂寞，好在寂寞是生命的事实，是提升自己的源泉，而成功者正是在此种忍耐寂寞的跋涉中走出了平凡的世界，让自己最终接近于不平凡的世界。

7 尽快成为本领域内的行家

任何一个行业都会有让人羡慕的佼佼者，他们光彩背后离不开他们对工作的执著和卓越的个人能力。想要在某一行业更好的立足，是每一个职场人都在追求的目标。但是行动起来才是关键，在本职工作当中不断的充实、培养自己的能力，才能更快成为本领域内的行家，走在更加光明的职场路上。

在职场中，我们经常听到这样的人抱怨说："才给2000元，不值得我拿出5000元的才干去表现，等你给我5000元的时候，我自然会上心。"可是2000元的活你都干不好，又凭什么让人相信你有对得起5000元的实力呢？所谓人在做，天在看，你在2000元的岗位上的努力总会被欣赏你的老板看在眼里，只要人家有适合你的岗位空缺出来，都会首先邀请你转岗。

曾经有两个IT工程师，同时进的公司，一个人觉得该公司给的待遇一般，才6000多元，不值得他加班加点地卖命，于是每天上班准点来，下班准点走，凡是公司内部的IT维护需求他就打官腔走流程，让人家网上先填表申报，系统认可后转到他这里再去给人家修护，不管人家的问题是不是紧急、会不会影响到公司业务，反正他就是公事公办，谁也找不出他毛病却也没人说他好，于是他一口气做了10年的IT工程师，期间换过几家公司，薪酬虽然通货膨胀也过了万，却称不上实质性的飞跃，因为他的职务到现在还只是IT工程师，工作职能多少年都没有什么大变化，因为没有公司愿意为这样一个标准化的职位多花高于市场价一分钱。

而另一个人，对于公司业务产生影响的网络问题，他都会第一时间去维修，并且一边维修，一边让对方尽快申报走流程，维修的时候，还会顺便了解下那个部门的业务和IT支持需求，在每周的IT支持报告里都会更新自己的内部服务方案。作为维修后跟踪，他不仅会正视自己的错误，及时的加以更正，还会申请定期参加各部门的例会，了解人家的业务动向，还时不时地在人家的会议上汇报自己近期的IT支持工作，每次IT部的工作反馈调查中，他都能得到最高的评分。后来客户服务部欣赏他的服务意识，邀请他转岗去做客服经理，这实现了他第一次转型，增加了他的客户服务经验；后来因为他在那个岗位上的出色表现，又获得了转去公司大客户部做高级客户经理的机会，在后来短短8年间，他就辗转做到了该公司在华某事业部的总经理，薪酬现在应该是前面那位IT工程师同事的6~8倍了。

所以说，为走好自己的职场之路，即使你现在只挣2000元，也要马上拿出1万元的范儿来，尽快成为本领域内的行家，表现出让人侧目的职业态度，努力去了解挣1万元的人需要具备哪些素质和能力，然后时刻参照他们的标准去要求自己，并在关键时刻勇于接受超出2000元块职责的挑战，然后努力把事情做好。只有按照如下方法对应的做好了足够的准备，才有实力迎接更高层次的挑战，才有机会担当大任。

（1）明确责任

工作就意味着责任，责任意识会让我们更加卓越。无论在什么样的工作岗位，我们首先都要对自己的工作负责。接受任务就意味着承诺，有了承诺就必须按时完成，实现优质工作。每个人所做的工作，都是由一件件小事构成的，责任感也是在许多小事中体现的。对自己负责的员工，最小的工作都能够做得最好。而在一个优秀员工的眼里，工作绝无小事。做着简单的小事却不认为是简单的小事，这是优秀员工的一个特质。

老板心目中的员工，个个都应是负责人。只有主动对自己的行为负责、对公司和老板负责、对客户负责的人，才是老板心目中良好的员工。大家认为一个人有责任感，就是表明这个人是值得信任的。在工作上得不到信任的人，只有更加努力地承担自己应该承担的责任。

（2）工作主动

“那不是我的工作”“我现在很忙”“那是他的工作”“我不知道该如何帮你”等这些话语，不仅体现不出我们的责任，也无法体现我们的主动性。没有主动的去工作，在发现问题、解决问题中历练，那么我们永远也不会成长。

不能保持长久竞争力的员工是经不住时间的考验的，也不会脱颖而出实现成功。没有人会一直盯着我们的工作，我们只有靠自己的责任感来保证工作拥有高质量的效率。凡是具有主动性的人，世界都会赋予他巨大的褒奖。所以，我们只有主动行动起来，我们才会更早的成为本领域内的行家，成为不老的常青树。

（3）激发潜能

应付困难的能力和创造事业的才能，都只有在重大的责任压力下才会激发出来。当你发现自己在职场中，在自己的岗位上并不具备较为突出的竞争优势时，靠敢于承担责任激发出你的潜能，才可以竭尽全力来打开新的出路。

一个充满责任感的人，一个勇于承担责任的人，会因为这份承担而让生命更有力量。伟大人物都是在需要和奋斗中创造出来的，只有觉悟到自己的被需要，坚守自己的工作岗位，勿推辞，在被需要中激发出全部潜能，然后逐渐走向成熟，走向行家的队伍。

【读心术】

英国大都会总裁谢巴尔德在位时有一句名言:要么奉献，要么滚蛋。他强调，在其位，谋其政，不要找任何借口说自己不能够，办不到。他要求他的员工在他面前不能因干不好工作而找理由推脱责任。个人有了这样的心态，才会在想着奉献和责任当中不断的磨炼自己，提升自己。只有尽快成为本领域内的行家，才能更加高效的担负责任。所以，这是一个双赢的过程，尤其是对职场中的我们来说收获更大，有百利无一害。

8 不挡别人的财路

聪明的人往往容易成功，就在于他们不会做挡人财路的事。想要在公司中立足，就必须坚守自己的本职和良知，不挡他人财路，努力为自己谋福祉才是重要的。

小吴在王经理手下干活，因为他精明能干，而且很会来事，所以对王经理帮助特别大，王经理也很依赖他。不过，小吴很明白，王经理也很有能力，自己在他的手下再怎么努力，也很难有更大的发展空间，想要取得实质性的进步，他就必须寻找其他的机会。

就在小吴为此颇感苦恼的时候，他听说另外一个部门有一个空缺，是很重要的职位，如果做得好将来的发展空间肯定很大。小吴意识到自己的机会来了，所以马上向王经理提出了自己的想法，希望他能够理解并支持自己。

并表示不管到哪里，只要王经理有需要，他都会义不容辞。但是王经理说什么也不肯放人，他不想让自己的一个得力助手走掉。最后看小吴很坚决，他也就没有再说什么。

之后，小吴递交了调职申请，并且打听了其他的申请者。通过分析自己和对手,他认为自己的胜算把握很大。但是结果却很让小吴失望。他落选了。意识到自己失去了一个很好机会，小吴情绪难免沮丧，工作时和从前比也缺少了一点激情。这时，王经理就安慰小吴，让他安心工作，一旦有机会一定帮他争取。小吴也就面对了事实，决定继续努力工作，等待机会。

但是，就在一切都要过去的时候，小吴听到了一个让他又震惊又生气的消息。原来选上的是他，但是因为王经理突然说小吴刚接手了一个很重大的项目，关键资源都在他那儿，一时将他调离不利于项目的进行，也会影响公司的利益。所以公司最后才选了其他人。

小吴知道是王经理故意这么说的，因为他那时候已经把一切都做好了，就准备换新的岗位。没想到自己一向信任的王经理居然这么的不通情达理，为了留下自己居然拿自己的前途当牺牲品。越想越气的他知道现在已经无法挽回自己的机会。所以，在以后的工作中他就找机会给王经理找差错，甚至故意出现失误将责任推到王经理的头上，害得王经理差点职位不保。

任何人在任何职位，都会为自己考虑。为了自己的利益，难免会做出一些超出常理的事情。但是，有一点是不能做的，那就是挡别人的财路。自己可以为了自己的利益而努力争取，那别人为何不可呢？如果你强加阻拦，或是无意为之，都会被别人记在心里，日后做出对你不利的事情。

常言道：“人为财死，鸟为食亡”，人人都是为了利益在这个社会上生存和竞争的。职场中的人做事千万别做绝，好处自己全部得尽，这样的话你得势时虽然做到了初一，但等你失势时人家就会做到十五，到头来自己说不定就会被人算计到，所以有好处时一定要分人一杯羹，这叫“与人方便，自己方便”。

李敖好像什么都评论，什么都说，但是他自己就说过，他是有原则的人，他从不挡别人的财路，所以才会安然到今天。台湾著名综艺主持人小 S 经常“口无遮拦”，对别人的言辞也极为犀利。但是，就是她这么大胆的作风也没有犯他人的禁忌，因为她知道什么该说该做，什么不该说不该做。正是因为她懂得分寸，所以，才会越来越红，事业如日中天。

其实，不阻挡别人的财路，是一种为人处世应该觉悟到的原则，是不用说我们都应该做到的。人往高处走是十分正常的事，自私只会自封后路。无论是有意为之还是无意为之,对对方来说造成的损失和伤害都是无法弥补的。只有认清自己的责任，看清自己和他人的位置，放宽心态，学习一些处世的技巧，才是我们应该多加补习的职场学问。

（1）成人之美手留余香

人都有争强好胜的习惯，所以大多数人都总想比别人多得一点好处，多占一点便宜。其实这是职场做人的一大禁忌。职场复杂多变，今朝你有权有能力多占一点，别人少占一点，那么明日他人得势就会加倍的奉还给你。

一个人想要好处占尽，到头来可能一样都捞不到，只有那种懂得把名声让给别人，自己占尽“便宜”的人才是真正高明的人。在关键时刻处理好各人名与利的关系，不损人利己，懂得成人之美，这种人才是真正聪明睿智而又成功的人，日后还能收到一定的回报。

（2）做个有“心机”的人

锋芒太露易伤人，会给自己树立太多的敌人。大愚若智的人容易挡着别人的财路，被别人当做障碍物清除掉。这样的人都是不够聪明的人，没有心机，不管必要或不必要，不管合适或不合适，时时处处显露精明，不仅不会帮助你取得成功，往往是招灾引祸的根源。

真正有心机得人绝不是要小聪明、争小名小利的人。聪明是一笔财富，关键在于怎么使用。有智慧的人会使用自己的聪明和智慧，那是因为他们深藏不露，不到火候时不会轻易使用。他们保持自己的自知之明，懂得能争取的时候不伤人，不能争取的时候要让人。总之不挡别人的财路，只为自己谋生路。

挡别人财路的事是非常危险的，有时候损人利己，得到的利却是暂时的。有时候不为财和利，只为显示自己的能耐去挡别人的财路，满足不了自己的虚荣心还容易将自己陷入无法自拔的境地。总之，挡人财路对自己绝对没有好处，如果能够大大方方地做出善意的姿态，那么表面看是对自己没什么益处，其实是一种人情的积累，关键时刻它比金钱和权势都重要。

【读心术】

无论是什么场合，可以大智若愚，不可以大愚若智。可以深藏不露，不可以处处显山露水。人贵有自知之明，懂得划分自己的责任和义务，知道什么当为，什么不当为。如果甘愿以身试水，那么不是湿一片衣的问题，而是粉身碎骨的彻心之痛。所以，好处和利益当取则取，不当取就大方的让开道路才是真正的聪明。

第九章

去留的玄机

——你是主动跳槽，还是被炒鱿鱼

现代企业管理注重提倡以人为本，这其中既包含重用人才，也有解雇庸才的意思。因此，去留会发生在任何一位有可能的上司和下属身上。有主动跳槽，也有被炒鱿鱼，关键看个人对去留的玄机的把握。因此，对大多数人来说选择主要有两个方向：要么凭借自己的实力和能力留下来或主动跳槽，要么被别人利用，被炒鱿鱼，被扫地出门。前者握有较大的主动权，后者则完全是被动的不得不接受悲惨的命运。

没有人想要遭遇悲剧，当问题发生时，正确的抉择就是勇敢地分析局面，冷静地找出原因，总结经验，避免重蹈覆辙。然后，秉承做事之前态度审慎，做事过程中节制不张狂的原则，不仅要三思，更要行动，用行动化解危机，诠释去留的玄机。

1 谁是猎头公司名单上的红人

成为猎头公司名单上的红人，不仅代表着不会被炒鱿鱼，而且还有主动跳槽、跳到更好公司的主动权。这是去留玄机的所在。职场中不会被淘汰和抛弃的永远是那些能为老板创造巨大经济利益和价值的人。要想成为职场红人，创造属于自己的成功，能力是第一位的。

提到华人首富李嘉诚大家都知道，但是在他取得巨大成就的背后缺少不了另外一个红人的身影，他就是被《福布斯》杂志评选为非美国企业全球最高薪行政总裁第一人的霍建宁。

1979 年，霍建宁加入长江实业。他在金融财务方面具有卓越的才干，工作作风踏实，深得李嘉诚的信赖和栽培，于是一路晋升，1993 年登上和记黄埔总经理之位。和记黄埔是一家业务遍布全球的大型跨国企业，但当时正处于低谷。有人形容当时的“和黄”（和记黄埔的简称）是个“烫手的山芋”，因为在20世纪80年代后期，受海外业务亏损的拖累，“和黄”的股价长期走低。但当霍建宁接手后，通过不断重组，很快将业务扭亏为盈。

其后，他又借助赫斯基石油的良好表现，在加拿大借壳上市，为集团赢利 65 亿港元。此外，他又接手处理亏损多年的欧洲电信业务，运用高超的资本运作技巧，再次扭亏为赢，为集团赢利超过 1600 亿港元，创造了全球商业界的一个神话。他的薪金也达到了 1.48 亿港元。

对于这样的人物，在业界早已经家喻户晓。能为老板创造巨大经济效益的员工，而且又是如此的能担重任，值得信赖，不是老板眼里真正的红人才怪。如果实现了这一步，就相当于已经将自己这份金字招牌打了出去，名扬在外，优厚的回报肯定是在等着他，自然也是更多猎头公司心目中的首选红人。

成就不在于大小，而在于个人所处环境和地位可以给自己的空间。如果只是普通员工，却整天想着成就总裁般运筹帷幄的事业，不懂得脚踏实地走好现在自己的每一步，那么这样的想法比空中楼阁还荒谬。

只要能想到，就能做到，此心可嘉。但是不怕想不到就怕做不到，关键还是要行动起来。老板看人终究还是看能力和效益，有就代表价值，没有就什么都代表不了。因此，要想成为老板和猎头公司名单上的红人，就要使自身具备不可替代的价值，并能不断创造更大的价值。当发展空间不足的时候，手握能力，不愁找不到更广阔的发展空间。

正如钢铁大王卡内基所说：“一个不能给他人带来财富的人，自己也无法获得财富。你必须持续地为他人创造价值。”那么同样的，只有能够为公司和老板创造出价值的人，才会首先成为老板心目中的红人，然后才有可能成为猎头公司名单上的红人。

（1）能者多劳多得双价值

当人奋斗在工作的道路上，为公司和老板创造出价值的同时，也是个人价值的体现，起码是个人劳动价值的体现。人都希望自己的劳动被认可，并得到回报。这种期望不仅无可厚非，而且合情合理，因为它是促使人前进不可缺少的动力。劳动的多，得到的就多。

任何投机取巧或是懒散对待工作的人，不能为他人创造价值，也不能得到自己应得的价值体现。多劳多得只属于能者，有能力的人才有资格和权力得到一切自己想要的。老板希望下属为自己创造更多的价值，有的话他们会用丰厚的待遇留住，没有这样的下属他们就会挖空心思去争取。如果你是这样的能者，那么，你就是老板和猎头公司名单上的红人。如果你还在不断努力达到这种程度,那么就请一定要坚持住。双价值的体现注定了双赢的局面。

（2）没有永远的红人

没有一劳永逸的事情，尤其是长江后浪推前浪，前浪死在沙滩上的职场。只有每天进步一点点，保持旺盛的生命力和增值能力，才能确保自己红人的地位，做个“常红人”。

在成为老板的红人之前，往往所得到回报并不多。这个时候也是人最愿意努力工作的时候。努力工作，用业绩来证明自己的能力，得到相应的回报。这是很多人在为之不懈奋斗的过程，也是一个必然的过程。

但是，最怕的就是得到后的放松。一旦被老板赏识和提拔，薪水、职位都大大提高，生活、物质各个方面都得到了满足。这个时候就是人最容易骄傲自满和懈怠的时候。安于现状，对工作缺乏责任心，对未来缺少进取心，过不了多久，就会被新的红人替代。

所以，没有永远的红人，只有每天都在进步，才能为自己的能力和影响保鲜，为生活增加保险。在人生的道路上，最大的敌人莫过于自己，坚强只需战胜自己的胆怯，勤奋只需战胜自己的懒惰，诚实只需战胜自己的虚伪，坚持让自己每天都进步一点点是人生成功的阶梯。

审视一下现在的自己，是我们对自己进行正确定位的开始。现在的你，有能力创造出价值、体现自身价值吗？现在的你，已经成为老板和猎头公司眼里的“红人”了吗？如果你的答案都是肯定的，那么恭喜你，因为你已把握住了自己在职场岗位上去留的主动权。如果你给出了否定的答案，即使你快要实现了这一步，也不要放松自己，继续努力，排除任何有可能超过自己的人，成为不可缺少的职场红人。

【读心术】

职场去留能者主动跳槽，非者被解雇。这不仅是一时运气和遭遇的差别，更是个人能力的本职区别。几乎每一个成功的老板，手下多少都有一些“红人”。他们最显著的特征就是能为老板的公司和事业持久创造效益。每一位老板都希望自己的每一份投资都能产生多份的回报，尤其是对于那些获得更多薪水的人，能做到的也就是值得被视为得力干将和红人的人。

a 小心你在假期被取而代之

对工作中的假期千万不可掉以轻心，因为越是放松警惕的时候越容易发生变故。有的人不断的得到进步和高升，那么相应的就有人被放逐或是被淘汰。前者走向成功，后者职场之路多磨难。人人都渴望前者而惧怕后者，主动权不在于上司怎么决定，而是事态的发展促使上司作出了决定。所以，把握好假期避免被人取而代之是关键。

作为经理的君泽工作能力强，表现突出，而且与部门主管平时在工作上也能够配合默契，辅佐部门主管做好了本部门的很多重大工作，所以一直是部门的顶梁柱，平时部门主管很依赖他。一次，因为年前的一个小假期，君泽有和家人一起去国外旅行的机会，这是他期盼很久的。所以，权衡再三，君泽还是找到部门主管请了假，打算利用小假期度一个长假。

半个月后，当君泽满心欢喜的回到公司，突然发现公司有了很大变动。很多同事都升级了，而最有理由高升的他却被降为副经理。十分不解的他一打听才知道事出有因，自己“被抛弃”原来都是自己的这个假期惹的祸。原来，小假期刚开始，又因为是年前，所以总公司突击对各个分公司和部门进行检查，并对出现的问题进行及时核实。恰巧这时君泽的部门出现了一个不明问题，所以公司追究起来，并让尽快解决给出答复。但是因为主要是君泽负责这个项目，很多关键事情都要通过他才能得到解决。因为他的不在，问题没有得到及时有效的解决，所以公司认为本部门工作不力，对部门主管进行了批评，并要求对内部整治，作出各方面的调整，保证不会再出现此种状况。

在这种形势下，部门里进行了大规模的人事调动，君泽因为耽误了事情又不在，所以即使升职然没有他的份儿。原来以为，度个长假身心放松一下，可以全力投入下一步工作的君泽此时才发现自己大错特错，一不小心自己就在假期期间被人取代了。

天天忙于工作的职场中人都想要有一个舒适惬意的假期，缓和一下平日紧张忙碌的工作状态。这是无可厚非的。因为毕竟懂得生活的人就要懂得给自己放松的机会，不管是对工作的状态还是生活的心态都是有好处的。但是，生活的心态可以通过自己进行调整，工作的状态却不是完全由我们自己决定的。

一旦因为沉迷于假期导致工作上的失误，就会很容易被责难，即使理所应当的假期也被冠上不思进取、只图享受的骂名，更有可能在假期发生意想不到的事情，使自己丧失很多好机会，甚至被取而代之。这是置身于竞争的职场必须要能够应对的现实。我们不去争取，那么就有很多人在争取，只要有机会就没有人愿意放弃。

想要有所作为和成就，就必须谨慎小心的对待自己的工作。度假是应该的，在工作一段时间后，来一次彻底的放松，才能让自己的精神和能量得以恢复，只有得到充分的休息后，才能以更充沛的精力投入到下一步工作中。这就是经常需要有周末和假期的原因。但是，这个前提是自己的工作没有因为自己的假期受到影响，甚至变得更糟。否则，一旦度个假期回来，工作要么堆了一大堆，要么耽误了事情，更甚者被别人取而代之丢了饭碗。

所以，想要尽享假期也要讲究方法，只有合理有节制的度假，防止自己在假期中被取而代之，这也是职场生存和去留的玄机之处。安排好工作和生活中的假期，才能保证工作生活都顺心如意。所以，学学以下几点是对自己工作的有效保证：

（1）选好时间度假

什么时候度假，假期有多长，都要给自己一个合理的安排。毕竟，虽然是有假期，并非什么时候都适合度一个长假。工作最紧张的时候，你开心去度假，那么在领导的眼中你就是无心工作，表现不佳。刚刚签了一个大项目，你甩手走人，说要放松完了再全心投入工作，那么受重用的必定是担大任的人，而且即使出了问题也不会指望你来解决，因为远水解不了近渴，能救急的就是能用的人才，自己被替代也是早晚的事儿。

月有阴晴圆缺，那么工作当然也有轻重缓急。忙时肯定不能度假，有重大任务时也要当仁不让，才能保住自己的工作和现有的成就，并借此有更好的发挥。所以，度假只能选在那种工作步调井然有序，大家的工作也都咸淡适宜的时候，每个人的放松都是一种对集体的推助力。否则，别人都忙得不可开交，你却假期慢慢优哉，后果可想而知，不但会引起他人的嫉妒和不满，还容易被觊觎自己职位的人钻空子代替了自己。

（2）关键时刻对上司不离不弃

生活的压力，让人们节假日更愿意选择加班，不仅避开了高峰人群也减少了开支，还可获得一笔高额的加班费。当然这其中也不排除那些由于工作需要而坚守岗位的人群。此时，注定有些人会因为自己的付出得到相应的回报。关键时刻能够发挥用处的人，即使平时稍有欠缺，此时也会变的重要起来。机会就是这样靠自己把握的。

每到重大项目来临或是年末，自己的上司对上要把全年的工作有个交待，对下还要顾及本部门的利益，一定程度上肯定倍感烦闷煎熬。作为团队的一员，当然不能不管不顾，选择陪伴在上司身边，给他工作上的支持和心态上的协助调整，当好上司的得力助手。关键时刻对上司不离不弃，体现的不仅是义气和真情，更重要的是工作能力的展现，换来的是领导的垂青，这是其他时候再卖力表现也不一定能换来的效果。

（3）行动前做好准备

难得忙里偷闲，忙碌了很久的你决定给自己放个假，约上三五好友去海边吹吹风，到运动场上酣畅淋漓一番。如果已经决定度个舒心的假期，而且已经在做准备，那么千万不要忘了给自己的假期前和假期后的工作做好安排。毕竟，生活不是结束在这个假期，而是应该因为这个假期变得更加美好，那么假期之于工作也应该是锦上添花。

所以，假期之前保证重要、急迫的事情都已经处理完毕，该约见的客户已经约见且达到了理想目标，该完成的方案已经经过了多次审核和校对，等等，一切准备就绪，避免假期出现意外情况，从而保证不会出现对自己不利的情况。不仅假期可以尽兴享受，节后的工作也会井然有序，更上一层。

另外，即使在假期，也一定要确保自己可以随时得到有关工作中的消息。毕竟计划赶不上变化，度假的人是你，不度假的却是千千万。对自己的工作包括工作的环境消息灵通，才能及时应对，以不变应万变。

总之，山不在高，有仙则灵。对于假期就是——假期不在长短，有备总会赢。

【读心术】

有人因为假期高升，有人因为假期走人，这之间的区别除了人为原因，还有很多外在因素。但是最主要的还是个人因素。自己的地盘自己做主，更何况是自己的事情。假期可以忘掉有关工作一切不开心的事情，但是却不能忘了还有工作这么回事。既然自己做主，就要避免假期被人取而代之，至于是自己主动跳槽还是取别人而代之那看个人能耐了。

3 要求老板相当忍耐的时候，就等着被取代吧

没有老板会忍耐不能有所作为、脾气又差的下属，尤其是因为脾气差自己工作做不好又影响他人的人。成功需要自己为自己权衡和定夺最有利的处世方法，对老板最起码的尊重是第一条。只有保持尊重，不挑战老板的权威和忍耐极限，避免触及雷区，才能保住自己的职位，这是个人功成名就的基础保证。

阿健和阿德同时应聘到一家大型企业，虽然阿健比阿德优秀，但是由于面试过程中的消极表现，阿健最后的职位和薪水都不如阿德。所以，阿健难

免心中充满了怨气和不满。

阿健虽然有固定的工作岗位，但是因为是新人，所以就会被经常的调来调去，说是熟悉不同岗位的职责，有利于以后的工作。阿健总觉得自己是被埋没了的千里马，被那些识别不出的人整天呼来唤去，做这做那。终于，实在无法忍受一位同事让自己整理一大堆文件，所以开始唠叨起来。虽然他很小声，但是还是被同事听到，同事就说新来的人都要经过这关，这是最基础的磨炼。阿健觉得这是对自己的讽刺，所以就“愤然反击”，与这位同事发生口角，导致其他人的工作也都受到了影响，最后还是上司出面才平息了大家一时的冲动。

之后，这种状况不止一次的发生。本来上司觉得阿健是新人，一次两次还可以忍耐，权当是新人适应阶段，但是没曾想阿健不知收敛，最后与大家的关系都不太好。上司觉得这样的人留在公司只会给大家带来不好的氛围，而不能因为忍耐他个人而丢掉了整个团体。所以，试用期一到阿健就被公司婉拒了。而同来的阿德却因为一开始就表现积极，加上后来的虚心学习和不断的突出表现，不仅转了正，而且还得到了重点培养。

人的忍耐都是有限度的，更何况是自己的同事和老板。老板考虑的是整个公司的利益，绝不会为了个人坏了整个公司。如果有人不断挑战老板的忍耐极限，那么就等于是自寻死路。要求老板相当忍耐自己的时候，被取代被炒鱿鱼是必然的结果。

（1）你没有自命不凡的资格

生活中自命天之骄子、名牌学府毕业的人，不在少数，他们大多对工作不满意，工作中喜欢不停地挑战别人，看不见别人的优点，对别人的缺点却不能容忍。对待上司也是，不会把上司放在眼内，对上司毫不尊重，他们甚至可能在上司面前闹脾气,或是驳上司的面子。自命不凡的人可能真的有才，但是当他让别人尤其是老板忍耐他的时候，他就已经丧失了自命不凡的资格和资本，因为他对老板来说已经没有了价值。

自命不凡的人一旦态度恶劣起来就很难得到重用，而不被重用又会加深他们自命不凡的反抗情绪。这是一个可怕的轮回。当他们被骂了还不改过时，最有效的手段就是把他们解雇。因为既然他们对上司不尊重，还反过来让上司忍耐他们性格和素质上的不足，那么上司的任何决策和指令他们都可能违背，这对公司有害无益。

其实，人人都没有自命不凡的资格。个人好坏和优劣不是一个人的论断就能决定的，所以不要只看到自己的优点，看不到与他人之间的差距和相较之下的缺点，说不定这也是别人无法忍受的。只有相互磨合才是对自己最有利的做法，尤其是老板看到你是一个会做事、会处世的人的时候，你就知道自己才可能真的能够依靠自己的能力走向成功，生活得更好。记住，这是你的动力，而不是你自命不凡的资本。

（2）忍耐是成功之道

忍耐是成功之道。对任何人都是如此。卧薪尝胆的忍耐力不需要效仿，但需要汲取其中的精神激励我们。但是，此处的忍耐是对自我的约束，不是对其他人，也不是对同事，更不是对老板。

让同事忍耐自己，一次的话大家可能勉强可以接受，次数稍有增加大家自然不愿与你共事，如果次数再多那么就不会有人愿意看见你了。即使是背后的冷眼也会把你推向被孤立的境地。如果你再让老板忍耐你的脾气，你的抱怨，你的一切一切，那么老板会很干脆的让你走人，不留下任何可以留下的东西的。

日本矿山大王古河说：“我认为发财的秘方是在忍耐二字。能忍耐的人，能够得到他所要的东西。忍耐，没有一件东西能阻挡你前进。忍耐即是成功之路，忍耐才能转败为胜。”所以，自己一定要学会忍耐，自己忍耐自己，却不能让别人忍耐自己。摆架子、耍脾气的人只会被大家所唾弃。事业成功的秘诀，就是忍耐自己。

（3）表现是成功的阶梯

忍耐并不代表我们就要默默耕耘，做一个角落里不受重视的“蘑菇”。在公司里，老板可能没留意到你，好职位也是僧多粥少，所以做个心理沉默者只有吃亏的份。如何在老板面前表现你的进步，是你必须学会的重要技巧。

见了上司就噤若寒蝉，一举一动都不自然起来，处处表现得腼腆，尽量与上司保持一定距离，怕话不投机，硬装熟络的话，又恐太扎眼。如此下去，只会和大家越来越疏远，也很难能为工作铺垫出融洽的氛围。忍耐不是要沉默以致沉沦，表现也不是要溜须拍马，一切都是从自然而然开始的。大大方方地打个招呼，礼貌的问好和告别都是给上司留下好印象的机会。

此外，你更需要加把劲在工作上。不达目的绝不罢休的耐性，乐观进取的上进心，老板一定会看得到，而且一定要让他看到才是重点。这样相信过不了多久你就能在老板的眼中脱颖而出了。

【读心术】

忍耐老板和让老板忍耐完全是两码事。忍耐老板自己可以留下来得到高升，让老板忍耐就只有被取代被炒鱿鱼的份儿。没有人想要被取代，但并非任何人都能够做到忍耐老板而不让老板忍耐自己。这就是一种修养，又是一种适应社会和职场必备的生存之道，去留的主动权就在自己的手中，做个不让老板忍耐自己的人才是事业成功的开始。

4 被解雇，你是最后一个听到消息的人

知己知彼百战不殆，更要知道现今的社会和职场已经不是一人独行天下做英雄的时代了。老板也不会为了一匹千里马而炒掉更多百里驹。知道自己是千里马还是百里驹，知道自己安身立命的首要任务是与他人建立团队关系，才能精诚所至，金石为开，取得成功。

王锋学的是MBA，毕业后进了一家创业不久的高科技民营企业，颇感委屈地给老总当首任秘书。企业因项目好，很快规模扩大，他从秘书的位置一下子擢升为营销中心经理。在不到两年的时间里，他青云直上，成为全国营销区域总经理。

但不久，王锋因与老板在营销策略上发生分歧，他几乎没做任何考虑，便炒了其实一直待他不错的老板的鱿鱼，跳槽到一家颇有名气的驰名商标企业应聘副总经理。尽管是副总，但发展潜力很大。王锋想这下自己总算可以

出人头地、大展宏图了，他把目标瞄准了该公司的CEO。

于是，王锋开始大刀阔斧的开展作为副总的工作，尽情施展拳脚，争取尽快步上CEO。王锋一直觉得很多下属的执行力与领悟力太差，他很难与他们合作。所以他开始裁减下属，精简人员，出台新政，雷厉风行。就在王锋觉得自己的成绩肯定会越来越好，离目标越来越近的时候，老板毫不客气地炒了他的鱿鱼。

丝毫不能理解的王锋需要老板给他一个解释，老板的理由却很简单，那就是他不能胜任副总的位置。当他回到办公室，看到那些下属的时候，发现他们显然早已经知道了他被解雇的事情，而他们的表情不是惋惜王锋的离去，而是多了一份镇定和心安。原来，大家都盼着他走，而他却是最后一个知道的人。

虽然王锋不得不离开，但是他还是充满了疑问，自己为什么不适合做副总。心情烦闷的他决定到书店平静一下心情。偶然间，他看到一本书中写到，人对自己能力的认知分不同种，尤其是在职场中，一种是成功型，自己知道，并且正在运用的能力。第二种是正在走向成功型，自己不知道有，但自己正在运用。第三种是尚未成功型，自己知道有，但现在还没有运用的能力。第四种则是失败型，自己现在没有，却认为自己有。联想到自己最近的不顺，对比之下，发觉原来自己就是失败型，自以为有能力，实际上是能力不足，被解雇也是最后一个知道的人，何其悲哀。

其实，不少在职场中工作过的人，常常会犯这种错误。可能觉得跟随能人干了一两年，认为自己具备了驾驭更大气场的能力，遇到一点儿不如意，就抱怨，就想着跳槽，跳到另外一个企业却仍旧无法施展自己的才能。在自认为能力不凡的情况下，遭受突然的解雇也毫不自知自己的不足，因为他根本还不具备这种能力。

当协作帮助其走向成功的时候，有的人将功劳认为都是自己的成功，反而将他人的帮助当成是一种束缚。于是，渴望到更广阔的空间施展自己，想要担当更重大的角色，却发现自己力不从心，甚至难以立足。这就是个人能力和和谐团队关系的重要性。而一个人只有在逐渐会经营自己的过程中，才能真正的走向成功。

不想做因不能施展才能整天抱怨的人，不想做被解雇却是最后一个听到消息的人，想要自己把握自己的去留而不是盲目的跳槽却是越跳越糟，那么，以下建议就是良好的药方：

（1）认清自己

知识和勇气是不朽的。你掌握了什么样的知识和能力就成为什么样的人。一个人如果真的有智慧和能力,那么就可以尽情的发挥和施展,可以“为所欲为”。知识和勇气魄力缺一不可。有识无胆者，能力结不出果子。而空有勇气却没有能力，也注定成不了伟业。

人在职场就如人在大自然中一样，绝不是完全无能为力，但也绝不是可以为所欲为。只有认清楚自己以及自己的能力，才可以为自己的不足找到补充的方法，为自己的优势找到发挥的空间。这样，伸缩才有道，进退才自如。如果连自己有无某方面的能力都不自知却以为自己很了不起,一定能够胜任，那么盲目的后果必然是自食其果，被解雇了还在傻傻的做黄粱美梦。

（2）调试心态

一个人的命运与他的心态有着很大的关系，心态影响命运，影响事业。我们的命运和事业，完全取决于我们的心态。每个人都有目标，并且可以轻而易举的就制定，但是达到目标却非易事，不能不考虑其他因素就自以为是的想当然，否则吃亏的必定是自己。

爱默生说:“一个人就是他整天所想的那些。”一时的顺利并不代表什么，职场有太多外界因素决定个人的事业。成功不能沾沾自喜，好高骛远。遇到挫折不能丧失信心，因为它恰好说明还有不足，去努力弥补才是最重要的。无论是哪一种状况，培养出让自己觉悟到需要做什么、怎样做的心态是关键一步。

（3）实力实干

要想获得成功，声名显赫，必须兼具实力与实干的精神。实力是进步的基础，而实干则是进步的阶梯。有实干精神的平庸之辈比无实干精神的高明之辈更有成就。有的人连最基本简单的事情都不肯下工夫干下去，这样的人打不牢前进的基础，怎么能走好下面的路！

在人生的道路上，最大的敌人莫过于自己，坚强只需战胜自己的胆怯，勤奋只需战胜自己的懒惰，诚实只需战胜自己的虚伪，坚持是人生成功的动力，而实干与实力是成功的手段。只要善于积累，增强自己的软实力和硬实力，不愁办不成大事。实力和实干相助，才能带来尽善尽美的结果。

做任何事情都离不开和他人的配合和合作。在职场中尤其是如此。能力不管高低，懂得和他人相处融洽配合默契才能让自己更上一层楼。在认清自我的过程中，也是认清和他人关系的过程。不能老是认为自己多么的高人一等，也不能总觉得别人都多么差劲。当你这么认为的时候，其实是将自己推离了那些真正可以帮助自己、实现自己抱负的人。所以，有胆有识，有认知自我和外部环境的能力，并懂得与他人协作，才能保护自己职场的权益。

【读心术】

有的人满怀信心的走近命运成功之门，看得高走得急，等好运来临。有的人则更灵活一些，他们审慎大胆，阔步迈进成功之门。他们凭借实力和勇气，胆识和运气，终能抓住机遇、如愿以偿。缺乏实力可以不断积累和提升，缺乏勇气可以不断磨炼培养，但是当缺乏了认识到自己实力不足的觉悟的时候，凡事都是最后一个才自知的人，却是可悲的开始。

5 上司也很担心你请他吃鱿鱼

上司自有上司的使命和威严。业绩代表着他的使命、责任，最重要的是功绩。威严代表着他的地位，为他的功绩服务。两者都不容遭到挑战和损害。所以，上司很担心下属请他吃鱿鱼。不会为自己消除上司对自己的戒心的人容易被上司视为眼中钉。只有不被上司防范的人，才能在上司的眼皮底下好好的生存，等待成功的那一天。

《潜伏》里的吴站长会经常大发雷霆。原因就是下属办事不力，没有成绩，他自己就会遭到南京政府的责难，甚至是官位不保。所以，他经常把很重要的事情交给下属去做，对他们充分的给予方便，让他们办成事情。对有功之人，他就大家赞扬和奖励，对办事不力的人，结果也就可想而知，尤其是“出卖”他的人，他绝不留情，杀之以绝后患，也给南京一个交代，先保住自己才是最重要的。

同时，他也很清楚陆桥山等人的野心，所以，即使其他人如李涯等有让他不满的地方，他也会睁一只眼闭一只眼，让他们这些人相互制衡，避免他们个人的权力太旺威胁到自己。所以，他就稳坐站长的位置，看着自己的下属为了副站长相互争斗，互伤元气，而他坐收渔翁之利。

不明就里或是被权力冲昏了头脑的陆桥山等人甘愿陷入其中，而余则成在洞悉了这一切后，保持自己在下属中中立的立场，表明自己对站长的忠心，暗中却充分的借站长布下的局来为自己造势，得到尽可能多的情报。这就是他与其他下属不同结果的根本所在：消除站长的戒心，赢得站长的信任，让站长也为自己做事。

职场中处处充满了危机。不仅做下属的会怕自己因做错事被炒鱿鱼，上司同样也会担心会被下属请吃鱿鱼。如果他不小心，恐怕就会防不胜防。所以，做上司的往往比下属还要小心，用他们的老道构筑起更强的警戒心。这样对下属来说，就必须要学会和上司打交道的方法，小心行事，才能保全自己。

很多下属都想尽力表现自己，让自己成为上司的自己人。但是如此，利弊也是各半。当一个上司对你说，你是他的人时，心里一定要清楚，上司并不是你的人。当你的事情与上司的利益有冲突时，他会毫不犹豫的出卖你。这是铁的事实。

精明的上司都喜欢找自己比较近的下属交谈。偶尔对老板交心是必要的，但要有的放矢。上司的交心很多时候都是为了从下属这里探听一下属对自己的看法、意见等。如果有任何对自己不利的苗头，那么上司都会将之视为极大的威胁，然后想方设法的将它清除。因为他害怕你有一天请他吃鱿鱼，所以对他来说最有效的方法就是让你待不下去。

你是上司的人，上司却不一定是你的人，这层意思一定要明白。无论何时都要记住，自己才是自己的，只有自己才能对自己负责。别相信上司故作亲近的话，那随时都会是陷阱。所以，要想让自己立稳脚跟，就要想办法消除上司对你的防范，才能增进上司对你的信任和依赖，进而抓住更多的机会。

（1）做精明强干的下属

上司是一个单位的头，单位工作的好坏直接关系到上司的功绩，因此，工作能力强弱是对下级的一个评判标准。如果下属能力差劲儿，态度消极，老是出错给上司抹黑，那么这样的下属存活期恐怕比牛奶的有效期还短。

上司一般都很赏识聪明、机灵、有头脑、有创造性的下属，这种人往往能出色地完成任务。有能力做好本职工作是使领导满意的前提。让上司看到自己的闪光点和有价值的地方，那么我们才能被重视，从而从上司那里得到更多的机会。而机会对职场中人来说就意味着摆脱下属命运、得到更好保障的钥匙。所以，让无能无识、愚蠢懒惰都去见鬼，做精明能干的下属为自己争口气。

（2）尽量投其所好

精明强干是被重视的前提，但是要注意保持一种低姿态。而这种低姿态就表现在投上司的所好，以人而定。

有的老板喜欢在员工面前摆一副平易近人的样子，对待这样的老板，多找他谈谈，多向他反映反映生活上的一些困惑，请他参谋参谋，尽可能让他加深印象。有的老板特别在意在下属面前的权威，喜欢高高在上的感觉，对待这样的老板，就要尽量表现自己的忠诚，对他本人和权威的忠诚，谈话做事避免过于主动，忽略了上司的威严。

这种投其所好不是见风使舵，而是保持融洽关系、消除防范的手段。我们改变不了上司的思想，但是我们可以影响他对自己的看法，尽量规避不好的，让事情朝着对自己有利的方向发展。

（3）保持距离是关键

一方面上司不愿跟下属过从甚密，主要是顾忌别人的议论和看法，再就是他在你心目中的威信。另一方面，从下属的角度讲，与上司走得越近就越容易被对方窥探到自己的内心。任何有上进心的下属都会希望事业有所突破，走向更高的岗位。所以，一旦被上司看出就容易为自己带来麻烦。保持一定的距离是避免麻烦的关键。

和领导保持一定的距离，应注意了解领导的主要意图和主张，但不要事无巨细，想要了解他每一个行动步骤和方法措施的意图是什么。这样做会使他感到你的眼睛太亮了，什么事都瞒不过你。这样他工作起来就会觉得很不方便，戒心就会更强。有些事情知其然而不知其所以然反而会更好。

无论怎样，尽量呈现出自然、本来的自己，不过于强求，也不人云亦云，这样才能更加的让上司信任，让下属和同事敬佩。立于中央，不狂妄自大、恃才傲物、盛气凌人，也不卑躬屈膝、唯命是从、毫无主见，做一个真实的有处世技巧的自己，聪明外加小心，那么你的能力对上司来说就不会是一种威胁，而是一种赏识。

【读心术】

做错事对上司来说有一定的限度，如果威胁到他的领导和威信，那么就必须有牺牲品作为代价。而这个必然的代价就是你的出局。如果过于盛气凌人，不把上司放在眼里，那就如同向上司挑衅和宣战，那么被踢出局的也是你。聪明加小心就意味着不要威胁到上司，因为在下属还是下属的时候，上司就有权力将有可能请他吃鱿鱼的人先吃鱿鱼。

6 功高盖主的时候也是你离开的时刻

历史上功高盖主的惨剧是对后人的有力警告。凡是能够以史为鉴的人，往往懂得约束自己的言行，让自己朝着较好的方向发展。而不懂得吸取经验教训，盲目忘形的人，则容易掉进职场的陷阱中，无法前进。

进入公司后，王鑫很快就显示出出色的工作能力。她处理工作迅速准确，人际关系也非常好。在出席一些应酬中，王鑫凭借出众的相貌和口才，成为聚会核心，而性格内向、不善言谈的上司，反而成了无足轻重的角色。渐渐地，周围的同事觉得她比上司还有权威，虽然真正的权威是那位坐在玻璃门后面的男人。

上司一开始的确非常赏识王鑫，可是不久以后，他突然开始挑王鑫的毛病了，说她为人轻浮、工作马虎等。大家都说是上司自己没有自信，面对比自己能力强的下属，觉得受到了威胁，气度太小了。但聪明的王鑫却不这么认为。在以后的工作中，她开始有意地收敛自己的锋芒，放低姿态，改变了昔日的与众不同、“假员工，真上司”的外像！果然，上司不再挑王鑫的毛病，脸上也逐渐有了自信的笑容，而王鑫自然更让上司赏识了。

职场上，有的上司喜欢高调处世，有的上司喜欢低调为人。不同的人有不同的行事风格，但不管你的上司个性倾向高调或者低调，有一点共通的那就是他们都不喜欢下属功高盖主，平时有自比上司的姿态。在职场上锋芒毕露，风头出尽，功高盖主，那么你受到的伤害程度不仅会越来越深，还有可能直接走人。

古语有云：“爵位不宜太盛，太盛则危；能事不宜尽毕，尽毕则衰；行谊不宜过高，过高则谤兴而毁来。”也就是权势不宜太盛，否则会带来危险；做事不要总想一下子做完，等做完人也累个半死；言行举止不可标榜过高，否则会惹来诽谤和诋毁。

翻开《二十四史》，我们会发现，有很多我们佩服的大英雄到最后都没有落得好下场。以我们的直观的想法，一般好人、有功之人都应该有善终，可为什么他们没有呢？不怪世事弄人，只怪从古至今有一条铁律那就是：功高盖主的人容易吃亏。

古人的智慧都是经过岁月的沉淀和历史的洗涤总结出来的精华，不会因时间流逝而褪色，也不会因为场合和时代不同而不适用。不要做功高盖主被诛杀的那个人，是对历史英雄的婉惜之词，也是对现实中的我们的警戒。

功高盖主、得意忘形，往往会让人失去冷静的头脑和理智，迷失在欲望的迷途中。如果思考不够审慎，很容易乐极生悲。所以，越是关键时刻，越要懂得收敛和隐藏自己的情绪。因为越是此时，他人越会真切地认识与了解你。在职场中也是一样，关键时刻懂得把握机会表现自己的才能，但是却不能得意忘形，最后偷鸡不成蚀把米。

在现实生活和职场中，上司肯定不可能同我们平起平坐，我们也不能奢望上司会和自己一样，但我们却有必要得到上司的赏识，和上司和睦相处，因为和上司关系的好坏与否往往影响着我们的事业。处理好和上司的关系，得到上司的赏识，与上司关系融洽，就要避免功高盖主。实践证明以下方法可谓行之有效：

（1）学会低调行事

正所谓："树大招风，官大担险。"因为你的能力太强、势力太大、风头太旺，而且又不懂得收敛和低调，势必会威胁到上司的职位，成为上司的眼中钉。这个时候，不管之前你的功劳有多大，关系有多好，也抵挡不住你的功高盖主对他带来的威胁和忧虑。

如果换成是自己，将心比心，恐怕你也不希望下属的锋芒盖过你。既然这是人之常情，你就要学会去适应它，学会去应对它。而躲避开这些危机的第一步就是学会低调行事。不论在公共场合或者私底下，你都要收敛自己的气场和言行，给足上司面子。必要的时候，到上司那走个过程，表示一下对他的尊重；有问题和意见时，也尽量委婉地提出和征求他的意见。总之，在你还未有实力与他平起平坐之前，你都需要低调来作为自己的保护伞。

（2）学会谦功让劳

好的东西，每一个人都喜欢，越是好吃的东西，越是舍不得给别人，这是人之常情。上司也不例外。他希望成绩是在自己的带领下取得的，他希望自己能用功绩来表明自己的领导成果。所以，他需要功劳。如果有人在对功劳上比他还积极，那就大事不妙了。

聪明的人应该学会积极的谦功让劳。如果只会打眼前的算盘，急功近利，就容易得罪身边的人尤其是上司，上司绝对不会容得下老是跟自己争功的人。远大的抱负，应该经得住暂时的考验和功劳的得失。大大方方地把功劳让给你的上级，上司脸上光彩，以后就少不了再给你更多建功立业的机会。

（3）学会表现自己

表现自己和会表现自己完全是两码事儿。有的人做出了成绩，一时高兴得忘了形，就大肆宣扬自己的功劳，忽略了上司的存在。有的人认为功劳都是自己的，最后却被上司占去了大半，觉得对自己不公平，为了给自己正名，就越级汇报和邀功，结果不仅没有成功，还被上司知道后给穿小鞋，直至待不下去自己离开。

这样的人就是表现自己过了头，弄巧成拙，是不会表现自己的表现。要知道，有些人不是笨，而是不够聪明。很简单的，就像越级汇报和邀功，说明他之前的确有能力做出成绩，但是败就败在自作聪明，想要功高盖主，跌倒在了职场的这条潜规则上。

职场去留的玄机说简单它就不复杂，说复杂也又不简单。关键是要看有没有人自作聪明将简单的问题复杂化。很多时候，想要做出改变，就要先学会适应。如果不能适应职场，就没有立足之地，那么何谈改变呢？所以，避免功高盖主，给自己留下余地，才能做自己想做的。

【读心术】

避免功高盖主很大程度上是站在上司的角度，维护上司。但是，没有无回报的付出。在维护上司的同时，更是对自己的维护。是借用上司的权力为自己谋机会，借用他的威信为自己当保护伞。试想，当你的功劳被上司认同和肯定的情况下，那些不满和有非分之想的人就不敢轻举妄动了。这是自我保护的必然措施。

7 有人做错就把他换掉

无论是员工还是下属，当有人做错了事情的时候，对你来说就是一个机会。毕竟，在职场中有分量的位置代表着良好的发展空间，如果你不去争取到达那里，那么你就可能永远不再有成功的机会。所以，有人做错时，也即是你的机会降临的时候。机会来了就要把握住，这才是职场的铁规则。

某公司有一位财务处长，业务上应该说还算过硬，就是爱抖个机灵、喜欢算计别人，很多人都不太喜欢他。因为平时没有犯什么大错，所以，上司也就对他简单的训诫了一下，希望他能够加以改正，以后避免再犯。

一次，一个大客户在合同签订后要对一笔数额很大的业务的付款方式做大的改变。财务处长竟在上司和项目有关负责人都不知的情况下，答应并办理了相关手续。恰巧此时公司资金周转出现了紧张，很是需要这笔资金来缓和公司里的资金周转问题。他擅作主张给公司的经营带来了很大的麻烦。上司知道后反应非常强烈，要求他立即处理这件事，将这件事情对公司的影响降到最低。没想到他居然毫不知错，还心怀不满，先前的那种算计别人的思想又冒了出来，故意拖延时间，导致公司的损失无法挽回。无奈之下，上司毅然决然的将他辞退。但是因为错过了最佳挽回损失的时机，上司也被公司降级处罚。

很显然，一时的不忍和犹豫都有可能为自己带来严重后果和损失。如果一开始发现问题的时候，上司能够将问题交给他人处理或是自己亲自出面，那么就不会错过最佳时机，不但能够挽回损失，还能保住自己的职位。

在任何一个公司，并不是每个下属都十分完美，都能出色地完成工作，都能在你的引导和培养之下尽职尽责。有时，你还会碰上一个根本不中用的人，不管你怎么努力，他也不能完成你期望的十分之一。在这个时候，就绝不能犹豫和仁慈，因为他的不力和懒散只会拖你的后腿，让你成为替罪的羔羊。

职场中没有谁会甘愿为他人背黑锅，处理烂摊子。所以，如果遇到或能遇见这种事情，一定要处事果决，该出手时就出手，及时的解决问题，才能保证效率。

做错事表现在很多方面，要么是自己不能容忍，要么是下属不能容忍。无论哪一种，及时的做出抉择才是重要的。

（1）是上司那就果断

一般来讲，对于公司的某些问题，有些下属可能比上司知道得更早、更清楚，他们期望上司能采取行动，解雇那些做错事、损害集体权益的同事。如果上司忽视了这些信息，并且不能正视和面对表现很差的下属，就很难实现众望所归的领导，你的信任度将受到极大影响。每个下属都为自己所做的事情和取得的成功感到自豪，他们不希望有人拖他们的后腿。

所以果断的解雇是对自己进行必要保护的措施。职场人才辈出，新旧交替也是必然。如果下属的过失无法挽回，那么你就必须把他换掉。这么做，主要出于两方面的考虑：

第一，个人必须对自己进行负责。你必须让他明白，这是他必须负的责任，以及所付出的代价。权当是一个教训，一份儿成长中的经验。

第二，你作为领导对自己的职责和下属的利益负责的表现。作为领导就要对自己的职责负责，对下属的利益负责。如果有人误了事，影响了大家的权益，那么出于大局考虑，把他换掉是必然的。这么做你也不需要有任何的愧疚，这是对所有人负责的表现。

（2）是下属那就争取

当有人做错时，不仅是下属对于上司，也可以是任何的两主体，或是上司对上司，上司对下属，或是下属对下属等。要知道危机中包含着机遇，有危就有机。不管谁做错，只要你有能力，只要你有机会，那么就努力的去借用机会为自己争取更好的前程。

当仁不让不仅是功劳，也是机会。如果你不争取，他人就会争取。要知道，既然一个人能够因为做错事可能被换掉，那就说明他所在的职位、他所行之事都是有一定的价值的。谁能够把做错之人的职位和重任争取到手，那么相当于握有了一定的机遇。

站在下属的角度，必须时刻寻求突破的出口。而他人的危机对于自己就是机会。既然他人一定会被换掉，那么自己何不抓住这个机会。有人做错就把他换掉，那么换来的就会是自己抓住的成功。

解雇和替代，一项重大的决定。不过二者也有很大的区别。作为领导，平时对下属有进行监督和提醒的责任。如果是那些你怎样努力都表现很差的下属，解雇他就绝对没有商量。但是，必须保证公正、客观，不可带有任何偏见，让自己的行为得到大家的认同，才能保持自己的威信。如果是下属，就要避免被人觉得是乘人之危，甚至是落井下石，否则，不仅领导会误会你的人品，同事也会投以鄙视的眼神。这对以后的长远发展很是不利。所以，需要处事果断、积极争取，也需要讲究方法和步骤，不能急功近利，不计后果。

【读心术】

有时候做错事可以被原谅，但是那也只限于个人的仁慈，不适合残酷的职场竞争。犹豫和软弱只会缩小自己的生存空间。对他人错误的容忍就是对自己的残忍。无论已经发生的还是将要发生的，有效的解雇和替代都是减少损失、避免灾难性后果的明智之举。